"十三五"职业教育国家规划教材

辽宁省职业教育"十四五"规划教材

管理学基础

（经管专业）（第六版）

新世纪高职高专教材编审委员会 组编

主　编　李　镜

副主编　王　倩　张媛媛

　　　　邓丽丽　赵　安

大连理工大学出版社

图书在版编目(CIP)数据

管理学基础：经管专业 / 李镜主编. -- 6 版. -- 大连：大连理工大学出版社，2022.1(2025.7重印)
ISBN 978-7-5685-3740-7

Ⅰ.①管… Ⅱ.①李… Ⅲ.①管理学－高等职业教育－教材 Ⅳ.①C93

中国版本图书馆 CIP 数据核字(2022)第 020087 号

大连理工大学出版社出版

地址：大连市软件园路 80 号　邮政编码：116023
营销中心：0411-84707410　邮购及零售：0411-84706041
E-mail：dutp@dutp.cn　URL：https://www.dutp.cn
辽宁星海彩色印刷有限公司印刷　大连理工大学出版社发行

幅面尺寸：185mm×260mm　　印张：14.5　　字数：335 千字
2004 年 9 月第 1 版　　　　　　　　　　　2022 年 1 月第 6 版
2025 年 7 月第 11 次印刷

责任编辑：赵　部　　　　　　　　责任校对：欧阳碧蕾
封面设计：对岸书影

ISBN 978-7-5685-3740-7　　　　　　　定　价：45.00 元

本书如有印装质量问题，请与我社营销中心联系更换。

前　言

《管理学基础(经管专业)》(第六版)是"十三五"职业教育国家规划教材、"十二五"职业教育国家规划教材,辽宁省职业教育"十四五"规划教材,曾获中国大学出版社图书奖首届优秀教材奖一等奖。

我们在深入研究高等职业教育的特点及其社会需求状况的基础上,经过长时间的酝酿,精心遴选在管理学教学和研究领域的优秀教师组成编写小组,结合多年丰富的教学经验,共同编写了本教材。

本教材以习近平新时代中国特色社会主义思想为指导,坚持知识传授与价值引领相结合,运用可以培养大学生理想信念、价值取向、政治信仰、社会责任的题材与内容,全面提高大学生缘事析理、明辨是非的能力,让学生成为德才兼备、全面发展的人才。本教材自出版以来,受到了全国各院校师生及企业界的广泛好评。为适应教学改革的不断深化以及管理学学科的发展,我们对教材进行了重新修订。

《管理学基础(经管专业)》(第六版)在编写过程中主要突出了以下特色:

1. 强调课程思政的功能。本教材紧密结合课程特点与建设要求,找准课程中思政映射与融入点,凝练课程的核心价值观,基于教学目标的刚性、教学内容的思政鲜活性和教学评价的思政底线,增加了思政目标。本教材用逻辑说话,用事实说话,用数据说话,力求内容科学、方法科学,不硬讲,不空讲。在价值传播中注意知识含量,知识传播中注意价值观引领,充分发挥课程所承载的育人功能,实现知识传授、能力培养和价值引领的有机统一。

2. 贴近学生实际,便于学生掌握。这是本教材的最大亮点。本教材在每章的情景导入、情景模拟、案例链接以及章后的案例

训练中重点凸显了这一特色。在选取相关材料时，本教材着重考虑材料的趣味性、知识性、相关性、贴近性，从学生的"周围"选取相关材料，使学生更能感同身受，沉浸其中，从而激发学生学习管理知识的兴趣。

3. 理论知识部分充分考虑高等职业教育的特点，力求简洁明了，给教材使用者以充分的发挥空间，体现够用、适度的原则；每章后的案例训练，旨在培养和提高学生的实践能力，强化学生对管理技能的掌握程度。

4. 将"互联网＋"引入教材，课程资源渠道多元化。对教材中的关键知识点、重要案例等制作了微课，学生扫码即可观看视频资源，更加符合新时期学生的学习习惯、兴趣和特点，也丰富了教师和学生的教学资源。

5. 扩大管理类相关应用知识面。本教材结合每章内容设置"推荐书目"一栏，把优秀的管理思想与实践案例呈现给学生，激发学生的读书热情。

6. 紧跟时代步伐，准确把握国家发展战略。本教材第八章第四节精练而详实地介绍了中国企业管理创新的重要内容，便于学生通过本教材的视角了解中国企业管理创新的新动态与发展趋势。

本教材由沈阳工程学院李镜任主编，沈阳工程学院王倩、中国人民解放军驻大连理工大学后备军官选培办张媛媛、沈阳工程学院邓丽丽、沈阳实力宝洋机电设备有限公司赵安任副主编，沈阳工程学院赵振淇、沈阳沈飞铝业幕墙工程有限公司逄瑞新参与了部分章节的编写工作，此外，沈阳工程学院刘新宇、陆柏同参加了教材微课的制作工作。具体编写分工如下：第一、四、八章由李镜编写，第二章由赵振淇、张媛媛编写，第三章由邓丽丽编写，第五、七章由王倩编写，第六章由张媛媛编写，各章案例训练由赵安、逄瑞新编写。

在编写本教材的过程中，编者得到了沈阳工程学院管理学院的大力支持，在此表示衷心的感谢！同时，编者借鉴、参考了多部著作，在此向所有相关作者表示感谢。

由于编者水平有限，教材难免存在不足和缺憾，敬请读者批评指正。

编　者

2022 年 1 月

所有意见和建议请发往：dutpgz@163.com
欢迎访问职教数字化服务平台：https://www.dutp.cn/sve/
联系电话：0411-84706672　84706581

目 录

第一章 认识管理 ... 1
 第一节 管理的概念及性质 ... 2
 第二节 管理系统与管理职能 ... 5
 第三节 管理者与管理对象 ... 9
 第四节 管理环境 ... 15
 第五节 管理机制与方法 ... 20
 第六节 管理思想 ... 25

第二章 计划职能 ... 34
 第一节 计划职能概述 ... 35
 第二节 编制计划 ... 41
 第三节 目标管理 ... 46
 第四节 管理决策 ... 50

第三章 组织职能 ... 67
 第一节 组织职能概述 ... 68
 第二节 组织结构与设计 ... 70
 第三节 员工选聘 ... 79
 第四节 组织考评 ... 87
 第五节 组织变革 ... 93

第四章 领导职能(上) ... 100
 第一节 领导概述 ... 101
 第二节 领导理论 ... 105
 第三节 领导权力与领导类型 ... 116

第五章 领导职能(下) ... 125
 第一节 沟 通 ... 126
 第二节 协 调 ... 135
 第三节 激 励 ... 141

第六章 控制职能 …… 154
第一节 控制职能概述 …… 156
第二节 控制过程 …… 164
第三节 控制方法 …… 171
第四节 绩效考核与评价 …… 174

第七章 组织文化 …… 181
第一节 组织文化概述 …… 182
第二节 组织文化的构成及作用 …… 186
第三节 组织文化的建设 …… 190

第八章 管理创新 …… 199
第一节 管理创新的基本内涵 …… 200
第二节 管理创新的内容 …… 204
第三节 管理创新的方法 …… 212
第四节 中国企业的管理创新 …… 218

参考文献 …… 226

第一章

认识管理

情景导入

张宏亮今年刚被提拔为管理学生的副主任，成为系主管学生工作的负责人。他原来是一名辅导员，现在作为一名管理辅导员与全系学生的基层管理者，应该如何开展工作，抓好学生管理，他陷入了思考。他经常问自己："到底什么是管理？管理要管些什么？怎样才能把自己的管理工作做好……"

在近三个月的工作实践中，他感觉到，作为管理学生的副主任总要面临这样一些管理实务与职责：

1. 在管理的工作实践中要探索管理的基本性质与基本规律，正确地把握管理方向。

2. 自己作为一个管理者要正确客观地认识自我、发展自我，在实践中不断提高自身素质。

3. 要不断注意、分析变化着的内外部环境，了解与把握所管理的对象。

4. 建立健全管理机制，用科学的方法进行管理。

学习目标

1. 掌握管理的概念及管理职能。
2. 理解管理的性质、管理系统的概念及其构成。
3. 掌握管理者的概念及管理者应具备的素质和技能。
4. 明确企业宏观环境分析的六个方面。
5. 掌握行业结构分析模型及内部环境分析的主要内容。
6. 掌握管理机制的含义和特征以及管理方法的构成及类型。
7. 理解古典管理理论。
8. 掌握现代管理理论及管理思想的新发展。

思政目标

1. 通过管理的概念及其性质的讲授,学生慢慢进入管理的大门,认识到管理作为实践性极强的应用学科与社会活动,其实践的经验与成效更有价值与意义,从而培养多角度、多元化地观察和分析问题的能力。

2. 通过对管理系统和管理职能的学习,学生形成系统的观念,学会整体地、有联系地观察、分析和解决问题,养成逻辑思维习惯。

3. 通过对管理者与管理对象、管理机制与方法、管理环境的掌握,学生树立社会主义核心价值观,作为国家和民族未来的建设者,敢于担当,富有责任感和奉献精神。

4. 通过管理思想、管理理论的发展历程的学习,学生了解人类社会的进步离不开思想的进步、理论的发展,倡导求真务实、开拓进取的精神。

第一节 管理的概念及性质

情景模拟

管理是什么?

李思洋从某学院毕业三年了,在一家公司做营销。由于他工作认真,业务熟练,业绩突出,被公司提拔为销售部副主任,按照销售部的分工,他要带好由五人组成的区域销售团队。他每天不但要处理大量的业务工作,同大批的顾客打交道,还要管理好自己的团队,带好部下。他整天忙得团团转,但是却不知道如何从总体上对团队进行把握。他问自己:"什么是管理?管理的性质是什么?管理都包括哪些方面?"他急切地想搞清楚管理的本质和构成。

学生思考:

1. 依据现有的认识,请你告诉他什么是管理。
2. 结合实际,请你对管理的性质、管理系统的构成进行简要的概括。

一、管理的概念

管理是在社会化大生产条件下得到强化和发展的,是共同劳动的产物,现已广泛应用于社会的各个领域,成为现代社会的一项极为重要的社会技能。对于什么是管理,学者们做了大量的研究,并从不同的角度和侧重点提出了大量的关于管理的定义。

科学管理理论创始人弗雷德里克·温斯洛·泰勒(Frederick Winslow Taylor)的定义:管理是一门怎样建立目标,然后用最好的方法经过他人的努力来达到的艺术。

一般管理理论创始人亨利·法约尔(Henri Fayol)的定义:管理就是计划、组织、指挥、协调、控制。

决策理论创始人赫伯特·西蒙(Herbert A. Simon)的定义:管理就是决策。

行为组织理论创始人马克斯·韦伯(Max Weber)的定义:管理就是协调活动。

管理过程理论创始人哈罗德·孔茨(Harold Koontz)的定义:管理就是设计和保持一种良好的环境,使人在群体里高效率地完成既定目标。

上述定义各有侧重,可以归纳为以下几种类型:

强调管理的作用过程,认为管理就是计划、组织、指挥、协调、控制;

强调管理的核心环节,认为管理就是决策;

强调管理对人的管理,认为管理就是通过其他人把事办妥;

强调管理个人的作用,认为管理就是领导;

强调管理的本质,认为管理就是协调活动。

管理定义的多样化,反映了人们对管理的多种理解,以及各管理学派的研究重点和特色。

借鉴国内外各种观点,结合现代管理发展趋势,我们认为,管理就是通过计划、组织、领导和控制,协调组织资源与组织活动,有效实现组织目标的社会活动。这一定义包含以下五层含义:

(1)管理的目的是有效实现组织目标;

(2)管理的职能是计划、组织、领导和控制;

(3)管理的本质是协调;

(4)管理的对象是组织资源与组织活动;

(5)管理行为就是促进有效实现目标的活动。

案例链接

裤子的故事

有一个男孩弄到一条长裤,穿上一试,裤子长了一些。他请奶奶帮忙把裤子剪短一点,奶奶说,家务太忙,让他去找妈妈。妈妈回答他,她已经同别人约好去玩桥牌。男孩又去找姐姐,姐姐正好有约会,就要到时间了。男孩非常失望,担心第二天穿不上这条裤子,就这样入睡了。结果会怎样呢?

奶奶忙完家务后,想起孙子说新裤子太长需要改短,于是找来剪刀,将长裤剪去一截,改短了裤子。妈妈打完牌,想起儿子说新裤子需要改短,同样又将裤子剪去一截。姐姐约会回来,也想起弟弟的请求,又将长裤剪去一截。可以想象,第二天一早小男孩要穿着怎样的一条裤子去上学。

"有效"要从效率和效果两个方面进行分析。效率(efficiency)是指以尽可能少的投入获得尽可能多的产出。在保证产品质量的前提下,减少用料、缩短工时、削减库存水平、降低废品率等,都是提高效率的措施。因为管理者所面对的是稀缺的资源,包括人员、资金、能源、原材料和设备等,都要合理配置、节约使用。效率通常是指"正确地做事",是做事的方式,回答"怎么做"的问题。效果(effectiveness)是指实现组织目标的程度,是对工作结果状况的表达。生产上去了,结果是污染了环境;任务完成了,结果是加重管理者和员工的冲突;利润增加了,却有损于企业的形象。这些管理过程所产生的结果,可能效率也不差,但其效果不良却是肯定的。效果通常是指"做正确的事",是做事的结果,回答"做什么"的问题。因此,在管理上我们既不能只强调效率而不顾效果,也不能虽有效果却低效率地管理。在一个成功的组织中,管理的效率和效果总是呈现出互为条件、相辅相成的关系。

二、管理的性质

(一)管理的两重性

管理具有两重性,一方面,管理是人类共同劳动的产物,因而它具有同生产力和社会化大生产相联系的自然属性;另一方面,管理又同生产关系、社会制度相联系,因此也具有社会属性。

管理的自然属性又叫生产力属性,亦称一般性,它体现着生产力和社会化大生产的一般要求。管理的自然属性体现在两个方面:第一,管理是社会劳动过程的一般要求;第二,管理在社会劳动过程中具有特殊的作用,只有通过管理才能把实现劳动过程所必需的各种要素组合起来,使各要素发挥各自的作用,这一点与生产关系、社会制度没有直接的联系。

管理的社会属性又叫生产关系属性,亦称特殊性,它体现着生产关系和社会生产目的的特殊要求,反映的是生产关系和社会制度的性质,故称为管理的社会属性。在历史发展的过程中,在不同社会形态下,管理的社会属性体现着统治阶级的意志,带有明显的政治性。

管理的两重性是相互联系、相互制约的。管理的自然属性为我们学习、借鉴发达国家先进的管理经验和方法提供了理论依据,使我们可以大胆地引进和吸收国外成熟的经验来迅速提高我们的管理水平。管理的社会属性则告诉我们,决不能全盘照搬国外做法,必须考虑我们自己的基本情况,逐步建立有自己特色的管理模式。

案例链接

福特汽车公司的兴衰

美国福特汽车公司的创始人亨利·福特有着精明的头脑和丰富的经验,他于1896年制造出第一辆福特汽车。1903年成立福特汽车公司,开始生产"A"型、"R"型和"S"型汽车。从1908年开始生产"T"型车,"T"型车的特点是结构紧凑坚固、设计简单、驾驶容易、价格较低。1913年,福特采用了汽车装配的流水线生产法,并实现了汽车零件的标准化,形成了大量生产的体制,当年产量增加到13万辆,1914年增加到26万辆,1923年增加到204万辆,在美国汽车产业处于领先地位。

福特建立了一个当时世界最大和盈利最多的制造业企业,该企业从利润中积累了10亿美元的现金储备。可是,福特坚信,企业所需要的只是所有的主管和一些"助手"能听话,对他及时汇报情况,而他只需发号施令企业即可运行。他认为,公司组织只是一种"形式",企业无须管理人员和管理。然而,随着环境的变化,其他竞争者的涌现,消费者对汽车开始产生不同档次的需要,科技、生产、供销、财务、人事等管理日趋复杂,个人管理越来越难以适应这种要求。只过了几年,到了1927年,福特汽车公司已丧失了市场领先的地位,之后的10多年,连年亏本。到1944年,福特的孙子——福特二世接管时,福特汽车公司已濒临破产。

26岁的福特二世接手企业后,开始在管理上进行大变革。他虚心向自己的对手——通用汽车公司学习,创建了一套福特公司自己的管理组织和领导班子,强化管理职能。五年后,福特汽车公司重新获得了发展和盈利的能力,成为美国汽车行业中的佼佼者。

美国福特汽车公司的兴衰历史,可以使我们看到管理在企业中是何等的重要!

(二)管理的科学性和艺术性

管理的科学性是指管理作为人类重要的社会活动,存在着客观规律性。管理是人们发现、探索、总结和遵循客观规律,在逻辑的基础上建立起来的系统化理论体系。经过多年的探索与总结,管理已逐渐形成一套完整的知识体系,作为一门科学,有一套分析问题、解决问题的科学方法。管理活动必须按规律办事,否则,必然受到规律的惩罚,导致管理的失败。

管理的艺术性是指管理者必须在管理实践中发挥积极性、主动性和创造性,面对千变万化的管理对象,因人、因事、因时、因地制宜,灵活多变地、创造性地运用管理技术与方法,解决实际问题,从而在实践与经验的基础上创造出管理的艺术与技巧。如果在实际工作中完全按照管理的原理和原则去刻板地解决管理问题,容易处处碰壁,难以获得成功。

管理是科学与艺术的结合,如图1-1所示。管理既是科学,又是艺术。说它是科学,是强调其客观规律性;说它是艺术,则是强调其灵活性与创造性。而且这种科学性与艺术性在管理的实践中并非独立存在,而是相互作用,共同发挥管理的功能,促进组织目标的实现。管理作为实践性极强的应用学科与社会活动,其实践的经验与成效远远重于理论的价值与意义。管理主要处理以人为中心的社会矛盾,而人的心理规律又不像自然规律那样"刚性"与精确,这必然导致在应用中管理体现的千变万化的艺术性多于循规守则的规律性。因此,研究与学习管理,最重要的就是提高管理的实践能力和创新能力。

图1-1 管理是科学与艺术的结合

第二节 管理系统与管理职能

情景模拟

怎么搞砸了?

9月末,为了欢迎刚入学的新同学,学校要求以校团委、学生处的名义,开展迎新系列活动。活动内容与形式丰富多彩,其中,筹备迎新联欢晚会的任务就交给了学生会文艺部。文艺部部长接到任务后,在团委刘老师的直接领导下,给文艺部的干事们进行了分工,布置了具体任务。

9月21日晚,迎新联欢晚会如期举行,学院领导、学生处处长及各部门领导都前来观看,全场座无虚席,现场气氛十分热烈。但令人遗憾的是,接下来的事情使这次晚会的效果大打折扣:先是主持人由于过度紧张而错误频出;然后是舞台上,由于工作人员的失误,把节目的道具弄错了;最糟糕的是,舞台上面的灯泡突然爆裂,伤到一名新生演员,引起一片混乱,原本座无虚席的观众席上不少人起身离开。晚会结束,学院领导要求校团委、学生处就此次事件追究责任,深刻检讨。第二天,在学生会办公室,文艺部相关人员召开了总结会议。当文艺部部长责问为什么选择这样一位主持人时,负责落实主持人工作的王薇莉委屈地说:"这个主持人是刘老师极力推荐的,我也不好说什么,而且部长你当时也是同意的。"对于为什么把道具搬错,造成舞台混乱,负责此项工作的薛林和刘辉委屈地申辩:"我俩只负责按节目单顺序搬道具,节目单最后调整了,但并没有通知我们,我们也不知道节目顺序有变化。"文艺部部长觉得有道理,就转问负责节目安排的副部长为什么没有通知到他们,副部长解释说:"自己当时身体不舒服,就交代小红转告,然后去医院了。"小红懊恼地说:"因为副部长昨天临近晚会开始时才告诉我,我又没有薛林和刘辉的电话,就拜托一位与他俩同班的学生转达一下,肯定是那位同学没通知到。"……经过一个多小时的讨论,大家都认为这次活动确实没有搞好,应该检讨。

学生思考:

1. 晚会失败了,问题出在什么地方?有办法避免吗?
2. 你认为这样的活动应该如何组织?

一、管理系统

任何管理,都是一个系统,管理者必须从系统的观念出发,整体地、联系地观察、分析和解决管理问题。

(一)管理系统的概念

管理系统是指由若干相互联系、相互作用的要素和子系统,按照管理整体目标结合而成的有机整体。

管理系统作为一个科学的概念,包括以下几种含义:

(1)管理系统是由若干要素构成的,这些要素可以看作是管理系统的子系统,而且这些要素之间是相互联系、相互作用的;

(2)管理系统是一个层次机构,其内部划分成若干个子系统,并组成有序结构。对外,任何管理系统又成为更大的社会管理系统的子系统;

(3)管理系统是整体的,发挥着整体功能,即其存在的价值在于其管理功效的大小。而任何一个子系统都必须是为实现管理的整体功能和目标服务的。

(二)管理系统的构成

管理系统一般由以下要素构成,如图1-2所示。

1. 管理目标

管理目标是管理功能的集中体现。管理目标是管理系统建立与运行的出发点和归宿,管理系统必须围绕目标建立与运行。所有的管理行为都是为了有效地实现目标。

2. 管理主体

管理主体即管理者,是管理系统中最核心、最关键的要素。配置资源、组织活动、推动整个系统运行、促进目标实现,所有这些管理行为都要依靠管理者去实施。管理者是整个管理系统的驾驭者,是发挥系统功能、实现系统目标最关键的力量。管理主体,既可以表现为单个管理者,又可以表现为管理者群体及其所构成的管理机构。

构成管理系统的五个要素 → 管理目标 / 管理主体 / 管理对象 / 管理媒介 / 管理环境

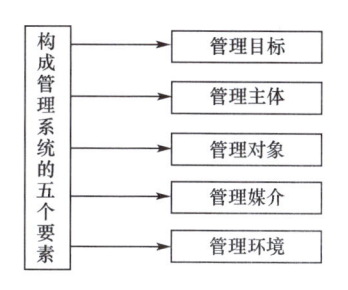

图 1-2 管理系统的构成

3. 管理对象

管理对象,作为管理行为受作用的一方,对管理成效以及组织目标的实现具有重要的影响作用。管理对象包括不同类型的组织,也包括各组织中的构成要素及职能活动。

4. 管理媒介

管理媒介主要指管理机制与方法。管理机制与方法是管理主体作用于管理对象过程中的一些运作原理与实施方式、手段。管理机制在管理系统中具有极为关键的作用,它是决定管理功效最关键、最核心的因素;而管理方法则是管理机制的实现形式,是管理的直接实施手段,具有过河所必需的"桥"与"船"的作用,也是十分重要的。

5. 管理环境

管理环境是指实施管理过程中的各种内外部条件和因素的总和。管理行为依一定的环境而存在,并受到管理环境的重要影响。管理环境是管理系统的有机组成部分。

二、管理职能

(一)管理职能的含义与内容

管理职能是管理系统功能的体现,是管理系统运行过程的表现形式。管理者的管理行为主要表现为管理职能。

1. 管理职能的含义

管理职能是管理者实施管理的功能或程序,即管理者在实施管理中所体现出的具体作用及实施程序或过程。管理者的管理职能具体包括:

(1)管理者的基本职责;

(2)执行这些职责的程序或过程。

2. 管理职能的内容

管理学界普遍接受的观点是,管理职能包括计划、组织、领导和控制。任何管理者为实现组织目标,实施有效管理,都要履行计划、组织、领导和控制的职能。

(二)管理的四大职能

1. 计划职能

计划职能是指管理者为实现组织目标对工作所进行的筹划活动。计划职能一般包括:调查与预测、制定目标、设计与选择活动方式等一系列工作。"凡事预(豫)则立,不预(豫)则废",要想将工作做好,无论大事小事都不能缺少事先的筹划。计划职能是管理者的首要职能。

2. 组织职能

组织职能是管理者为实现组织目标而建立组织结构,并推进组织协调运行的工作过程。组织职能一般包括:设计与建立组织结构、合理分配职权与职责、选拔与配置人员、推进组织的协调与变革等。合理的组织结构是高效实施管理、实现目标的组织保证。因此,不同层次、不同类型的管理者总是或多或少地承担不同性质的组织职能。

3. 领导职能

领导职能是指管理者指挥、激励下级,以有效实现组织目标的行为。领导职能一般包括:选择正确的领导方式;运用职权,实施指挥;激励下级,调动其积极性;进行有效沟通等。凡是有下级的管理者都要履行领导职能,不同层次、类型的管理者,其领导职能的内容及侧重点各不相同。领导职能是管理过程中最常用、最关键的职能。

4. 控制职能

控制职能是指管理者为保证实际工作与目标一致而进行的活动。控制职能一般包括:制定标准、衡量工作、纠正出现的偏差等一系列工作过程。工作失去控制就要偏离目标,没有控制很难保证目标的实现,控制是管理者必不可少的职能。但是,不同层次、不同类型的管理者控制的重点和控制方式有很大差别。

管理的四大职能各有自己独特的表现形式,但是它们之间不是孤立的,而是相互联系的,管理正是通过计划、组织、领导和控制这四个基本过程来展开和实施的。

(三)正确处理各管理职能之间的关系

1. 要正确理解各管理职能之间的关系

一方面,在管理实践中,计划、组织、领导和控制职能一般是按顺序履行的,即先要执行计划职能,然后是组织、领导职能,最后是控制职能;另一方面,上述顺序不是绝对的,在实际管理中这四大职能又是相互融合、相互交叉的。

2. 正确处理管理职能的普遍性与差异性

首先,一切管理者,即不论何种组织、所处何种层次、属于何种管理类型的管理者,都要履行这四大职能。但同时,不同组织、不同管理层次、不同管理类型的管理者,在具体履行管理职能时,又存在着很大差异性。例如,高层管理者一般更关注计划和组织职能,而基层管理者则更重视领导和控制职能,如图1-3所示。即使对于同一管理职能,不同层次的管理者关注的重点也不同。例如,对于计划职能,高层管理者更重视长远、战略性计划,而基层管理者则只安排短期作业计划。

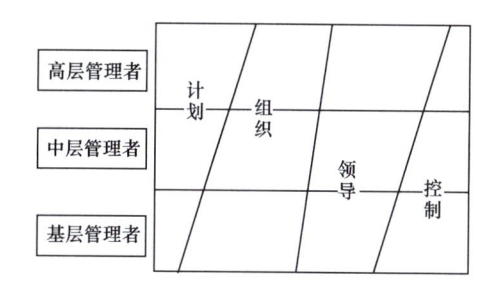

图1-3 不同层次管理者对管理职能的关注重点

第三节 管理者与管理对象

情景模拟

升任公司总裁后的思考

陆斌最近被一家生产机电产品的公司聘为总裁。他在大学时学的是工业管理,大学毕业后就到该公司工作,最初担任液压装配车间的助理监督。当时,他对液压装配知之甚少,在管理工作上也没有实际经验。可是他认真好学,一方面努力学习技术;另一方面,监督长对他主动指点,他很快胜任了工作。经过半年时间,他已能独担监督长的工作。一个月后,公司直接提拔他为装配部经理,负责四个装配车间的领导工作。在新的岗位上,他花了整整一年的时间修订了工作手册,使之切合实际。工作几年后,他自己不但成为装配生产的行家,还能安排好有限的时间,有些工作交由助手去做,他则腾出时间用于规划工作和帮助下属,以及花更多时间去参加会议、批阅报告和完成向上级的工作汇报。工作六年后,陆斌经过竞聘成为规划工作副总裁,之后又被提升为负责生产工作的副总裁。到了现在,陆斌又被提升为公司总裁。他知道,当上公司最高主管,他应该自信自己有处理可能出现的任何情况的能力,但他也明白自己尚未达到这样的水平。因此,一想到明天就要上任,他就不免有些担忧。

学生思考:

1. 你认为陆斌当上总裁后,他的管理责任与过去相比有了哪些变化?应当如何去适应这些变化?

2. 你认为陆斌要胜任总裁的工作,哪些管理技能是最重要的?你觉得他具备这些技能吗?

一、管理者

(一)管理者的概念

管理者是指通过正式管理职位履行管理职能,对实现组织目标承担责任并做出贡献的人。管理者是管理系统中最核心、最关键的要素,是整个管理系统的驾驭者。管理活动是通过管理者的具体工作行为来实现的,管理者直接对管理工作的效果承担责任。

(二)管理者的类型

一个组织中从事管理工作的人可能很多,可以从不同的角度对管理者的类型进行划分:

1. 按管理层次划分,分为高层管理者、中层管理者和基层管理者三类

(1)高层管理者是组织中最高领导层的组成人员,对整个组织负有全面责任。主要职责是把握组织的发展方向、制定组织的总体目标和发展战略。高层管理者对外代表组织,对内拥有最高职位和最高职权,拥有人事、资金等组织资源的调配和控制权,主要职责为决策。例如,公司总裁、副总裁、总经理、学校校长、党委书记等。

(2)中层管理者是指组织中处于中层机构的负责人,是高层管理者决策的执行者。主要职责是将高层管理者制订的计划和目标转化为具体的目标和行动,行使高层授予的指挥权,并向高层汇报工作,同时,监督、指导和协调基层管理者的工作。例如,部门经理、地区经理、项目经理、科室主任、系主任等。

(3)基层管理者又称一线管理人员,是组织中最低层级的管理人员,其管辖范围仅限于一线的作业人员,不涉及其他管理人员。主要职责是接受上级指示并落实到基层,按计划开展工作,给下属作业人员分派具体工作任务,直接指挥和监督现场作业活动,确保按时、保质完成作业任务。例如,政府部门内的科长、工厂里的班组长、车间主任、学校中的教研室主任、学生科科长等。

以上三个层次的管理者统一领导,分级管理,共同保证组织的正常运行,实现组织目标。比较而言,高层管理者在组织的开拓发展、计划和决策方面起着关键作用;中层管理者除了上传下达外,还需要组织协调所属基层单位的活动;基层管理者在落实作业计划,保证产品或服务质量,解决矛盾和冲突,提高作业效率等方面发挥重要作用。三个层次管理者的工作都内含计划、组织、领导和控制等基本职能,但侧重点不同。高层管理者应重点搞好规划和控制,中层管理者主要负责组织和协调工作,基层管理者则重点搞好领导,即对作业人员的指导、沟通和激励工作。

2. 按管理工作的性质与领域划分,分为综合管理者和职能管理者两类

(1)综合管理者是指负责整个组织的全面管理工作的管理人员。他们是一个组织或其所属单位的主管,对整个组织或单位目标负有全部的责任;他们拥有这个组织或单位所必需的权力,有权支配该组织或单位的全部资源与职能活动,而不是只对单一资源或职能负责。例如,工厂的厂长、车间主任、工段长都是综合管理者,而工厂的计财处处长则不是综合管理者,因为其只负责财务这种单一职能的管理。

(2)职能管理者是指组织内负责某一类管理职能的管理人员。这类管理者只对组织中某一职能或专业领域的工作目标负责,只在本职能或专业领域内行使职权、指导工作。职能管理者大多具有某种专业或技术专长。例如,一个工厂的总工程师、设备处处长等。就一般工商企业而言,职能管理者主要包括以下类别:计划管理、生产管理、技术管理、市场营销管理、物资设备管理、财务管理、行政管理、人事管理、后勤管理、安全保卫管理等。

3. 按职权关系的性质划分,分为直线管理人员和参谋人员两类

(1)直线管理人员是指有权对下级进行直接指挥的管理者。他们与下级之间存在着领导隶属关系,是一种命令与服从的职权关系。直线管理人员的主要职能是决策和指挥。

(2)参谋人员是指对上级提供咨询、建议,对下级进行专业指导的管理者。他们与上级是一种参谋、顾问与主管领导的关系,与下级是一种非领导隶属的专业指导关系。他们的主要职能是咨询、建议和指导。

直线管理人员与参谋人员,是按职权关系的性质进行区分的,是相对于职权作用对象而言的,在实际管理中两者经常相互转化。例如,计财处处长对其他各部门来说是参谋性管理者,因为其只是在计财领域内进行专业指导;而对于计财处内部人员来说,计财处处长却是直线管理者,因为他对本处工作人员有直接指挥的权力。

(三)管理者的素质

管理者的素质主要表现为品德、知识、能力与身心条件。管理者的素质是形成管理水平与能力的基础,是做好管理工作、取得管理功效极为重要的条件。

1. 管理者的基本素质

(1)政治与文化素质。政治与文化素质是指管理者的政治思想修养水平和文化基础,包括政治坚定性、敏锐性;事业心、责任感;思想境界与品德情操,特别是职业道德;人文修养与广博的文化知识等。

(2)基本业务素质。基本业务素质是指管理者在所从事工作领域内的知识与能力,包括一般业务素质和专门业务素质。

(3)身心素质。身心素质是指管理者本人的身体状况与心理条件,包括健康的身体,坚强的意志,开朗、乐观的性格,广泛而健康的兴趣等。

2. 现代管理者素质的核心——创新

在社会化大生产不断发展、市场竞争日趋激烈、经济全球化正在形成、知识经济已见端倪的今天,时代对管理者素质提出了严峻的挑战。在当今时代进行有效而成功的管理,最重要的管理者素质就是创新。创新是现代管理者素质的核心。

创新素质主要体现在以下四个方面:

(1)创新意识。管理者要树立创新观念,要真正认识到创新对组织生存与发展的决定性意义,并在管理实践中树立强烈的创新意识。

(2)创新精神。这是涉及创新态度和勇气的问题。管理者在工作实践中,不但要想到创新,更要敢于创新。要有勇于突破常规、求新寻异、敢为天下先的大无畏精神。

(3)创新思维。不但要敢于创新,还要善于通过科学的创新思维来完成创新构思。没有创造性思维,不掌握超越常规思维的方法与技巧,不采用科学可行的创造性技法,是很难实现管理上的突破与创新的。

(4)创新能力。管理创新是靠创新能力实现的。创新能力是在管理实践中,由相关的知识、经验、技能与创造性思维综合形成的。

(四)管理者的技能

案例链接

农妇养鸡

从前有个农妇,养了几只母鸡,由于鸡非常能下蛋,她心里美滋滋的。

一天,她在鸡棚前看着这些鸡,突然闪出一个念头:"要是一只鸡一天能下两个蛋该有多好……"这个想法使她禁不住激动起来,并决定从今以后给鸡喂更多的饲料。

第二天,她就开始了行动。鸡是变得越来越肥,羽毛也长得越来越鲜艳。看了这些,农妇坚信:只要这样喂下去,一天一定能下两个蛋。不久,鸡由原来的一天下一个蛋变成了两天下一个蛋,可农妇认为:其中必有其他原因吧……我的鸡一天一定能下两个蛋。

但非常遗憾,她的期望落空了,最后,鸡连一个蛋也不下了。

养鸡需要技能,那么管理工作呢?管理者在实际管理过程中必须具备四个方面的技能,即概念技能、技术技能、人际技能和行政技能。

1. 概念技能

概念技能是指管理者观察、理解和处理各种全局性的复杂关系的抽象能力。概念技能包括:对复杂环境和管理问题的观察、分析能力;对全局性、战略性、长远性重大问题的处理与决断的能力;对突发性紧急处境的应变能力等。其核心是一种观察力和思维力。这种能力对于组织的战略决策和全局发展具有极为重要的意义,是组织高层管理者所必须具备的,也是最为重要的一种技能。

2. 技术技能

技术技能是指管理者掌握与运用某一专业领域内的知识、技术和方法的能力。技术技能包括:专业知识、经验;技术、技巧;程序、方法、操作与工具运用熟练程度等。这些是管理者对相应专业领域进行有效管理所必备的技能。管理者虽不能完全做到内行、专家,但必须懂行,必须具备一定的技术职能,特别是一线管理者更应如此。

3. 人际技能

人际技能是指管理者处理人事关系的技能。人际技能包括:观察人、理解人、掌握人的心理规律的能力;人际交往、融洽相处、与人沟通的能力;了解并满足下属需要,进行有效激励的能力;善于团结他人,增强向心力、凝聚力的能力等。在以人为本的今天,人际技能对于现代管理者而言是十分重要的。

4. 行政技能

行政技能是指管理者提高权威、组织资源、协调活动的一种行政性能力。行政技能包括:构建组织内的权力平衡,加强个人地位,巩固权力基础的能力;依据目标,科学分配组织的人、财、物、时间、信息等资源的能力;巧妙运筹,安排时间与空间要素,协调各种活动与工作过程的能力等。这是管理者最基本的技能,也是在管理实践中应用最普遍的一种管理技能。

不同层次的管理者对管理技能的需要存在差异性。上述四种技能,对任何管理者来说,都是应当具备的。但不同层次的管理者,由于所处地位、作用和职能不同,对四种技能的需要程度明显不同,如图1-4所示。高层管理者尤其需要概念技能,而且,所处层次越高,对这种概念技能要求越高。这种概念技能的高低,是衡量一个高层管理者素质高低的最重要的标准。当然,高层管理者也需要有较高的行政技能,而对技术技能的要求就相对低一些。与之相反,基层管理者更需要的却是技术技能。由于他们的主要职能是现场指挥与监督,如果不熟练掌握技术技能,就难以胜任管理工作。相比之下,基层管理者对概念技能的要求不是太高,人际技能对于不同层次的管理者来说都很重要。相对来说,人际技能、行政技能从管理者的发展层次来看,越高层的管理者这两方面的技能越强。

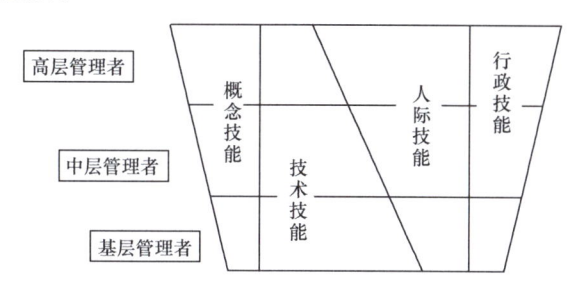

图 1-4 不同层次管理者对管理技能的需要程度

(五)管理者的情商

情商 EQ(Emotional Quotient)是与智商 IQ(Intelligence Quotient)相对应而提出的概念。管理者情商不但具有人的一般情商的共性,而且体现了管理者对情商特殊要求的个性,这是现代管理者不可或缺的心理品质。管理者情商由六要素构成:

(1)自我感知,即对自我情感的感知能力;
(2)自我调控,即自我调节与控制情绪的能力;
(3)自我激励,即激发自己激情与斗志的能力;
(4)感知他人,即认知他人情感的能力;
(5)情感融通,即促进自身与他人情感融通的能力;
(6)激励他人,即影响与激励他人情感的能力。

管理者情商不是自身修炼术,管理者在工作实践中,在对他人情感认知与激励的基础上,通过思想交流、行为互动、关系协调、氛围营造,实现人与人之间情感的高度融通,以及团队或组织的高度和谐,不但可以更有效地实现组织的各项目标,而且其本身也达到管理的最高境界。

二、管理对象

(一)管理对象的概念

1. 管理对象的内涵

管理对象是管理者为实现管理目标,通过管理行为作用其上的客体。

2. 管理对象的外延

管理总是对一个群体或组织实施的,所以,管理对象首先可以理解为不同功能、不同类型的社会组织,而任何社会组织为发挥功能,实现目标,必须拥有一定的资源或要素。管理正是通过对这些资源或要素进行配置、调度、组织,才使管理的目标得以实现。所以,这些资源或要素就成为管理的直接对象。同时,任何组织要实现其功能或目标,就必须开展一些职能活动,形成一系列工作或活动环节。只有对这些职能活动或工作环节进行有效的管理,才能保证目标的实现。这样,这些职能活动或工作环节也成为管理的对象。因此,管理的对象应包括各类社会组织及其构成要素与职能活动。资源或要素是构成组织的细胞,其动态组合与运行构成了职能活动,资源与活动又共同构成了完整的组织及其行为。资源、活动、组织是管理对象的不同形态,它们都受管理行为的作用,共同影响着管理的成效和组织目标的实现。

(二)管理对象的构成

1. 组织

(1)社会组织。所谓社会组织,是指为达到特定目的、完成特定任务而结合在一起的人的群体,一般指具有法人资格的群体。通常按组织的社会功能性质来划分,可以分为以下六种组织:

①政治组织,如政党、政府等。

②经济组织,主要是工商企业,即以营利为目的、从事经济活动的组织,这是社会组织的主体。

③文化组织,包括教育和各种文化事业单位,如学校、图书馆。

④宗教组织,如教会。

⑤军事组织,主要指军队。

⑥其他社会组织。

以整个社会组织为对象进行管理的人,主要是组织的上级领导或社会组织的最高层管理者,而更多的管理者是以组织内部的要素或活动作为管理对象的。

(2)社会组织内部的单位或部门。这是指在各种社会组织(独立法人)内部设置的各种单位或部门,既包括履行组织基本职能的各业务单位,又包括行使各种管理和服务职能的各种部门。它们不是独立的社会法人,只是社会组织内部半自治性的群体或组织。社会组织内部,除最高管理层以外的大部分管理者,都是以这类内部组织为对象进行管理的。

2. 资源或要素

组织的资源或要素,作为管理的直接对象,各有特定的属性与功能。为保证目标的实现,只有对这些资源或要素进行科学的配置与组织,才会有效地发挥作用。关于管理要素的构成,普遍接受的观点是管理要素包括人员、资金、物资设备、时间和信息等。

(1)人员。人是管理对象中的核心要素,所有管理要素都是以人为中心而存在和发挥作用的。人员作为管理对象,包括两层含义:一方面,人作为劳动要素,管理者通过合理运筹与组织,实现劳动者在数量上和质量上的最佳配置,提高劳动的效率;另一方面,人又是管理者与被管理者。管理者要在人与人之间的互动关系中,通过科学的领导和有效的激励,最大限度地调动人的积极性,以保证目标的实现。管理人是管理者的核心工作。

(2)资金。资金是任何社会组织,特别是营利性经济组织的极为重要的资源,是管理对象的关键性要素。要保证职能活动正常进行,经济地、高效地实现组织目标,就必须对资金进行科学的管理。对资金筹措、资金运用、经济分析与经济核算等过程加强管理,以降低成本、提高效益,是管理者重要的经常性管理职能。

(3)物资设备。物资设备是社会组织开展职能活动、实现目标的物质条件与保证。通过科学的管理,充分发挥物资设备的作用,也是管理者的一项经常性工作。

(4)时间。时间是组织的一种流动形态的资源,也是重要的管理要素。管理者必须重视对时间的管理,真正形成"时间就是金钱"的意识,科学地运筹时间,提高工作的效率。

(5)信息。在信息社会的今天,信息已成为极为重要的管理对象。现代管理者,特别是高层管理者,已不再直接接触事物本身,而是越来越多地同事物的信息打交道。信息既是组织运行、实施管理的必要手段,又是一种能带来效益的资源。管理者必须高度重视并科学地管理好信息。

3.职能活动

管理是使组织的活动效率化、效益化的行为,因此,最经常、最大量的管理对象是社会组织实现基本职能的各种活动。管理的功效,主要体现在组织的各种职能活动在管理的作用下更有秩序、更有效率、更有效益。管理者正是在对各种活动进行计划、组织、领导和控制的过程中,发挥着管理的功能。

第四节　管理环境

情景模拟

对症下药

一艘船经过太平洋时,不小心碰到暗礁,开始下沉,而船上几位来自不同国家的商人正在开会。"去告诉这些人,穿上救生衣跳到水里去,快!"船长命令他的副手。

几分钟后,船长的副手急急忙忙回来报告:"他们都不愿意往下跳。"船长只好亲自去劝说。一会儿,船长回来了,告诉副手,他们都跳下去了。副手很好奇,问船长是怎么说服他们的。

"哦,我只对英国人说,那是一项体育锻炼;对法国人说,那是一件很潇洒的事情;对德国人说,那是一项命令……"

"那您是怎么让美国人跳下去的?"副手问。"我对他说,他已经有保险了。"

学生思考:

1.船长是怎样使那几个商人跳水的?

2.了解不同国家的文化背景对于做好管理工作有何帮助?

企业环境是指影响企业生存和发展的各种内外因素的组合。总体上看,企业的环境包括内部环境和外部环境两个部分。外部环境是企业生存和发展的前提条件,内部环境则是企业生存和发展的基础。企业的生存发展,从根本上来说,取决于利用自身的内部环境条件去适应所处的外部环境。

一、外部环境分析

企业外部环境包括宏观环境和经营环境。

(一)企业宏观环境分析

企业宏观环境指在一定时空内存在于社会中的各类组织均会面对的环境,其内容复杂,大致可归纳为以下几种:

1. 政治环境

企业的政治环境是指制约和影响企业的各种政治要素及其运行所形成的环境系统,包括一个国家的社会制度、执政党性质、政府方针、政策、法令等。不同的国家有着不同的社会制度,不同的社会制度对组织活动有着不同的限制和要求,即使社会制度不变的同一个国家,在不同时期,由于执政党不同,其政府的方针政策对组织活动的态度和影响也不同。对于这些变化,组织必须通过对政治环境的研究,了解国家和政府目前允许组织做什么,从而使组织活动受到政府的保护和支持,符合社会的利益需要。

案例链接

微软受罚,每天缴纳 100 万美元

微软的发迹始于 IBM PC 的流行,而 Windows 3.X 的流行则将微软送上了事业的巅峰。面对微软愈演愈烈的垄断行为,美国司法部不得不出面进行干涉,并在 1994 年与微软签订了《承诺法令》,以此来约束微软的行为,并尽量保持市场的公平运行。仅凭一条《承诺法令》就想来约束微软帝国实在是有点杀牛用鸡刀的意思,1997 年 10 月 20 日,美国司法部下令地方法院法官杰克逊,命令他每天对微软实施高达 100 万美元的重罚,理由是微软违反了自己在 1994 年签下的《承诺法令》,协议中规定微软不能要求使用 Windows 操作系统的 PC 厂商捆绑使用其他的微软软件,而在刚刚发布的 Windows 95 中,恰恰是微软自己捆绑了 IE 浏览器。

2. 经济环境

经济环境是指构成企业生存和发展的社会性经济状况及国家的经济政策,主要由社会经济结构、经济发展水平、经济体制和经济政策构成。

(1)社会经济结构。社会经济结构主要包括产业结构、分配结构、交换结构、消费结构、技术结构等内容,其中最重要的是产业结构。社会经济结构如果出现问题,会造成相当数量的企业不能正常开展经营活动,甚至带来国家的经济危机。因此,企业必须随时关注社会经济结构的变化,积极稳妥地调整企业的经营活动,推动企业的发展。

(2)经济发展水平。经济发展水平,即一个国家经济发展的规模、速度和达到的水准。常用的指标有国内生产总值、人均国内生产总值、经济发展或增长速度等,会给企业带来经济组织的制约与发展的影响。

(3)经济体制。经济体制规定了国家与企业、企业与企业、企业部门内部的关系,并通过一定的管理手段和方法影响社会经济资源配置的范围、内容与方式。

(4)经济政策。经济政策包括综合性的全国经济发展战略和产业政策、国民收入分配政策、物资流通政策、金融政策、对外贸易政策等,这是国家在一定时期为实现国家经济发展目标的战略和策略(对企业发展有影响)。

3. 社会文化环境

社会文化环境包括一个国家或地区的居民的教育程度和文化水平、宗教信仰、风俗习

惯、审美观点、价值观念等。文化水平会影响居民的需求层次,宗教信仰和风俗习惯会禁止和抵制某些活动的进行,价值观念会影响居民对企业组织活动内容、方式及态度。这些影响必然要反映到企业的生产经营活动中,影响到社会对企业产品及服务的需求状况。

4. 法律环境

企业的法律环境是指与企业相关的社会法律系统及其运行状态。主要包括国家的法律法规,国家司法与执法机关和企业的法律意识等。法律环境对企业的影响力具有刚性约束的特征,同时也影响企业的发展方向,良好的法律环境对企业发展有积极的促进作用。

5. 技术环境

技术环境是指企业所处的社会环境中的科技要素,以及与该要素相关的各种社会现象的总和。企业的科学技术环境大体上包括社会科技水平、科技力量、国家科技体制政策和立法等。技术环境对企业的影响非常明显。企业生产经营过程是一定的劳动者借助一定的劳动条件生产和销售一定产品的过程。不同的产品,代表着不同的技术水平,对劳动者和劳动条件有着不同的技术要求。技术的进步会影响到产品的更新和旧工艺的淘汰。因此,企业应关注技术环境的变化,开发新产品,使企业立于不败之地。

6. 自然环境

自然环境是指企业所处的地理位置、地形、气候、地质、自然资源等。自然环境对企业厂址选择、原材料供应、技术与设备的采用密切相关。如在不同的地域环境中,人口的构成、国民收入、消费水平、消费习惯不同,对产品的需求也不同。企业必须分析自然环境的特点,有针对性地开展经营活动。

(二)企业经营环境分析

企业经营环境是指影响企业经营领域的行业环境因素和市场环境因素。目前对企业所处的行业环境和市场环境的分析,多采用美国学者迈克尔·波特的行业结构分析模型,如图1-5所示。迈克尔·波特认为:一个行业的竞争状况取决于五种基本力量,这些力量汇集起来决定着该行业的利润率和利润潜力。这五种力量分别是现有企业间的竞争、潜在进入者的威胁、替代品的威胁、买方的讨价还价能力及供应商的讨价还价能力。在企业战略管理中,注重对行业环境进行研究,目的在于弄清行业中成功的关键因素和行业的特征、明确行业的吸引力和行业长期利润潜力的来源及状况、发现影响行业吸引力的相关因素、确定企业所面临的机会和威胁、分析竞争对手的实力,以确定企业进行行业选择的范围和风险。

1. 现有企业间的竞争

任何企业间都存在竞争,竞争的强弱随着时间、地点改变而不同。只有那些比竞争公司的战略更能带来竞争优势的战略,才可能是成功的战略。决定企业间竞争激烈程度的关键因素有:竞争者在数量上的多寡、竞争者产业生产能力的增加能力、企业间文化上的差异、对企业产品需求数量、用户可更换产品自由度、市场退出壁垒、固定成本高低、企业间战略差异、合并与收购在产业中的普遍程度等。

```
                    潜在进入者
                        ↓
                   潜在进入者的威胁

  供应商的讨价还价能力              买方的讨价还价能力
供应商 →              现有企业间的竞争              ← 买方
                        ↑
                    替代品的威胁
                        ↑
                      替代品
```

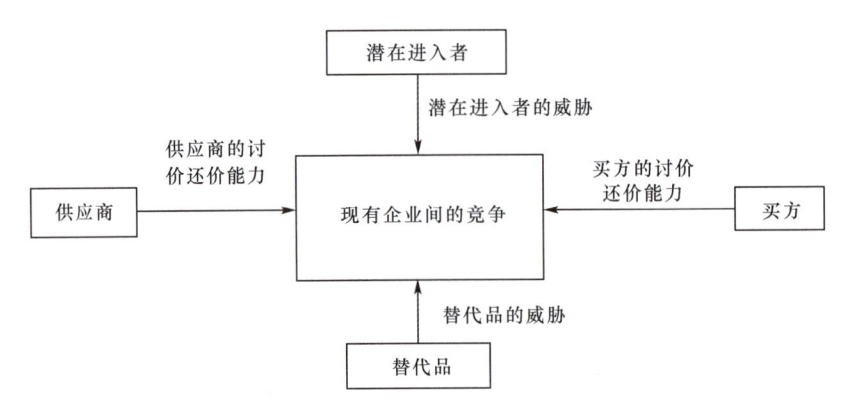

图 1-5　波特的行业结构分析模型

2. 潜在进入者的威胁

潜在进入者是指产业外随时可能进入某行业、成为竞争者的企业。由于潜在进入者的加入会带来新的生产能力和物质资源,并要求取得一定的市场份额,因此会对本产业的现有企业构成威胁,这种威胁被称为进入威胁。决定进入障碍大小的因素主要有以下几个方面:

(1)规模经济。它是指生产单位产品的成本随生产规模的增加而降低。规模经济会使新竞争者要么以更大的生产规模进入该产业,要么以小的生产规模进入该产业,但前者会使原有企业联合抵制,后者又因产品成本过高造成竞争劣势,使得新竞争者对进入新的产业产生退却。各行业规模经济的重要性不尽相同,在一些行业实施规模经济相当重要,如汽车和航空工业等。

(2)市场的资金要求。它是指企业进入某产业所需要的物资和货币的总需求量。由于技术和规模的不同,企业进入市场所需要的资金成本也不同。如进入资本密集型产业,就需新进入者冒很大风险并需巨额资金,才能形成竞争能力。

(3)产品差异。产品差异是由于顾客或用户对企业产品的质量或品牌信誉忠诚程度不同而形成的产品之间的差别。若行业内原有企业形成了商标信誉,产品取得了客户的信任和忠诚,新进入者就要耗费巨资去征服现有的客户,一旦进入失败,在商誉上的投资可能就没有什么残余价值了。因此,所冒的投资风险特别大。

(4)政府的管制政策和法律约束。政府行为能影响竞争活动。如我国一些处于受保护的邮政、电信和医药等行业,过去一直以垄断的经营形式发展,但逐步面临着外国新进入者的进入威胁和政府管制的削弱问题。

除以上因素外,还有一些因素也可以抵消新进入者的威胁,如专利的拥有、潜在的市场饱和度及地理位置的状况等。

3. 替代品的威胁

企业生产的产品,它们具有一定的外观形态,也能够满足某种需要的使用价值或功能。不同的产品,虽然外观形态、物理特征可能不同,但完全可能具备相同的功能。如火车、汽车、飞机、自行车,它们的外观形态、内部结构、物理性能均有很大的差异,但是它们都是运输工具,帮助人们实现两点间的位移。产品的使用价值和功能是相同的,能够满足消费者的需要是相同的,在使用过程中就可以相互替代,生产这些产品的企业之间就可能形成竞争。因此,行业环境分析还包括对生产替代品企业的分析。

替代品生产厂家的分析主要包括两个方面的内容:其一,确定哪些产品可以替代本企业提供的产品;其二,判断哪些类型的替代品可能对本企业的经营造成威胁。第一项工作较为容易,第二项工作较为复杂。为此需要比较这些产品的功能实现能够给使用者带来的满足程度与获取这种满足所需付出的费用。如果两种相互可以替代的产品功能带来的满足程度大致相当,价格不同,低价格产品会对高价格产品造成威胁。如果价格大致相同,则相互间不会造成大的威胁。

4.买方的讨价还价能力

买方的讨价还价能力的影响因素主要有:其一,购买量的大小。如果用户的购买量与企业销售量比较相对较大,是企业的主要客户,则其购买对企业销售极为重要,因而拥有较强的价格谈判能力,反之购买量小则谈判能力弱。其二,企业产品的性质。如果企业提供的是一种无差异产品或标准产品,则用户坚信可以很方便地找到其他供货渠道,因此,在购买中要求尽可能优惠的价格。其三,用户后向一体化的可能性。后向一体化是指企业将其经营范围扩展到原材料、半成品或零部件的生产。如果用户是生产性企业,购买企业产品的目的在于再加工或与其他零部件组合,又具备自制的能力,则会经常以此为手段迫使供应者压价。其四,企业产品在用户产品形成中的重要性。如果企业产品是用户自己加工制造产品的主要构成部分,或对自己产品的质量或功能形成有重大影响,则可能对价格不甚敏感。

5.供应商的讨价还价能力

供应商分析主要包括两个方面的内容:其一是供应商的供货能力,其二为供应商的价格谈判能力,这两个方面是相互联系的,综合看有以下需要分析的因素:

(1)是否存在其他货源。企业如果长期仅从单一渠道进货,则其生产和发展必然在很大程度上受制于后者。因此,应分析与其他供应商建立关系的可能性,分散进货,多渠道进货,遏制供应商提高价格的倾向。

(2)供应商所处行业的集中程度。如果该行业集中度较高,由一家或少数几家集中控制,而与此对立,购买此种货物的客户数量众多,力量分散则该行业供应商将拥有较强的价格谈判能力。

(3)寻求替代品的可能性。如果行业集中程度较高,分散进货的可能性较小,则应寻找替代品,如果替代品不易找到,那么供应商的价格谈判能力是无差异的。

(4)企业后向一体化的可能性,如果供应商垄断控制了供货渠道,替代品又不存在,而企业对这种货物的需求量又很大,则供应商的价格谈判能力是很强的。

二、内部环境分析

一般来说对内部环境的分析主要是对人力资源、物力资源和财力资源的分析。

(一)人力资源分析

根据不同的标准可以将人力资源划分成不同类型。如企业根据工作性质可分为生产工人、技术工人和管理人员三类人力资源。人力资源研究就是要分析这些不同类型的人员的数量、素质和使用状况。对企业生产工人的研究,就是要了解他们的数量,分析其技术文化水平是否符合企业生产状况和发展的要求,人员的增减、培训根据生产工人的特点进行合理的利用;对企业技术人员的研究,就是要弄清企业有多少技术骨干以及他们的技术水平、知识构成,充分发挥他们的作用,人尽其才;对管理人员的研究就是要分析企业管理干部的配备状况、专业结构、知识结构、年龄结构、能力结构是否合理,能否通过培训提高他们的管理素质等。

(二)物力资源分析

物力资源分析就是要分析在企业活动过程中需要运用的物资条件的拥有数量和利用程度。如要分析企业拥有多少设备和厂房,它们与目前的技术发展水平是否相适应,企业是否应对其进行更新改造,机器设备和厂房的利用状况如何,企业能否采取措施提高利用率等。

(三)财力资源分析

财力资源是一种能够获取和改善企业其他资源的资源。财力资源分析就是要分析企业的资金拥有情况、构成情况、筹措情况、利用情况等;分析企业是否有足够的财力资源去组织新业务的拓展以及对原有活动条件和手段的改造等。

第五节 管理机制与方法

情景模拟

分 粥

有七个人在一起生活。他们每天都要分食一锅粥,但却没有可度量的容器。他们先后试过几种办法:

第一种办法:由一个人专门负责分粥,可这个人总是为自己多分,大家怀疑这个人私心重,但换了几个人,也是一样。

第二种办法:大家轮流负责分粥,每人一天。这看起来似乎公平了,但每个人这天不仅能吃饱,还有很多剩余,其余6天却会挨饿。

第三种办法:大家选举一个信得过的人主持分粥。开始这位品德高尚的人还能保持公平,但不久就开始为自己和溜须拍马的人多分。

第四种办法:选举一个分粥委员会和一个监督委员会,形成集体决策和监督机制。这样公平是做到了,但每次分粥,分粥委员会都要讨论,监督委员会还要检查,有时还争论不休,等到大家可以吃粥时,粥早就凉了。这样过分强调民主却牺牲了效率。

学生思考:

1. 你有什么办法可以使粥分得公平合理?
2. 从上面的案例中,你对管理机制有何理解?

一、管理机制

(一)管理机制的含义与特征

1. 管理机制的含义

机制,原意是指机器的构造及工作原理。所谓管理机制,是指管理系统的结构及其运行机理。这一概念应用于工商企业时,即为企业经营机制。

2. 管理机制的特征

(1)内在性。管理机制是管理系统的内在结构与机理,其形成与作用是完全由自身决定的,是一种内在运动过程。

(2)系统性。管理机制是一个完整的有机系统,具有保证其功能实现的结构与作用系统。

(3)客观性。任何组织,只要其客观存在,其内部结构和功能既定,必然要产生与之相应的管理机制。这种机制的类型与功能是一种客观存在,是不以任何人的意志为转移的。

(4)自动性。管理机制一经形成,就会按一定的规律、秩序,自发地、能动地引导和决定企业的行为。

(5)可调性。管理机制是由组织的基本结构决定的,只要改变组织的基本构成方式或结构,就会相应地改变管理机制的类型和作用效果。

(6)稳定性。在特定结构下形成的管理机制,会长期、持续而稳定地发挥作用,只要结构与环境没有重大变化,管理机制就会稳定不变。

3. 管理机制的现实应用价值

管理机制的研究是对管理行为内在本质与规律的揭示。有什么样的管理机制,就有什么样的管理行为,就有什么样的管理效果。

管理机制是加强科学管理的依据。管理者在管理中存在何种管理关系,采取何种管理行动,达到的管理效果如何,归根结底,是由管理机制决定的。研究与改革管理机制,就为实行科学管理提供了依据;利用管理机制进行管理,就能收到事半功倍的效果。

管理机制的转换与创新是组织改革的核心。管理机制是决定管理功效的核心问题。管理机制不革新,企业改革就不能获得成功。因此,建立科学有效的管理机制,是推行企业改革的核心内容和本质要求。

(二)管理机制的构成

管理机制是以客观规律为依据,以组织的结构为基础,由若干子机制有机组合而成的。管理机制本质上是管理系统的内在联系、功能及运行原理。管理机制反映的是一个管理系统内各子系统及要素之间的各种必然联系,由这些联系决定的相应功能以及功能实现和系统运行的原理。管理机制不是具体的管理办法,也不是具体的管理行为,而是管理办法的内在机理,是管理行为的内驱力。

(三)管理机制的系统模型

管理机制以管理结构为基础,结构要素的属性与特征不同,相互联系与构成的方式不同,就会有不同的作用机理;而决定这种作用机理与内在机能发挥的根本依据是相应的客观规律,同时,环境也是影响管理机制作用发挥的重要因素;在结构、规律、环境的综合影响下,所形成的特定作用机理将直接决定与规制管理结构的内在机能的发挥;管理机制所体现出来的特定机能,直接决定并规制整个管理系统的功能输出或系统的行为取向与变化,从而最终决定整个系统的绩效与成败。

(四)管理机制的基本类型

管理机制多种多样,既有宏观层面的,又有微观层面的,对于一般的管理系统,主要有运行机制、动力机制和约束机制三种类型。

1. 运行机制

运行机制是组织中最基本的管理机制,是管理机制的主体,主要指组织基本职能的活动方式、系统功能和运行原理。

运行机制具有普遍性的特点。任何组织,大到一个国家,小到一个企业、单位、部门,都有其特定的运行机制。

2. 动力机制

动力机制是指管理系统动力的产生与运作的机理,是一种极为重要的管理机制,是为管理系统运行提供动力的机制。主要由以下三个方面构成:

(1)利益驱动。这是社会组织动力机制中最基本的力量,是由经济规律决定的。人们会在物质利益的吸引下,采取有助于组织功能实现的行动,从而有效推动整个系统的运行。例如,在一个企业中,具有激励作用的分配制度,会有效地调动员工的生产积极性,多劳多得,少劳少得,员工为了"多得"而"多劳",利益驱动作用是明显的。

(2)政令推动。这是由社会规律决定的。管理者凭借行政权威,强制性地要求被管理者采取有助于组织功能实现的行动,以此推动整个系统的运行。例如,在一个企业中,管理者通过下达命令等方式,指挥或要求员工完成工作任务,员工出于对权威的恐惧或认可而努力完成工作任务。显然,这是靠行政权威来提供动力,推动系统运行的。

(3)社会心理推动。这是由社会与心理规律决定的。管理者利用各种管理手段或措施,对被管理者进行富有成效的教育和激励,以调动其积极性,使其自觉自愿地努力实现组织目标。例如,管理者通过对员工进行人生观教育,满足员工的心理需要、肯定员工的努力或取得的成绩,关心员工,树立典型榜样,使工作丰富化等形式,调动员工的积极性,使其从内心产生努力做好工作的热情,全身心地投入到工作之中。

3. 约束机制

约束机制是对管理系统行为进行限定与修正的功能与机理,其功能是保证管理系统正确运行以实现管理目标。

约束机制主要由以下四个方面构成:

(1)权力约束。权力约束是双向的。一方面,利用权力对系统运行进行约束,如下达保证实现目标的命令、对偏差行为采取有力处罚,从而凭借权力保证系统的顺利运行;另一方面,要对权力的拥有与运用进行约束,以保证正确地使用权力。失去约束的权力是危险的权力。

(2)利益约束。利益约束是约束机制极为有效的组成部分,故常被称为"硬约束"。利益约束也是双向的。一方面,以物质利益为手段,对运行过程施加影响,奖励有助于目标实现的行为,惩罚偏离目标的行为;另一方面,对运行过程中的利益因素加以约束,其中突出表现为对分配过程的约束。

(3)责任约束。责任约束主要指通过明确相关系统及人员的责任,来限定或修正系统的行为。

(4)社会心理约束。这主要是指运用教育、激励和社会舆论、道德与价值观等宣传手段,对管理者及相关人员的行为进行约束。

二、管理方法

管理方法是管理机制的实现形式,管理机制的功能与作用是通过具体的管理方法实现的。尽管管理机制具有客观性,但选择和运用不同的管理方法则是具有主观性的。

(一)管理方法的含义

管理方法,是指管理者为实现组织目标,组织和协调管理要素的工作方式、途径或手段。管理方法是实施管理的途径或手段,对于管理功效及目标实现具有非常重要的意义。

(二)管理方法的分类

管理方法按作用的原理,可分为经济方法、行政方法、法律方法和沟通教育方法。

1. 经济方法

(1)经济方法的含义。经济方法是指依靠利益驱动,利用经济手段,通过调节和影响被管理者物质需要而促进管理目标实现的方法。经济方法的主要形式有:价格、税收、信贷、经济核算、利润、工资、奖金、罚款、定额管理、经营责任制等。

(2)经济方法的特点:

①利益驱动性。被管理者是在经济利益的驱使下去采取管理者所预期的行为的。

②普遍性。经济方法被社会广泛采用,是最基本的方法。

③持久性。由于经济方法所满足的是人的最基本的生存需要,因此,被管理者长期采用,其产生的作用也是持久的。

(3)经济方法的局限性:可能产生明显的负面作用,即会使被管理者过分看重金钱,影响其工作主动性和创造性的发挥。

2. 行政方法

(1)行政方法的含义。行政方法是指依靠行政权威,借助行政手段,直接指挥和协调管理对象的方法。行政方法的主要形式有:命令、指示、计划、指挥、监督、检查、协调等。

(2)行政方法的特点:

①强制性。行政方法依靠行政权威强制被管理者执行。

②直接性。行政方法是采取直接干预的方式进行的,其作用明显、直接、迅速。

③垂直性。行政方法反映了明显的上下级行政隶属关系,是完全垂直领导的。

④无偿性。行政方法是通过行政命令方式进行的,不直接与报酬挂钩。

(3)行政方法的局限性:由于强制干预容易引起被管理者的心理抵抗,所以,单纯依靠行政方法很难进行持久有效的管理。

3. 法律方法

(1)法律方法的含义。法律方法是指借助国家法规和组织制度，严格约束管理对象为实现组织目标而工作的方法。法律方法的主要形式有：国家的法律、法规，组织内部的规章制度，司法和仲裁等。

(2)法律方法的特点：

①高度强制性。法律方法凭借依靠国家权威制定的法律来进行强制性管理，其强制性大于行政方法。

②规范性。它是采用规范进行管理的一种形式，属于"法治"，而非"人治"，这增强了管理的规范性，限制了人的主观随意性。

(3)法律方法的局限性：对于特殊情况有适用上的困难，缺乏灵活性。

4. 管理方法——沟通教育方法

(1)沟通教育方法的含义。沟通教育方法是指借助教育学、心理学等原理，运用教育、沟通、激励等手段，通过满足管理对象心理需要的方式来调动其积极性的方法。沟通教育方法的主要形式有：宣传教育、思想沟通、各种形式的激励等。

(2)沟通教育方法的特点

①自觉自愿性。这是通过被管理者内心受激励，而使其自觉自愿去实现目标的方法，不带有强制性。

②持久性。这种方法是建立在被管理者觉悟和自觉服从的基础上的，因此，其作用持久，没有负面影响。

③灵活性。由于实施这种方法的途径多种多样，可以根据管理对象的不同特点选择不同的方式、方法，有针对性地进行管理。

(3)沟通教育方法的局限性：主要表现为对紧急情况难以适应，而且单纯使用这一种方法常常无法达到目标。

(三)管理方法的有效应用

1. 加强管理方法的科学性

在管理实践中，要不断地建设与完善管理方法，使管理方法更加科学有效，符合相关客观规律的要求，更好地体现管理机制的功能作用。

2. 正确运用管理方法

管理者若决定采用一种管理方法，必须要弄清这种管理方法的性质和特点，研究管理者和管理对象的性质与特点，认真了解与掌握管理环境因素，这样才能使管理方法的针对性强，成效显著。

3. 注意管理方法的综合运用

每一种管理方法，都有其独特的长处和局限，在不同领域发挥着各自的优势，没有哪种方法是适用于所有管理问题的，也没有哪类管理问题完全可以只靠一种方法来解决。因此，要科学有效地运用管理方法，就必须根据目标和实际需要，灵活地选择多种方法，综合地、系统地加以运用，以求实现管理方法的整体功效。

第六节　管理思想

情景模拟

是严格管理，还是自我控制？

在车间领导班子会议上，两位车间副主任就如何进一步提升管理工作水平问题发表了意见。王副主任主张应向严格管理方向努力，重点是加强管理的规范化。他强调要进一步加强制度建设，严格劳动纪律，加大现场监督力度，杜绝一切怠工或违纪现象，以确保流水线生产的顺利进行。他引经据典地指出，这是依据被称为"科学管理之父"的泰勒的经典管理思想提出来的。而吴副主任则不赞成这种意见。他认为这是传统的、过时的管理思想。他主张应坚持以人为本，重视人的需要，充分尊重员工，主要靠激励手段，由员工自我管理，自主控制。他强调，这是梅奥人际关系理论的发展，是世界性的大潮流。而王副主任则坚持认为，在中国现阶段，又是这种流水线生产，还是规范化的科学管理更可行。在这种流水线生产条件下，过分依靠自觉是不可行的，强有力的现场监督控制才是唯一有效的管理。两个人争执不下。

学生思考：

1. 你知道被称为"科学管理之父"的泰勒及其思想吗？
2. 你了解梅奥的人际关系理论吗？
3. 你赞成哪位副主任的意见？

管理理论的发展历程，大致经历了经验管理与管理理论萌芽、古典管理理论、现代管理理论、管理思想的新发展等几个主要阶段。

一、经验管理与管理理论萌芽

在古典管理理论出现之前，企业的管理基本上是经验管理。18 世纪后期到 19 世纪末，即从资本主义工厂制出现起，到资本主义自由竞争阶段结束，大约经历了一百多年。这时的企业，资本家既是所有者，又是经营者。管理者完全凭自己的经验进行管理，没有管理规范与系统制度，这被称为经验管理或传统管理。

18 世纪的工业革命使工厂成为工业生产的主要经营组织，大大推动了企业规模和劳动分工的发展。生产力发展水平和劳动方式的变化必然对管理提出新的要求，这一时期出现了一些现代管理理论的萌芽。例如，亚当·斯密系统论述了劳动组织问题，强调分工的作用，并提出了经济人的观点；罗伯特·欧文是人事管理的先驱者，被称为"现代人事管理之父"，他认为，人是环境的产物，在生产中要重视人的因素，重视人的作用和尊重人的地位；查尔斯·巴贝奇进一步发展了亚当·斯密关于劳动分工的思想，分析了分工能提高劳动生产率的原因，提出按"边际熟练"原则确定报酬制度。

> **案例链接**

分　工

有一天,某公司总经理发现会议室的窗户很脏,好像很久没有擦过,便打电话将这件事告诉了行政后勤部负责人,该负责人立刻打电话告诉事务科长,事务科长又打电话给公务班长,公务班长便派了两名员工,很快将会议室的窗户擦干净了。过了一段时间,同样的情况再次出现。

你认为该公司在管理方面存在着什么问题?

二、古典管理理论

(一)泰勒的科学管理理论

弗雷德里克·温斯洛·泰勒,美国人。他的著作《科学管理原则》于1911年出版,奠定了科学管理理论基础,标志着科学管理思想的正式形成,泰勒也因此被西方管理学界称为"科学管理之父"。泰勒的主要思想与贡献包括:

(1)科学管理的中心问题是提高劳动生产率。

(2)工时研究与劳动方法的标准化。

(3)实行差别计件工资制,以此最大限度地刺激与激励工人的劳动积极性。

(4)管理职能与作业职能分离。把计划职能从工长的职责中分离出来,设立专门的计划部门,由计划部门制订计划,工长负责执行。

(5)实行"例外原则"。泰勒主张高层管理者应该从日常例行事务中摆脱出来,主要处理重要或例外事项。

(6)强调科学管理的核心是"一场彻底的心理革命",即劳资双方都应把注意力从盈余的分配转到盈余的增加上来。泰勒的这一主张被称为"经济大饼原理",它是泰勒科学管理制度的思想理论基础。

(二)法约尔的一般管理理论

亨利·法约尔,法国人。他的著作《工业管理和一般管理》于1916年出版,系统地提出了一般管理理论。他最先提出管理的职能、要素和原则,被称为"现代经营管理之父"。法约尔的主要管理思想与贡献是:

(1)对企业经营活动的概括。法约尔把工业企业的全部活动做了科学的分类,分为六大类工作,即技术工作、商业工作、财务工作、安全工作、会计工作、管理工作。

(2)最早提出管理的职能。法约尔将管理工作分为计划、组织、指挥、协调和控制,即我们现在所讲的技术、商业、金融、安全、财务、管理职能。

(3)系统地总结管理的一般原则。他总结的企业管理14项原则是:①劳动分工;②权力和职能一致;③纪律;④统一指挥;⑤统一领导;⑥个人利益服从整体利益;⑦报酬的公平合理;⑧权力的集中与分散;⑨组织层次与部门的协调;⑩维护秩序;⑪公平;⑫人员稳定;⑬首创精神;⑭团结精神。

(4)对等级制度与沟通的研究。法约尔认为从最高权力机构直至底层管理者,构成了等级制度或等级链,命令自上而下传达,报告自下而上传递;要把尊重等级系列与保持行动迅速紧密结合起来;并提出了在不同系统的中层之间直接进行沟通的"法约尔跳板"等。

(5)重视管理者的能力与训练。法约尔认为管理人员应具备特别的能力与品质,并强调,各种人员在组织中地位不同,需具备各种能力的相对重要性也不同。

(三)韦伯的行政组织理论

马克斯·韦伯,德国著名社会学家,是现代社会学的奠基人,被称为"组织理论之父"。他在管理学上的主要贡献是:

(1)提出理想的行政组织体系。理想的行政组织必须通过职位和职务来管理,而不能通过传统的世袭地位来管理。

(2)理想的行政组织体系是一种多层次结构、正式的、非人格化的组织体系。

(3)韦伯对权力的分类。韦伯认为权力与权威是一切社会组织形成的基础。他把组织中存在的权力与权威划分为三种:法定的权力、传统的权力、超凡的权力。韦伯认为,法定的权力是行政组织体系的基础。

案例链接

场长的转变

赵某是海洋农场场长,过去大伙叫他"管得宽",全场上至天文地理,下至鸡毛蒜皮,他无事不管,忙得吃不下饭、睡不好觉,可是农场经营起色不大,一些职工纷纷要求调离。本以为自己辛辛苦苦一心为工作,总能算得上一位党性强、事业心强的领导吧。谁知群众意见纷纷,有的批评他不相信群众,主观武断;有的说他不务正业,顾此失彼,影响农场的进一步发展;甚至有的群众尖锐指出:再要"管得宽",就罢他的官。这真让他想不通。

正在百思不得其解时,省里召开了第六期厂长经理培训班,他参加了学习。学习班老师讲的管理原理对他触动很大,使他意识到以前的一些做法从根本上讲是违背现代管理原则的,他决心利用所学的知识转变观念,对农场领导体制进行改革。他放下架子到群众中去,请他们为农场改革献计献策。

经过一段时间的调查、酝酿,召开全场会议,他在会上郑重宣布,从今以后,他的权力只管九个人,即三个副场长、总会计师、总经济师、总工程师,还有三个他直接管的科长。这九个人由他直接布置工作,他们也直接向他汇报工作,除此之外,其他人找他谈话,一律不接待,请他们各找其主管领导。话音一落,全场哗然,有支持的,有反对的,意见一时难以统一。

你对这位场长宣布"只管九个人"的决定有何看法?是支持,还是反对?"只管九个人"和管全场是什么关系?"只管九个人"是不是一律不接待其他人?你认为该如何处理好这些关系?

(四)梅奥的人际关系理论

1.梅奥与"霍桑试验"

梅奥,美国哈佛大学工商管理学院工业心理学教授。他参与并指导了具有特殊意义的"霍桑试验",第一次较为系统地提出要重视管理中人的因

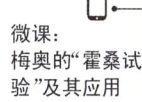

素,从而创立了人际关系学说。1927年,梅奥应邀参加并指导美国芝加哥西部电器公司所属的霍桑工厂进行的有关科学管理的试验,研究工作环境、物质条件与劳动生产率的关系,通常称为"霍桑试验"。试验结果表明,生产率提高的原因不在于工作条件的变化,而在于人的因素;生产不仅受物理、生理因素的影响,更受社会环境、社会心理因素的影响。

2.人际关系理论

梅奥认为,企业中的人首先是"社会人";生产效率主要取决于职工的工作态度和人们的相互关系;应该重视"非正式组织"的存在和作用。梅奥认为,企业中不仅存在"正式组织",而且还存在"非正式组织"(基于共同的感情而构成的一个体系)。"非正式组织"有着自己的规范、感情和倾向,左右着组织内每个成员的行为,通过影响工人的工作态度进而影响劳动生产率。

三、现代管理理论

(一)管理理论的"热带丛林"

进入20世纪50年代,现代管理思想的发展异常活跃,众多的学者通过不同的角度与方法研究管理问题,各树一帜,建立了许多管理理论学派,美国管理学者孔茨和奥唐奈将这种现象称为"热带丛林"。

1.管理过程学派

该学派的代表人物有美国的哈罗德·孔茨和西里尔·奥唐奈。其代表作为他们两人合著的《管理学》。这一学派主要研究管理者的管理过程及其功能,并以管理职能作为其理论的概念结构。

2.经验主义学派

经验主义学派的代表人物主要有彼得·德鲁克、欧内斯特·戴尔。经验学派最关注的是管理者的实际管理经验,认为管理学就是研究管理经验的,成功的组织管理者的经验是最值得借鉴的,远比那些纯理论更有价值。

3.行为科学学派

现代行为科学是在早期人际关系论的基础上发展起来的。行为科学学派的主要代表人物有美国的马斯洛、赫兹伯格、麦格雷戈等。行为科学同人际关系论一样,都注重人的因素,认为管理中最重要的因素是对人的管理;区别之处在于从单纯强调感情的因素转向探索人类行为的规律,并注意群体关系的研究。

4.社会系统学派

该学派把组织看成是一个社会系统,是一个关于人们之间相互关系的体系,它受社会环境的各个方面所制约,是更大的社会系统的一部分。代表人物是美国著名管理学家切斯特·巴纳德,代表作是《经理人员的职能》。

5.决策理论学派

决策理论学派的代表人物是美国的卡内基梅隆大学教授赫伯特·西蒙,其代表作为

《管理决策新科学》。该学派认为管理的关键在于决策,管理必须采用一套制定决策的科学方法及合理的决策程序。他们认为"管理就是决策"。

6. 数理学派

他们注重量化分析,强调应用数学模型解决管理决策问题,以寻求决策的科学化与精确化。

(二)管理理论的集中化趋势

进入20世纪60年代以后,管理理论的研究又出现一种集中化的趋势,学者们先提出系统管理理论,力求建立统一的管理理论;后来又提出更加灵活适应环境变化的权变管理理论。

1. 系统管理理论

20世纪60年代,系统管理理论是运用一般系统论和控制论的理论和方法,考察组织结构和管理职能,以系统解决管理问题的理论体系。代表人物为美国华盛顿大学教授弗雷蒙特·卡斯特、詹姆斯·罗森茨韦格。卡斯特等人的代表作为《系统理论与管理》。卡斯特等人的系统管理理论包括:①系统观念。主要适用于由经营的最高层负责的战略分系统。它强调系统是整体的、开放的,由诸多子系统构成,其目标是把组织与环境紧密联系起来,设计全面的系统与计划。②系统分析。系统分析主要适用于作业分系统,确定最佳的解决方法和行动计划。系统管理主要用于协调子系统,因此,要把企业作为一个系统进行设计与经营,使企业的各部分、各种资源按照系统的要求进行组织与运行。

2. 权变管理理论

这一理论是在20世纪70年代开始形成、发展的,其代表人物是美国管理学家弗雷德·卢桑斯以及英国女学者琼·伍德沃德等人。权变理论认为,不存在无条件适用于一切组织的最好的管理方法,强调在管理中要根据组织所处内外环境的变化而随机应变,针对不同的具体条件,探索与采用不同的、最适宜的管理方案、模式和办法。

四、管理思想的新发展

进入20世纪90年代,出现了管理理论的新发展,提出了战略管理思想、企业再造理论和"学习型组织"理论。

(一)战略管理理论

20世纪70年代前后,世界进入科技、信息、经济全面飞速发展时期,同时竞争加剧,风险日增,企业所处的技术、市场、社会、政治、经济环境都发生了翻天覆地的变化。管理学界开始重视充满危机和动荡的外部环境的变化,谋求企业的长期生存发展,注重构建竞争优势。这样,在经历了长期规划、战略规划等阶段之后,形成了较为系统的战略管理理论。

比较有代表性的人物是迈克尔·波特。迈克尔·波特是美国哈佛大学商学院的教

授,他于1980年出版的著作《竞争战略》是战略管理理论的代表作。波特教授的贡献如下:

(1)波特的行业结构分析模型。一个行业的竞争状况取决于五种竞争力量,这些力量汇集起来决定着该行业的利润率和利润潜力。这五种力量是:新进入者的威胁、替代品的威胁、买方的讨价还价能力、卖方的讨价还价能力和现有竞争对手的竞争。

(2)提出企业构建竞争优势的三种基本战略,即成本领先战略、差异化战略、集中化战略。

(3)价值链的分析。波特认为企业的生产是一个创造价值的过程,企业的价值链就是企业所从事的各种活动的集合体。价值链能为顾客生产价值,同时也能为企业创造利润。

(二)企业再造理论

进入20世纪七八十年代,市场竞争日趋激烈。美国企业为应对来自日本、欧洲的威胁而展开探索。1993年,企业再造理论的创始人、原美国麻省理工学院教授迈克尔·哈默博士与詹姆斯·钱皮合著了《企业再造——企业革命的宣言》一书,正式提出了企业再造理论。1995年,钱皮又出版了《再造管理》。哈默与钱皮提出,应在新的企业运行空间条件下,改造原来的工作流程,以使企业更适应未来的生存发展空间。这一全新的思想震动了管理学界,企业再造的思潮迅速在美国兴起,并快速传到日本和欧洲,乃至全世界。企业再造,就是为适应新的世界竞争环境,企业必须抛弃已成惯例的运营模式和工作方法,以工作流程为中心,重新设计企业的经营、管理及运营方式。

(三)"学习型组织"理论

在20世纪90年代,"学习型组织"理论由美国麻省理工学院教授彼得·圣吉在其著作《第五项修炼》中提出来。"学习型组织"是人们从工作中获得生命意义、实现共同愿望和获取竞争优势的组织蓝图,它是更适合人性的组织模式。这种组织由一些学习团队组成,有崇高而正确的核心价值、信心和使命,具有强韧的生命力与实现共同目标的动力,不断创新,持续蜕变,从而能够保持长久的竞争优势。

在学习型组织中,有五项新的技能正在逐渐汇集起来,这五项技能被称为"五项修炼"。分别是:

(1)追求自我超越。
(2)改善心智模式。
(3)建立共同愿景目标。
(4)开展团队学习。
(5)锻炼系统思考能力。

分析与研讨

1. 试述管理的四大职能。
2. 简述管理者应具备哪些管理技能。

3. 试述不同层次管理者对管理技能需要的差异性。
4. 简述管理机制的构成及其类型。
5. 举例说明四种基本的管理方法。
6. 简述泰勒的科学管理理论的主要内容。
7. 简述法约尔的一般管理理论的主要内容。
8. 简述梅奥的人际关系理论的主要观点。
9. 简述管理理论的"热带丛林"。
10. 试述进入20世纪60年代后管理理论的集中化趋势。
11. 简述管理思想的最新发展趋势。
12. 简述企业管理环境分析的主要内容。

案例训练

【实训内容与方法】

1. 阅读下面案例，分析下列问题：
（1）试运用管理的有关知识，分析有限资源与不断增长的需求之间矛盾产生的原因。
（2）如果你是学校的领导，你该如何解决这一矛盾？
（3）你认为能通过此案例归纳出管理者的职责和管理的特点吗？
2. 由个人先写出发言提纲，再以模拟公司或班级为单位进行讨论。

如何协调有限资源与不断增长的需求之间的矛盾

随着社会对综合性人才需求的增长，高校学生对人文社科类课程的关注度也日益增强，在这种情况下，选修名师开设的人文社科类课程的学生也日益增多。

在一所以理工为主的综合性大学中，管理学院的王老师向全校本科生开设"管理概论"选课，在刚开始时，选修的人数在60人左右。由于王老师在课程中能够理论联系实践，以通俗的语言讲解管理知识，特别是自我管理知识，因而受到学生的喜爱，选修该课程的学生逐年增加，从最初的60人到90、120、300、700、900人。由于选修该课程的人数逐年增多，一开始教务处通过将该课程调整到大教室的方法满足日益增长的选修需求，但学校最大的教室也只能容纳120人，当选修人数超过120人以后，学校就无法通过调整教室的方法来满足学生的选课要求。在这种情况下，教务处与王老师协商，希望其一学期开两次课，但王老师由于本身的科研、教学任务繁重，难以承担更多的教学任务。既然如此，教务处就只好采取限制选课的方式，规定只接受前120人的选课申请。

然而，学生选修此课程的目的并不仅仅是为了取得学分。面对学校限选的规定，仍然有不少没有选上课的学生为了提高自身的素质而前去旁听，以至于教室里人满为患。学生为了抢到一个座位，18:30的课常常需要在17:00以前就到教室，还常常因座位问题而发生纠纷，从而造成了选上该课程的学生极大不满。他们纷纷通过校长信箱和其他途径要求学校保护自己的正当权益。为此，学校最终采取了给选上该课程的学生发放听课证的方式，以保证他们上课前到教室能够有座位。

尽管如此,选上课的同学没有位置、没有选上课的同学继续通过各种方式进入旁听的情况仍然存在,想选选不上、选上了不一定听得到的问题仍然没能得到切实解决。

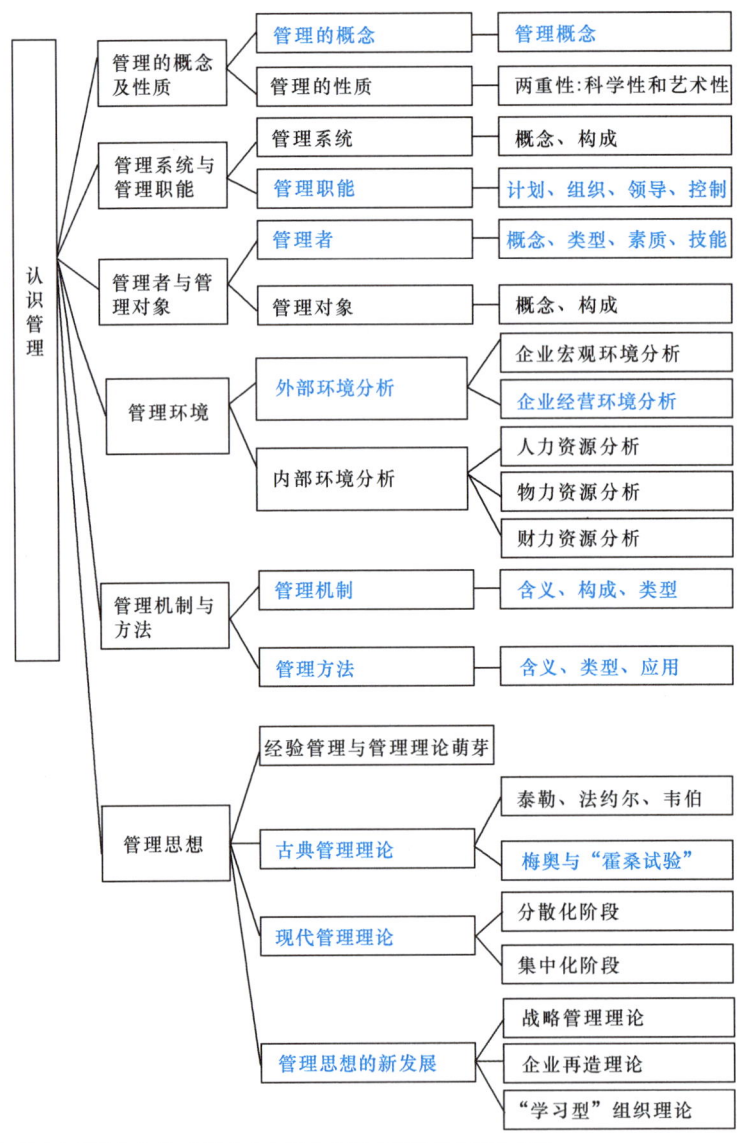

重点内容网络图

```
                    ┌─ 管理的概念及性质 ─┬─ 管理的概念 ──── 管理概念
                    │                   └─ 管理的性质 ──── 两重性:科学性和艺术性
                    │
                    ├─ 管理系统与管理职能 ─┬─ 管理系统 ──── 概念、构成
                    │                     └─ 管理职能 ──── 计划、组织、领导、控制
                    │
                    ├─ 管理者与管理对象 ─┬─ 管理者 ──── 概念、类型、素质、技能
                    │                   └─ 管理对象 ──── 概念、构成
                    │
        认识管理 ───┤                   ┌─ 企业宏观环境分析
                    ├─ 管理环境 ─┬─ 外部环境分析 ─┤
                    │           │               └─ 企业经营环境分析
                    │           │               ┌─ 人力资源分析
                    │           └─ 内部环境分析 ─┼─ 物力资源分析
                    │                           └─ 财力资源分析
                    │
                    ├─ 管理机制与方法 ─┬─ 管理机制 ──── 含义、构成、类型
                    │                 └─ 管理方法 ──── 含义、类型、应用
                    │
                    │                   ┌─ 经验管理与管理理论萌芽
                    │                   │               ┌─ 泰勒、法约尔、韦伯
                    └─ 管理思想 ────────┼─ 古典管理理论 ─┤
                                        │               └─ 梅奥与"霍桑试验"
                                        │               ┌─ 分散化阶段
                                        ├─ 现代管理理论 ─┤
                                        │               └─ 集中化阶段
                                        │                   ┌─ 战略管理理论
                                        └─ 管理思想的新发展 ─┼─ 企业再造理论
                                                            └─ "学习型"组织理论
```

注:蓝色字表示更为重要的内容;本图中未包括的内容可略讲或由学生自学。

推荐书目

1.《影响人一生的 100 个管理寓言》——作者：段衍

本书精选 100 个关于管理的寓言故事,内容涵盖了管理科学和实践的诸多领域。通过它们,读者可以轻松学习管理理论、方法和技巧。同时,本书通过编写体例、版式设计和插图的有机结合,帮助读者提高阅读效率,营造一个愉快的阅读氛围。

2.《人性的弱点》——作者：戴尔·卡耐基

戴尔·卡耐基从 20 世纪初就开始讲授他的成人训练课程,开创了美国的成人教育,被尊称为美国"成人教育之父"。他的成功哲学与处世技巧对当代的年轻人来说,是一个永恒的人生课题。

本书的唯一目的就是帮助你解决所面临的最大问题：如何在日常生活、商务活动与社会交往中与人打交道,并有效地影响他人；如何击败人类的生存之敌——忧虑,以创造幸福美好的人生。当你通过本书解决好这一问题之后,其他问题也就迎刃而解。

第二章

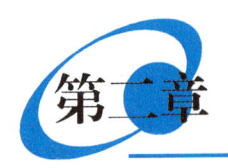

计划职能

情景导入

为什么目标很明确,却常常实现不了?

小陆是一名大三的学生。由于前几次英语四级考试他都未能通过,而要想取得学士学位,必须通过英语四级考试,因此,他还得再考一次。已经大三了,小陆暗下决心:这次四级考试一定要好好准备,以保证顺利通过。

可是,令小陆苦恼不已的是自己的学习效率非常低。自己兴致上来时,一天能背好几十个单词,但有时一天连一个单词也背不下来。

就拿今天来说吧,因为是周六,没有课。昨天晚上小陆想得好好的,今天要背50个单词。可是,今天早上小陆一觉就睡到了9点多。起床后因为觉得脑子还不是很清醒,所以就先打开电脑,上网看看新闻。结果一上网,就在BBS和QQ上忙个不停。

不知不觉已经12点半了,小陆赶紧冲到食堂吃午饭。回到寝室,准备背单词。刚打开单词本翻了几下,讨厌的瞌睡虫又来了。"先休息一下吧,精神好了学习效率才能提高嘛。"小陆自我安慰着,上床睡午觉了。

"哟,都4点多了,你还在睡啊?"原来是同寝室的同学回来了。小陆赶紧起身,拿起单词本开始背单词。刚背了几个,肚子又开始咕咕叫了:晚饭时间到了。

吃过晚饭,回到寝室,小陆心想,白天已经浪费了这么多时间,晚上一定要好好学习。刚想到这儿,就听到隔壁寝室一哥们叫道:"小陆,过来一下!我们都等着你打游戏呢!"小陆犹豫着:"去还是不去?"

"还是去吧,省得他们说我不够意思。不过要与他们讲清楚,过会儿有人可替,我就回来。"结果这一打就打到了近11点,寝室11点要熄灯,大家没法再打下去。小陆心想:"看来今天是背不了单词了,那就明天吧,明天背100个,一定要把今天的补回来!"

不过,当小陆洗漱完毕,躺在床上反思时,发现今天的情况在过去也常常发生。为什么自己要做的事很明确,也知道应该怎么做,但还是常常完成不了呢?有些事情自己也知道不应该做,但为什么还是常常经受不住诱惑又去做了呢?

学生思考:

1. 小陆的问题到底是什么?
2. 小陆应该怎样做?你能想个办法帮助他吗?

学习目标

1. 掌握计划的内容及形式。
2. 掌握编制计划的程序及方法。
3. 了解计划书的基本框架。
4. 明确目标管理的含义和特点。
5. 了解目标管理的基本过程及目标管理的优缺点。
6. 掌握管理决策的含义、类型及其程序。
7. 明确影响管理决策的因素。
8. 掌握定性、定量决策的方法。

思政目标

1. 通过学习计划职能以及编制计划的相关知识,学生能够了解规范的行文格式,培养科学制订工作、生活、学习计划的良好习惯。

2. 通过目标管理知识的学习,学生树立正确的人生观、价值观和世界观,根据自身特点制定出符合自己发展需要的学业规划和职业生涯规划,并根据"滚动计划法"的特点不断调整自己的成长目标。

3. 通过对管理决策知识的掌握,学生学会在人生的重要抉择路口,敢于面对,客观分析,冷静思考,最终做出相对满意的决定,养成志存高远、脚踏实地、不畏艰难的良好品德。

第一节　计划职能概述

情景模拟

他会制订计划吗?

王志强毕业于某高职院校。他没想到刚进入一家企业,他的顶头上司就交给他一项任务:为即将举办的一项大型营销活动制订一份活动草案。虽说是草案,可是怎样提出目标?怎样写出计划文本?在校期间只学了计划的有关知识,可从来没写过,这可难坏了小王。

学生思考:

1. 小王需要搜集哪些方面的信息?
2. 依据什么确定目标?订立一个还是几个目标?
3. 一份简单的计划书包括哪些基本的内容?

一、计划职能的含义与地位

(一)计划职能的含义

广义的计划职能是指管理者制订计划、执行计划和检查计划执行情况的全过程。狭义的计划职能是指管理者事先对未来应采取的行动所做的谋划和安排。本章主要是就狭义计划职能而言的。

(二)计划职能的地位

计划职能在各项管理职能中的地位集中体现在首位性上。这种首位性一方面是指计划职能在时间顺序上处于计划—组织—领导—控制四大管理职能的始发或第一职能位置上;另一方面是指计划职能对整个管理活动过程及其结果所施加的影响具有首要意义。

二、计划职能的作用

(一)计划是实施管理活动的依据

为实现组织目标而实施管理活动,首先必须进行科学的筹划和周密的安排,制订计划,并以计划为依据,组织实施管理活动。

微课:计划没有变化快还要做计划吗

(二)计划可以增强管理的预见性,规避风险,减少损失

通过计划,管理者对未来的因素深入分析,进行预测,可以防患于未然。

(三)计划有利于在明确的目标下统一员工的思想行动

计划职能制订出的全体员工的共同行动目标与方案,将从思想和行动上使全体员工协调一致,增强凝聚力,发挥集体优势。

(四)计划有利于合理配置资源,提高效率,取得最佳经济效益

通过科学运筹,精心设计,选择最优化的决策与实施方案,有利于合理分配资源,最大限度地发挥各种资源的效用,提高工作的有效性,获取最佳效益。

三、计划职能的性质

(一)目的性

计划工作是为实现组织目标服务的,组织是通过精心安排的合作实现目标而得以生存。计划作为管理的一项基本活动,应有助于完成组织的目的和目标,从时间和空间上对决策进一步展开和细化。

各种计划及其所有的支持性计划,都是旨在促使企业或各类组织的总目标和一定时期目标的实现。管理人员最重要的任务,就是努力使每个人理解集体的总目标和一定时期的目标。如果要使集体的努力有成效,组织成员一定要明白期望他们完成的是什么。

(二)普遍性

组织中所有的管理人员都要制订计划,做计划工作。通常计划工作的特点和范围会因各级主管人员职权的不同而不同,但开展好这项工作却是各级主管人员的一个共同职能,管理人员都要有一定程度的自主权,并必须为此承担制订计划的责任。所有管理人员,从总裁到一线的基层主管都要制订计划,做计划工作。

(三)效率性

计划工作讲求效率,计划的效率用计划对组织目标的贡献来衡量。对于一个企业组织来说,制订的计划是否会带来更大的绩效,要看这个计划对目标的贡献。一般情况下,正式的计划通常与更高的利润、更高的资产报酬率及其他积极的财务成果相联系,而高质量的计划过程和适当的实施过程比泛泛的计划可以创造更高的绩效。

(四)创造性

计划工作是一种创造性工作,是为管理活动设计的,如对于新产品或新项目的设计、战略目标的创新等。

微课:二八定律

四、计划职能的内容

计划的主要内容常用"5W1H"来表示:

Why——为什么要做?即表明计划工作的原因和目的。
What——做什么?即明确所要进行的工作目标与内容。
Who——谁去做?即确定由哪些部门和人员负责实施计划。
When——何时做?即规定计划中各项工作的起始时间和完成时间。
Where——何地做?即明确计划的实施地点。
How——怎么做?即制定实现计划的手段和措施。

一般来说,一项完整的计划应由目标、任务、方针措施、实施者、步骤、预算等要素构成。具体见表2-1。

表 2-1　　　　　　　　　　计划的构成要素

要　素	规定内容	考虑因素	举例(销售计划)
目标	行动结果(以数量、质量指标表示)	生存与发展的需要、市场与环境的可能、自身条件与资源的制约	实现年销售收入5 000万元;本地市场占有率50%;销售利润额达到600万元
任务	行动内容与实现目标的具体活动	目标与任务的因果关系	促销宣传;建立专卖店;向学校赠送部分产品以扩大影响;改进服务
方针措施	行动方针与措施及各种备选行动方案	实现目标的主要矛盾和解决矛盾的方法	批发优惠;现金付款优惠;销售提成;折扣让利
实施者	完成任务的部门或个人	职能与分工,责权分配,资源分布	销售部门负责促销;建立专卖店;生产部门负责生产产品;公关部门负责与相关部门建立良好关系

(续表)

要素	规定内容	考虑因素	举例(销售计划)
步骤	各项活动开始与结束的时间及其衔接	任务的衔接关系及所需的时间跨度	3月底前刊出广告;5月底前建立6家专卖店
预算	任务所需资源数量	需要与可能提供的资源数量(现有的与可开发的资源情况)	销售人员10人;服务人员40人;营业面积480 m²;流动资金1 000万元;广告宣传费400万元

五、计划的类型

由于人类活动的复杂性与多样性,计划也会有多种类型。为充分认识计划的共性与个性,人们试图透过计划的具体内容,寻找各种计划中的共性特征。根据计划时间、职能空间、综合性程度、内容详尽程度以及程序化程度等不同原则,计划可以大体分为如下类型(表2-2)。

表2-2　　　　　　　　　　计划的类型

分类标准	类型	分类标准	类型
时间标准	长期计划 中期计划 短期计划	职能标准	业务计划 财务计划 人事计划
综合性标准 (时间和职能)	战略性计划 战术性计划	内容详尽程度	具体性计划 指导性计划
程序化程度	程序性计划 非程序性计划		

(一)长期计划、中期计划和短期计划

按计划时间的长短,可以把计划分为长期计划、中期计划和短期计划。一般来讲,期限在1年以内的计划称为短期计划;期限在1年以上到5年之内的计划称为中期计划;而期限在5年以上的计划称为长期计划。这种划分不是绝对的,计划的长短对于不同的组织来说,其时间界限的概念是相对的。

(二)业务计划、财务计划和人力资源计划

按组织的职能分类,我们可以将企业计划分为业务计划、财务计划和人力资源计划。我们通常用"人、财、物、产、供、销"来描述一个企业所需的要素和企业的主要活动。

企业业务计划包括产品研发、物资采购、仓储后勤、生产作业以及销售促进等内容。财务计划和人力资源计划是为业务计划服务的,也是围绕着业务计划而开展的。财务计划研究如何从资本的提供和利用上促进业务活动的有效进行。人力资源计划则是如何为业务规模的维持和扩大提供人力资源保障。

(三)战略性计划和战术性计划

按照涉及范围的大小可以将计划分为战略性计划和战术性计划。

战略性计划是由高层管理者制订的,它的作用是决定或变动一个组织的基本目的以及基本政策。它应用于整体作战,为组织未来较长时期设立总体目标和寻求组织在环境中的地位。战略计划的特点是长期性,通常在 3～5 年甚至更长。它涉及面广,相关因素多,而这些因素的关系既复杂又不明确,因此,战略性计划有较大的风险。

战术性计划则是在战略性计划的指导下制订的,是战略性计划的落实。战术性计划规定了总体目标如何实现的细节,其需要解决的是组织的具体部门或职能在未来各个较短时期内的行动方案。这种计划在时间上通常较短,一般在 1 年以下,针对某一特定领域,详细规定出活动的具体细节。

(四)指导性计划和具体性计划

按计划内容规定的明确程度,计划可分为指导性计划和具体性计划。

指导性计划是规定一般的方针和行动原则,它确定最终的目标,但不确定具体的目标和具体的活动方案,给予了行动者较大的自由处置权。具体性计划则具有明确规定的目标,内容明确,它以指导性计划的目标为最终目标,具有明确的可衡量的具体目标以及一套可操作的行动方案。一般来说,具体计划的明确性较高,但其可预见性条件难以满足,而指导性计划的灵活性较高。

(五)程序性计划和非程序性计划

按是否例行活动,计划可分为程序性计划和非程序性计划。

企业的例行活动,是指一些重复出现的工作,如订货、材料的出入库等。对这类活动的决策是反复出现的,而且具有一定的结构,因此可以建立一定的决策程序。这类决策叫程序化决策,与此对应的计划是程序性计划。另一类企业活动是非例行活动,这些活动不重复出现。处理这类问题没有一成不变的方法和程序,因为这类问题在过去尚未发生过,或其性质和结构捉摸不定或极为复杂,或因为这类问题十分重要而需要采用个别方法加以处理。解决这类问题的决策就是非程序化决策,与此对应的计划是非程序性计划。

六、计划的形式

一般地,我们可以将各种计划形式看成是一个由上至下的层次结构,它由使命或宗旨、愿景、目标、战略、政策、程序、规则、规划、预算等组成,如图 2-1 所示。

(一)使命或宗旨

任何组织的存在都有其使命或宗旨。如一所大学的使命是为了培养人才和研究学问,医院的使命是为了救死扶伤,而一个工商企业的使命则是向社会提供有经济价值的商品或劳务。任何一个组织或企业只有搞清楚了自己的使命,其行动才能处于正确的轨道上。

图 2-1 计划形式的层次结构

(二)愿景

愿景是组织未来期望达到的一种状态,是组织的远大目标或追求,是需要花五年甚至十几年来实现的目标。

(三)目标

目标是组织活动所要达到的结果。目标不仅是计划工作的终点,构成组织全部计划的基础,也是组织工作、人员配备、领导和控制活动所要达到的结果。

(四)战略

在管理上,战略通常表示一个总的行动方案,是指为实现总目标而做的重点部署和资源安排。战略为企业的经营活动指明了方向。

(五)政策

政策是主管人员决策的指南,它规定了行动的方向和界限,使各级主管人员在决策时有一个明确的思考范围,同时也有利于统一和协调主管人员之间的思想和行动。政策允许主管人员有斟酌裁量的自由。

(六)程序

程序是对所要进行的活动规定的时间顺序,它确定了如何处理未来活动的例行方法。程序规定了如何采取行动,而不是说明如何思考问题。通过对例行活动制定程序,有利于管理人员将注意力集中于例外事情上。

(七)规则

规则可以说是一种最简单的计划,它规定根据一定的情况,是否采取某一特定的行动。就其本质而言,规则和程序旨在抑制思考,往往在不希望人们自由行动的场合采用。

(八)规划

规划是一种综合性的计划,它包括了为实施既定方针所必需的目标、政策、程序、规则、任务委派、资源安排以及其他要素。规划也多种多样,在实践中既有像航空公司开辟新航线那样的大型规划,也存在着诸如某企业的车间主任为了提高工人士气而编制的一般规划。

(九)预算

预算是用数字来表示预期结果的一种计划。它既可以用货币来表示,也可以用诸如工时、机时、产品单位或任何用数字表示的其他指标来表示。

七、计划职能的程序

(一)分析环境,预测未来

在做计划时,管理者首先要考虑组织的各种环境因素,这是制订决策与计划的依据。既要分析组织的内部环境,又要分析组织的外部环境;既要考虑组织的现实环境,也要考虑组织的未来环境。通过对内外部环境,特别是对未来环境的分析和预测,把握各种环境因素与走向,确定可行性目标,进行正确的决策。

(二)制定目标

组织要在分析环境、预测未来的基础上科学地制定目标。目标通常是指组织预期在一定期间内达到的数量和质量指标。目标是计划的核心内容,也是组织行动的方向。

企业目标一般包括:盈利性指标、增长性指标、竞争性指标、产品类指标、人事类指标、财务类指标等。作为组织下属的部门或群体,要制定由组织总目标分解的若干子目标。

(三)设计与抉择方案

为实现目标,要选择正确的实施途径与方法,合理配置人、财、物等诸种资源,制订系统的计划方案。具体程序包括:①制订富有创意的可供选择的多个方案;②在分析组织内部条件和外部因素的基础上,评价各种方案;③选择可行、优化的方案,并进一步评估完善;④确定最优方案。

(四)编制计划

要依据计划目标与所确定的最优方案,按照计划要素与工作要求,编制计划。

(五)反馈计划执行情况

计划付诸实施,管理的计划职能并未结束。为了保证计划有效地执行,要对计划进行跟踪反馈,及时检查计划执行情况,分析计划执行中存在的问题,并做出必要的调整。

第二节 编制计划

情景模拟

十分钟提高效率

夏雨是一个大学毕业两年的年轻人,在工作岗位上他严格要求自己,经过两年的努力和奋斗,他成为部门的负责人。有一天,他向一位管理学教授请教如何更好地执行计划的方法。这位教授声称可以给夏雨一样在十分钟内能把他部门的业绩提高30%的东西。接着,教授递给夏雨一张白纸,说:"请在这张纸上写下你明天要做的六件最重要的事。"夏雨用了约五分钟时间写完。教授接着说:"现在用数字标明每件事情对于你和部门的重要性顺序。"夏雨又花了约五分钟做完。教授说:"好了,现在这张纸就是我要给你的。明天早上第一件事是把纸条拿出来,做第一项最重要的。不看其他的,只做第一项,直到完成为止。然后,用同样的办法去做第二项、第三项……直到下班为止。即使只做完一件事,那也不要紧,因为你总在做最重要的事。你可以试着每天这样做,直到你相信这个方法有价值时,再来谢我吧。"

一个月后,夏雨向教授表示了诚挚的谢意,并在他的员工中普及这种方法。五年后,夏雨成为该公司的副总经理,他所在的部门也获得了最佳效益奖励。

学生思考:

1. 教授的方法好在哪里?

2. 教授认为"即使只做完一件事,那也不要紧,因为你总在做最重要的事。"你认为制订计划只是做最重要的事吗?

3. 为什么计划能有这么大的作用?

一、编制计划的程序

计划编制是一项程序性工作。管理人员在编制任何完整计划时,都将遵循同样的步骤。计划的编制过程依次包括以下环节:识别机会,制定目标,考虑制订计划的前提条件,拟订备选方案,评估备选方案,确定方案,制订辅助计划,编制预算,编写计划书,如图2-2所示。

识别机会 → 制定目标 → 考虑制订计划的前提条件 → 拟订备选方案 → 评估备选方案 → 确定方案 → 制订辅助计划 → 编制预算 → 编写计划书

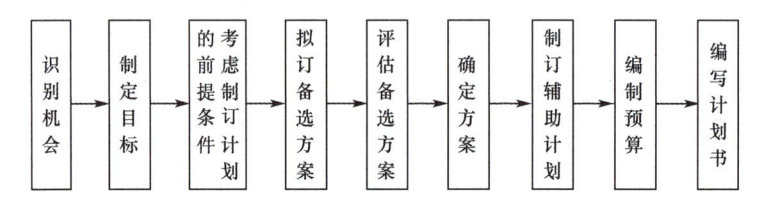

图 2-2 计划的编制过程

(一)识别机会

计划工作的首要环节是对组织的当前状况进行评估,以识别其中存在的机会,为制订和实施计划工作提供前提和保障。

(二)制定目标

计划工作的第二步是在评估状况、识别机会的基础上,确定组织战略目标并对目标在空间和时间上进行分解。

案例链接

给猫系铃铛

一只绰号叫"无敌手"的猫打得老鼠溃不成军。猫把整批整批的老鼠都消灭了,残存下来的几只老鼠也躲在洞里不敢出来。

在这帮悲惨的老鼠看来,"无敌手"根本不是猫,而是一个恶魔。有一天,趁着"无敌手"外出之际,那些残存的老鼠来到了一个角落里,就当前的迫切问题召开了紧急会议。

一只十分小心谨慎的老鼠担任会议主席,在老鼠们七嘴八舌地讨论该如何应对时,主席建议要尽快地在这只猫的脖子上系上一只铃铛。这样,当这只猫进攻时,铃声就可以报警,老鼠们就可以逃到地下躲藏起来。老鼠们立刻附和,认为这是个好主意。可到了讨论具体该如何执行的细节问题时,一只老鼠说:"我没那么笨,我肯定不去。"另一只老鼠说:"我也干不了。"到了最后,老鼠们就散了,什么也没做成。

(三)考虑制订计划的前提条件

编制计划的第三步是考虑制订计划的前提条件,并取得共识。前提条件是关于要实施计划的环境假设条件。这里要特别指出的是凡承担编制计划的每个人,越彻底地理解和同意使用一致的计划前提条件,组织的计划工作就越协调。

(四)拟订备选方案

计划工作的第四步是拟订备选方案。拟订备选方案时,要拟订尽可能多的计划方案。可供选择的计划方案数量越多,被选择的计划方案的相对可行性就越高,工作就越有效。

(五)评估备选方案

本步骤是根据前提和目标来权衡各种因素,比较各个方案的利弊,进而对各个方案进行评价的。评价结果一方面取决于评价者采用的标准,另一方面取决于评价者对各个标准所赋予的权数。

(六)确定方案

这是编制计划的关键一步,是在前面五步工作的基础上做出的选择,即决策。

(七)制订辅助计划

辅助计划是指总计划下的分计划和行动计划。

(八)编制预算

计划工作的最后一步就是把计划转化为预算,使之数字化。编制预算,一方面是为了使计划的指标体系更加明确;另一方面是使企业更易于对计划的执行情况进行控制。

(九)编写计划书

编制计划的最后一步就是要编写计划说明书。计划说明书是整个计划的文字呈现。

二、编制计划的要领

(一)明确制订计划的目的与依据

(1)要落实上级的总体战略,配合全局;
(2)要保证本部门工作任务的实现;
(3)要有利于本部门的长期发展。

(二)抓住四个环节,按照科学程序运作

要遵循科学的计划程序制订计划,编制计划书。要特别注意抓住四个关键环节:
(1)搞好内外环境的分析,做好计划的前提与基础;
(2)运用创造性思维与创造技法,形成富有创意的构思;

(3) 采用科学的决策方法,制定正确的决策;
(4) 巧妙运筹,周密安排,编制科学的计划文本。

(三) 要着重关注中、基层管理者所负责的计划类型

中、基层管理者主要负责制订年度及以下时间段的业务(工作)计划和解决某个问题、开展某项工作的专案计划。主要包括:企业年度生产经营计划或工作计划、企业某一职能管理(营销、生产、技术、财务、开发等)计划、企业下属基层部门的生产作业计划,以及解决特定问题或开展某项专门工作的计划等。

三、编制计划的方法

(一) 滚动计划法

所谓滚动计划法,是指在制订计划时,采取远粗近细的办法,即近期计划尽可能详尽,远期计划的内容则较粗。在执行计划的过程中,根据计划执行情况和内外部环境的变化,定期对原计划进行修订,并将整个计划向前滚动一期,以后根据同样的原则逐期滚动,如图 2-3 所示。

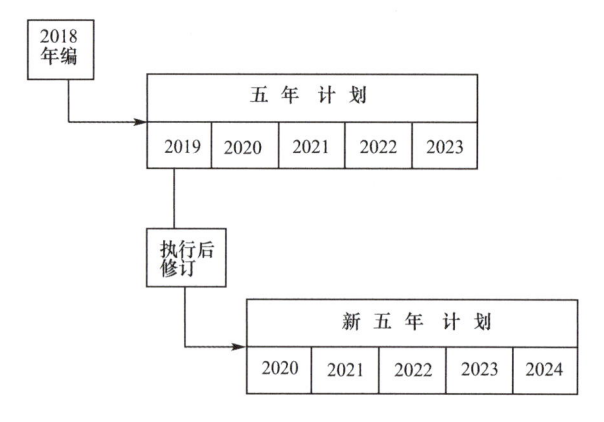

图 2-3 滚动计划法的示意图

(二) 甘特图法

甘特图是对简单项目进行计划与排序的一种常用工具,最早由美国工程师和社会学家亨利·甘特于 1917 年提出,又称线条图或横道图。甘特图用横轴表示时间,纵轴表示要安排的活动,线条表示在整个期间计划的和实际的活动完成情况。它能使管理者先为项目的各项活动做好进度安排,然后再随着时间的推移,对比计划进度与实际进度,进行监控工作,调整注意力到最需要加快速度的地方,使整个项目按期完成。甘特图可以作为一种控制工具,帮助管理者掌握实际进度偏离计划的情况,从而对计划工作进行正确的评估。

图 2-4 是依据某市场调研计划绘制的甘特图。

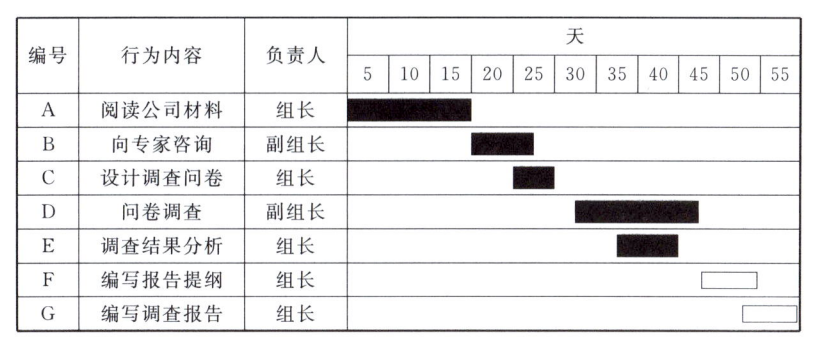

编号	行为内容	负责人	天									
			5	10	15	20	25	30	35	40	45	50	55
A	阅读公司材料	组长	■	■	■								
B	向专家咨询	副组长			■	■							
C	设计调查问卷	组长					■						
D	问卷调查	副组长						■	■	■			
E	调查结果分析	组长						■					
F	编写报告提纲	组长									□		
G	编写调查报告	组长											□

□ 计划进度
■ 实际进度

报告日期

图 2-4 甘特图法的示意图

四、计划书

(一)计划书的框架模式

不同类型的计划,计划书的格式会有所不同,但是,一些基本的内容与项目是共同的。计划书按照用途与思路的不同,大致可以划分为两种框架类型:基本框架模式与问题框架模式。

1. 计划书的基本框架模式

一般的计划书均采用这种模式,主要用于社会组织及其下属部门的年度及以下时间段的工作计划。其主要内容结构为:①内外环境(背景)分析;②确定工作目标(任务);③制订行动(工作)方案,包括工作内容、要求、途径、措施等;④制订资源配置方案,包括执行人、资金预算、物资配备、完成时限等。如图 2-5 所示。

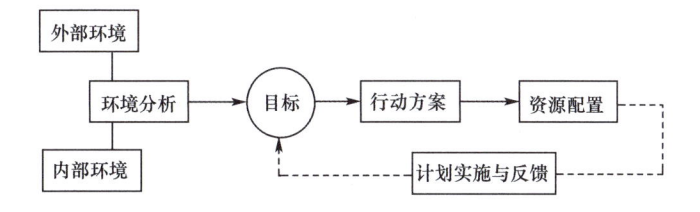

图 2-5 计划书的基本框架模式

2. 计划书的问题框架模式

这是指为解决特定问题或开展某项工作而拟订专案计划所采用的模式。其主要内容结构为:①对所要解决的问题或专项任务进行分析与界定;②分析主客观环境,把握有利与不利条件;③寻求与确定解决问题或完成任务的路径与行动目标;④制订解决问题或完成任务的方案与措施。如图 2-6 所示。

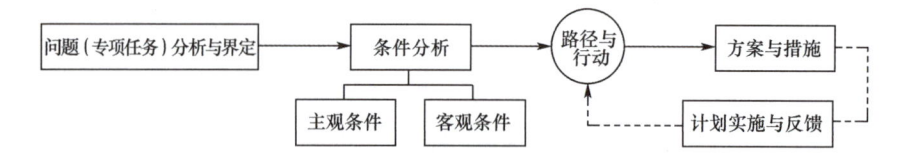

图 2-6　计划书的问题框架模式

(二)计划书的基本项目

不同计划书的内容结构与具体格式各不相同,甚至有很大的差异。这里只就一般性计划书的最基本项目作一个简要归纳:①封面(标题);②序言;③正文,主要包括环境或问题分析、行动目标、工作方案、资源配置等内容;④附件,主要有计划指标体系、计划进度表及其他相关资料。

第三节　目标管理

情景模拟

看不到目标比死还可怕

有一位军阀每次处决死刑犯时,都会让犯人选择:一枪毙命还是从左墙的一个黑洞进去,命运未知。

所有犯人都宁可选择一枪毙命,也不愿进入那个不知里面有什么东西的黑洞。

一天,酒酣耳热之后,军阀显得很开心。

旁人很大胆地问他:"大帅,您可不可以告诉我们,从这黑洞走进去究竟会有什么结果?"

"没什么啦!其实走进黑洞的人只要经过一两天的摸索便可以顺利地逃生了,当没有明确的目标时,人们只是不敢面对不可知的未来罢了。"军阀如此回答。

微课:目标对人生的影响

学生思考:
1. 为什么死刑犯都选择一枪毙命?
2. 上面这个案例说明了什么?你得到什么启示?
3. 举例说明目标对一个人有怎样的影响或作用?

一、目标管理的含义及特点

(一)目标管理的含义

目标管理又称成果管理,是由组织的管理者与员工共同参与制定的、具体的、可行的、能够客观地衡量效果、在工作中实行"自我控制",并努力完成工作目标的一种管理制度或方法。

目标管理是以泰勒的科学管理和行为科学的理论为基础形成的一套有关计划执行实施的管理制度。著名的管理学家彼得·德鲁克在《管理的实践》一书中强调指出：凡是业绩影响企业健康成长的地方都应设立目标，通过设立目标使下级进行自我管理和控制。

案例链接

三个建筑工人

一位记者到某地采访建教堂的三个建筑工人。这三个工人都在敲砖，记者首先问第一个工人："先生，您在干什么？"这个工人马上把头仰起来，对着记者说："难道你没看出我在干什么？我在敲砖。"记者接着问第二个工人："先生，您在干什么？"那位工人说："唉，你不知道，我家里有妻儿老小，为了养活家里人，所以我来敲砖。"记者又去问第三个工人："先生，您可不可以说说您在干什么？"那位工人说："啊，我们在盖一座大的教堂，我们这座教堂将是多么雄伟、多么神圣啊！"

第一个工人为敲砖而敲砖，第二个工人为养家而敲砖，而第三个工人则让我们领略到一种憧憬，因为他拥有一个崇高的目标：建一座雄伟神圣的教堂，所以他工作并快乐着。

（二）目标管理的特点

1. 目标管理是参与式管理的一种形式

在实施目标管理的组织中，目标的实现者同时也是目标的制定者，即由上级与下级在一起共同确定目标。首先确定出总目标，然后对总目标进行分解，逐级展开，通过上下协商，制定出组织中各部门直至每个员工的目标。用总目标指导分目标，用分目标保证总目标，形成利益链条，最终促进组织发展。

2. 目标管理强调"自我控制"

对目标管理有卓越贡献的德鲁克认为，员工是愿意负责的，是愿意在工作中发挥自己的聪明才智和创造性的。对人进行管理，重点应激发其主动工作的动机，改变"压制性管理"，取而代之的是"自我控制"。目标管理的主旨在于，通过自我控制、自我激励，使工作人员能够控制自己的成绩，激励员工尽最大的努力把工作做好。

3. 目标管理促使权力下放

集权和分权的矛盾是组织的基本矛盾之一，担心失去控制是阻碍大胆授权的主要原因之一。推行目标管理有助于协调这一对矛盾，促使权力下放，有助于在保持有效控制的前提下，活跃组织工作氛围，激励员工努力工作。

4. 目标管理强调成果第一

目标管理以制定目标为起点，以目标完成情况的考核为终结。目标管理由于有了一套完善的目标考核体系，能够按取得的目标成果如实地反映出个人能力、知识水平、主观努力，从而使人事管理更加注重工作实效。工作成果成为评定目标完成程度的标准，也是人事考核和奖评的直接依据。至于完成目标的具体过程、途径和方法，上级并不过多干预。

二、目标管理的基本过程

由于各个组织活动的性质不同,目标管理的步骤可能不完全一样。总体而言,目标管理的过程可分为三个阶段:

(一)目标的建立

目标的建立是目标管理过程中最重要的工作,它要求建立起一个以组织总体目标为中心的目标体系。该体系的建立是目标管理实施的第一阶段,主要包括确定组织的总体目标和各部门的分目标。总体目标是组织在未来从事活动要达到的状况和水平,其实现有赖于全体成员的共同努力。为了协调全体成员在不同时空的努力,各个部门和成员都要建立与组织总目标相结合的分目标,这样就形成了一个以组织总体目标为中心的贯穿到底的目标体系。在制定每个部门和每个成员的目标时,上级要向下级提出自己的方针和目标,下级要根据上级的方针和目标制订自己的目标方案,并在此基础上进行协商,最后由上级综合考虑后做出决定。

(二)组织实施

目标一旦确立,主管人员就应放手把权力交给下级成员,而自己去抓重点的综合性管理。完成目标主要靠执行者的自我控制,如果在明确了目标之后,作为上级主管人员还像从前那样事必躬亲,便违背了目标管理的主旨,不能达到目标管理的效果。当然,这并不是说上级在确定目标后就可以撒手不管了,上级的管理应主要表现在指导、协助、提出问题、提供情报以及创造良好的工作环境方面。

(三)检查和评价

对各级目标的完成情况,要事先规定出期限,定期进行检查。检查的方法可灵活地采用自检、互检和责成专门的部门进行检查。检查的依据就是事先确定的目标。对于最终结果,应当根据目标进行评价,并根据评价结果进行奖罚。经过评价,使得目标管理进入下一轮循环过程。如果目标没有完成,应分析原因、总结教训,切忌相互指责,以保持相互信任的气氛。

三、目标管理的优缺点

(一)目标管理的优点

1. 有利于形成激励

当目标成为组织的每个部门、每个员工在未来时期内要达到的一种结果,并且实现的可能性相当大的时候,它就成为组织成员的内在激励。从目标成为激励的因素来看,这种目标最好是组织的每个部门及每个员工自己制定的目标,这样各部门、员工更熟悉目标的内容,更好地完成目标。

2.有利于提高管理效率

目标管理方式的实施可以切实地提高组织管理的效率。因为目标管理是一种结果式管理,它迫使组织的每一层次、每个部门及每个成员首先考虑目标的实现,尽力完成目标,因为这些目标是组织总目标的分解,故组织的各部门及成员的目标完成之时,也就是组织总目标实现的时候。在目标管理方式中,分解目标确定,但不规定各个层次、各个部门及各个组织成员完成各自目标的方式、手段,反而给了大家在完成目标方面一个创新的空间,这就有效地提高了组织管理的效率。

3.有利于明确任务

目标管理使组织各级主管及成员都明确了组织的总目标、组织的结构体系、组织的分工与合作及各自的任务。这些方面职责的明确使得主管人员也知道,为了完成目标必须给予下级相应的权力,而不应将权力集中在自己手中。

4.有利于员工的自我管理

目标管理实际上也是一种自我管理的方式,或者说是一种引导组织成员自我管理的方式。一方面,组织成员已参与了目标的制定,并取得了组织的认可;另一方面,组织成员在努力工作实现预定目标的过程中,如何实现目标完全是自主决策,从这个意义上看,目标管理是一种以人为本的管理。

5.有利于加强监督控制

目标管理方式本身也是一种控制,即通过目标分解后的实现最终保证组织总目标实现的过程就是一种结果控制的方式。目标管理并不是将总目标分解下去便结束了,事实上组织高层在目标管理过程中要经常检查,对比目标进行评估,如果发现偏差就及时纠正。从另一个角度来看,一套明确的可考核的目标体系本身就是进行监督控制的最好依据。

(二)目标管理的缺点

1.目标难以制定

组织内的许多目标难以定量化、具体化;许多依靠团队协作完成的工作在技术上不可被分解;组织环境的可变因素越来越多,变化越来越快,使组织活动的不确定性越来越大。这些都使得为组织的诸多活动制定数量化目标成为一件很困难的事。在实际操作中,聪明的管理者一般既不希望设定容易达成的目标,也不希望将目标设定得难度太大,致使下级无法达成,所以目标设定的"度"便难以把握。

2.目标管理的哲学假设不一定都存在

当实际工作中存在监督不力的情况时,人的惰性便表现出来。因此,在许多情况下,目标管理所要求的承诺、自觉、自治的气氛难以形成。

3.目标的确定可能增加管理成本

目标商定要上下级之间相互沟通、统一思想,这样其实很浪费时间;每个单位、每个员工都关注自身目标的完成,很可能忽略了相互协作和组织目标的实现,形成本位主义、临时观点和急功近利的倾向,导致组织内耗严重,增加了相应的管理成本。

4.无法权变

目标管理强调执行过程中的目标是不可以改变的,因为改变目标会导致组织的混乱。

事实上,也正是因为目标不可变的特性使得组织运作缺乏弹性,无法通过权变来适应变化多端的外部环境。计划是面向未来的,在具体实施过程中必然会因为面对的环境因素的变化而进行修改。

因此,在推行目标管理时,要特别注意把握工作的性质,分析其分解和量化的可能;培养员工的合作精神,建立健全各项规章制度,注意改进领导作风和工作方法,使目标管理的推行建立在统一的思想基础和科学管理基础上;要逐步推行,长期坚持,不断完善,从而使目标管理发挥预期的作用。

第四节 管理决策

情景模拟

读研究生、就业还是出国?

站在大三十字路口的小马面对激烈的竞争环境十分焦急,身边的同学准备考研的都在紧张地复习,决定工作的在联系合适的单位,还有的则在拼命地为出国做准备。学习管理的小马却还是很迷茫,不知道自己应该走哪条路。

面对巨大的就业压力,高校毕业生报考研究生的趋势越来越明显,小马深感在这个"牛人"辈出的年代,即使自己这种名牌大学的毕业生也不一定能找到好工作。因而自己是一定要再充电的,但如果先工作再考研就怕自己精力不够,很难"面面俱到",最好是现在就考比较好。有了更高的学位,应该能够比本科生容易找工作。

但这些年考研人数连年上升,难度相当大,而且考研的机会成本也很高。两年的研究生生涯,要做研究、写论文,自己在技能方面不一定能得到很大提升,等到毕业时就业形势会怎样谁也不能预料,说不定到时候更难找工作。这样一想,倒不如尽早找一份工作,走一步算一步,然后再决定自己该如何发展。

那么,是否可以考虑出国深造呢?随着国际交流越来越密切,出过国的留学生似乎无形中就比国内的学生多一层优势,国外的学校相对来说也更重视学生能力的培养和经验的积累,因此,去国外长长见识对于自己今后找个好工作应该也是非常有利的。

思来想去,小马一方面认为自己的知识、能力还不够,有必要继续考研或出国深造,提升自己;另一方面,又怕出国或考研不成,到时候再找工作更被动。那么,对于最终想寻得一份好工作的小马而言,到底应该如何来做决定呢?

学生思考:

1. 做出一项决定,应注意哪些问题?
2. 对于小马而言,应该如何决策?
3. 如何在毕业后获得一份好工作?你有何建议?

一、管理决策的含义及特点

(一)管理决策的含义

管理决策是管理活动的核心,它贯穿于整个管理活动。所谓管理决策就是指组织或个人为了实现某种目标而对未来一定时期内有关活动的方向、内容及方式的选择和调整过程。对管理决策的含义可以从以下几个方面来理解:

(1)管理决策的主体既可以是组织,也可以是组织中的个人。

(2)管理决策所要解决的问题既可以是组织或个人活动的初始选择,也可以是对这种活动的调整。

(3)管理决策选择或调整的对象,既可以是活动的方向和内容,亦可以是在特定方向下从事某种活动的方式。

(4)管理决策涉及的时限,既可以是未来较长的时期,亦可仅仅是某个较短的时段。

(二)管理决策的特点

1. 有效性

任何组织或个人在未来的发展过程中,必然要遇到各种各样的问题,在解决问题的过程中,决策必须是针对组织所面临的关键性问题和问题的关键要害而言。

2. 目标性

没有问题就无须决策,没有目标就无从决策。决策目标不正确或不明确,往往导致管理计划的失败。

3. 选择性

没有比较就没有鉴别,更谈不到"最佳"。决策如果只有一种方案,也就无所谓决策。决策的实质是选择,没有选择就没有决策。

▲ 案例链接

一位农民的困惑

一位农民和他的儿子到村附近的城镇赶集。开始农民骑着骡子,儿子跟在后面。没有多久,碰到一位年轻的母亲,她开始指责农民不善待儿子。这时,农民不好意思地从骡子上下来让儿子骑上去。走了一段路,又遇到一个和尚,见到青年人骑骡子,而让老者走路,就说青年人不孝顺。儿子马上跳下来,父子俩就都走着。又走了一段路,碰到一位学者,看见两个人放着骡子不骑,走得气喘吁吁,就笑话他们自找苦吃。农民一听,就与儿子一起骑上了骡子。又走了一段路,碰到一个外国人,看见两个人骑一头骡子,就指责他们虐待牲口。父子俩到底该如何做?

4. 可行性

决策时,不仅要有若干个方案相互比较,而且决策所依据的各方案必须是可行的。这种可行性应包括技术上可行和经济上可行。

5. 满意性

选择活动方案的原则是满意原则,而非最优原则。因为组织很难收集到反映外界全部情况的所有信息,对于收集到的有限信息,决策者的利用能力也是有限的,这种双重有限性决定了组织只能制订有限数量的行动方案。因此,人们难以做出最优选择,只能根据已知的全部条件,加上人们的主观判断,做出相对满意的选择。

6. 过程性

决策是一个过程,而非瞬间的拍板。组织中的管理决策不是一项决策,而是一系列决策的综合。通过决策,组织不仅要选择业务活动的内容和方向,还要决定如何组织业务活动的具体展开,同时还要决定资源如何筹措,结构如何调整,人事如何安排。另一方面,决策本身就是一个过程,从活动目标的确定,到活动方案的拟订、评价和选择,就是一个包含许多工作、由众多人参与的过程。

7. 动态性

决策不仅是一个过程,而且是一个不断循环的过程。决策的主要目的之一便是使组织活动的内容适应外部环境的要求。决策者必须不断调整组织的活动,实现组织与环境的动态平衡。

二、管理决策的类型

(一)按决策的作用范围划分

1. 战略决策

战略决策指有关组织长期发展等重大问题的决策。

2. 战术决策

战术决策指有关实现战略目标的方式、途径、措施的决策。

3. 业务决策

业务决策指组织为了提高日常业务活动效率而做出的决策。

(二)按决策的时间划分

1. 中长期决策

中长期决策,一般为3~5年,甚至时间更长。

2. 短期决策

短期决策,一般在1年以内。

(三)按照制定决策的层次划分

1. 高层决策

高层决策是指组织中最高层管理人员做出的决策。

2. 中层决策

中层决策是指组织内处于高层和基层之间的管理人员所做的决策。

3. 基层决策

基层决策是指基层管理人员所做的决策。

（四）按决策的重复程度划分

1. 程序化决策

程序化决策是指按原已规定的程序、处理方法和标准进行的决策，如原材料采购决策等。

2. 非程序化决策

非程序化决策是指对不经常发生的业务工作和管理工作，没有决策规范所遵循的决策，如解决突发事件的决策等。

（五）按决策的时态划分

1. 静态决策

静态决策是指一次性决策，即对所处理的问题一次性敲定处理办法，如公司决定购买一批商品等。

2. 动态决策

动态决策是指对所要处理的问题进行多期决策，在不断调整中决策，如公司分三期进行投资项目的决策等。

（六）按决策问题具备的条件和决策结果的确定性程度划分

1. 确定型决策

确定型决策是指每种备选方案只有一种确定结果的决策，即决策事件未来的自然状态明确，只要比较各方案的结果即能选出最优方案，如物资调运方案决策等。

2. 风险型决策

风险型决策是指决策事件未来的各种自然状态虽不能预先肯定，但可以测出各种状态出现的概率的决策，属于有一定风险的决策。

3. 不确定型决策

不确定型决策是指决策事件未来的各种自然状态完全未知，各种状态出现的概率也无法估计，只能凭决策者主观经验做出决策。如在市场变化情况不明时，生产一种全新产品的决策。

三、管理决策的程序

管理决策所要解决的问题复杂多样，决策的程序也不尽相同，但一般都遵循一些基本程序，如图 2-7 所示。

调查与分析 → 设计备选方案 → 选择决策方案 → 审查与反馈

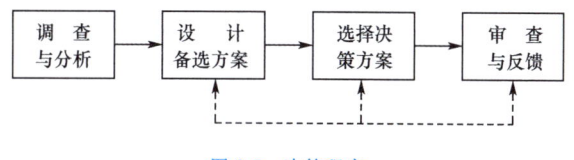

图 2-7　决策程序

（一）调查与分析

1. 界定决策问题

通过对现有系统的分析，找出问题点及形成原因，界定决策问题。

2. 确定决策目标

针对决策问题，提出决策目标，并确定目标的衡量标准。

3. 调查与信息搜集

围绕决策目标，对决策问题及环境系统做周密的调查分析，搜集相关信息。

4. 分析与预测

在拥有大量信息资料后，要对信息进行整理，运用现代统计分析等技术及计算机手段等进行科学分析，并对事物的未来发展趋势进行预测。

（二）设计备选方案

1. 大胆设想

要根据决策目标及相关的分析预测，充分运用各种创造性思维，广开思路，大胆设想。特别要集思广益，多方探索，提出创意，寻求解决问题的途径与办法。

2. 精心设计

以有效实现目标为中心，注意多种因素及内外环境的思考与综合，使各种途径与方法具体化，设计出多种可行方案。

（三）选择决策方案

1. 制定评价与选择的标准

要根据有利于目标实现和适应主客观环境的要求制定标准。一般采用的不是最优标准，而是令人满意的标准，这是一种充分利用主客观条件的最佳选择。

2. 对备选方案进行全面评价

首先，根据"制约因素原理"从众多备选方案中选出少数有效且又可行的备选方案；其次，在较少的备选方案中，再用科学方法，对照标准，逐一分析评价。

3. 抉择最佳方案

在评价的基础上，要从多个备选方案中选出一个，或对多个方案进行再综合，从而确定一个最佳方案。这里所谓的最佳方案，是指根据令人满意的标准，两利取其大，两弊取其小，做出优化选择的方案。

选择决策方案的方法主要有：

（1）经验判断法，即依靠决策者的实践经验和判断能力来选择方案的方法，这种方法适用于处于较为稳定的环境且较简易的方案的选择。

（2）数学分析法。这是一种借助数学模型与量化分析进行方案选择的方法，它适用于一些无法靠人的经验来选择方案的复杂决策问题。

（3）试验法。即选择几个典型环境，对不同方案进行试验，以取得经验和数据，并以此作为依据选择方案的方法。

(四)审查与反馈

方案选出后,必须进一步做好决策的审查、实施、反馈等工作。

1. 审查

即对方案形成的基础——信息资料的可靠性进行复检,并分析在设计方案时被忽略不计的因素与假定条件,做全面敏感性分析,检查方案在不同条件下的适应能力,并判定实施的保证措施。

2. 将决策付诸实施

即决策者将优选的决策方案付诸实践。

3. 对决策的实施进行跟踪控制

及时搜集反馈信息,必要时对决策进行修订调整,使决策在实践中进一步完善。

四、影响管理决策的因素

管理中的决策受到各种因素的影响,这些因素主要包括决策中的政治因素、人们的直觉和执着以及对待风险的倾向、伦理观等。

(一)决策中的政治因素

组织中的政治行为是指通过获得、强化或使用权力以实现某种期望结果的活动。组织的政治行为中的结盟行为,对于决策的影响尤其不可忽略。结盟是指个人或群体之间为了实现某种共同目的而形成的一种非正式的联合。

组织中的结盟行为既有有利的一面,也有有害的一面。高明的管理者有时能够利用结盟行为促进组织目标的实现,有时精心制定的战略和决策也会因结盟行为而毁于一旦。管理者必须懂得如何利用结盟,如何控制其影响以及如何避免其有害的一面。

(二)直觉和执着

直觉是人们不经有意识的考虑而形成的对于某种事物的信念或认识。管理者有时会根据感觉或预感做出决策。很多情况下这种感觉或预感并不是毫无道理的,而是以在类似环境下长期进行决策的经验和实践为依据的。但是,管理者在决策时绝对不应过度地依赖自己的直觉,尤其是那些并不具备多少经验的管理者。

执着则是指人们对自己的决策所选定方案的特别偏爱,甚至当实践已经证明这个方案不妥当或不正确时,仍然要坚持下去而不愿及时回头。这种执着使得人们不能面对现实,感情压倒了理智,往往是损失已经到了不可弥补的程度才醒悟过来。管理者应当了解这种现象,避免受其所害。

(三)对待风险的倾向

人们对于风险的态度在很大程度上影响着决策。对于风险的态度因人而异,有的人天生酷爱冒险,凡事喜欢赌一把;而有的人则生性小心翼翼,万事只求保平安。同一个人也会因为所面对问题的不同、在组织中位置的高低、所面临风险的大小以及其他一些因素而表现出不同的风险态度。

(四)伦理观

个人的伦理观决定着人们的行为取向。伦理观是人们判断对错的尺度,也是人们做出选择的指南。伦理观也从各个不同的方面影响着人们的决策行为。

此外,组织所处的环境、组织的文化、过去所做出的决策以及时间对于决策问题的重要程度等因素,都不同程度地影响着管理者的决策。

五、管理决策的方法

(一)定性决策方法

定性决策方法是决策者根据所掌握的信息,通过对事物运动规律的分析,在把握事物内在本质联系的基础上进行决策的方法。常用的定性决策方法如下:

1.德尔菲法

德尔菲法是由美国兰德公司提出的,又称为专家意见法。它的具体做法是:首先,取得有关专家的理解与合作,将所要解决的问题告诉各位专家,请他们各自在分析研究的基础上单独提出意见;在对收集起来的意见进行分析、归纳和综合后,再将具有代表性的综合意见退回给各位专家,请他们再次分析并发表意见;如果遇到所提意见中有相互之间差别很大的情况,则可以把提供这些意见的专家们召集起来进行集中讨论,以形成较一致的综合性意见。如此反复多次,直到得出令人满意的决策方案。运用该技术的关键是:①选择好专家,这主要取决于决策所涉及的问题或机会的性质;②决定适当的专家人数,一般10~50人较好;③拟定意见征询表,其质量直接关系到决策的有效性。

> **案例链接**
>
> **德尔菲法在决策中的应用**
>
> 某饮料企业采用德尔菲法对某一地区的饮料销售量高低进行预测,以决定是否在该地区设立销售处。该企业首先选择若干区域销售经理、管理咨询公司专家、顾客、财务经理、销售代表和酒店超市经理组成专家小组。调查小组首先将该饮料和一些相应的背景材料,如当地人均收入、消费习惯和竞争对手的情况等发给各位专家,要求专家预测该饮料在当地的最低销售量、最可能销售量和最高销售量三个数字,根据这三个数字来决定是否在当地设立销售处,同时还要说明自己做出决策的主要依据。然后,调查小组将专家们的意见收集起来,经过归纳整理返回给各位专家,要求专家们参考他人的意见对自己的决策重新考虑。专家们完成第一轮预测并得到第一轮预测的汇总结果以后,除区域销售经理B外,其他专家均在第二轮预测中做了不同程度的修正。在第三轮预测中,大多数专家又一次修改了自己的看法。第四轮预测时,所有专家都不再修改自己的意见。因此,专家意见收集过程在第四轮以后停止。最终预测结果为:最低销售量每年32万箱,可获得

利润 20 万元;最高销售量每年 60 万箱,可获得利润 45 万元;最可能销售量每年 50 万箱,可获得利润 40 万元。该企业财务部已经计算出在该地区设立销售处每年需要花费 15 万元,结合专家的预测结果,该企业决定在该地区设立销售处。

2. 哥顿法

哥顿法是美国人哥顿于 1964 年提出的决策方法。该方法先由会议主持人把决策问题向会议成员做笼统的介绍,然后由会议成员即专家成员讨论解决方案。当会议进行到适当时机,决策者将决策的具体问题展示给小组成员,使小组成员的讨论进一步深化。最后由决策者吸收讨论结果,进行决策。

3. 名义小组技术

当对要解决的问题的性质不完全了解且意见分歧严重时,我们可以采用名义小组技术。在这种技术下,小组的成员互不通气,也不在一起讨论、协商,小组只是名义上的。

具体做法是:首先,决策者先召集一些对要解决的问题有研究或者有经验的人作为小组成员,把要解决的问题的关键内容告诉他们,并请他们独立思考;其次,让他们按次序一个接一个地陈述自己的方案和意见;在此基础上,由小组成员对提出的全部备选方案进行投票,根据投票结果,赞成人数最多的备选方案即为所要的方案。当然,决策者最后仍有权决定是接受还是拒绝这一方案。

4. 电子会议法

最新的定性决策方法是将名义小组技术法与计算机技术相结合的电子会议法。多达 50 人围坐在一张马蹄形的桌子旁,这张桌子上除了一系列的计算机终端外别无他物。计算机将问题显示给决策参与者,他们把自己的回答输入计算机终端,然后再将它投影在大型屏幕上,这就是这个方法的实施过程。

电子会议法的主要优点是匿名、诚实和快速,决策参与者能不透露姓名地输入自己所要表达的任何信息,使所有人都能看到。它还使人们充分地表达他们的想法而不会受到惩罚,且不必担心打断别人的"讲话"。但它的缺点是对那些善于口头表达而运用计算机的技能却相对较差的专家来说,电子会议法会影响他们的决策思维。另外,这一过程缺乏面对面的口头交流所传递的丰富信息。

(二)定量决策方法

1. 确定型决策方法

确定型决策是指决策者面对的问题的相关因素是确定的,从而建立的管理决策模型中的各种参数是确定的,可以直接根据完全确定的情况选择最满意的行动方案。实际中有许多问题虽然不是严格确定型的,但如果主要因素是确定的,也可以暂且忽略不确定因素,简化为确定型决策问题。

确定型决策方法有线性规划、非线性规划、动态规划、图与网络等;还可以分为普通的连续型规划和整数规划;除了通常的单目标规划,还有多目标规划、目的规划等,合在一起称为数学规划。这里重点介绍线性规划。

【例】 某企业可以生产 A、B 两种产品。生产单位产品 A 和 B 所需要的机器、人工、原材料的数量,每天可用资源的总量和各种资源的价格都在表 2-3 中给出。已知产品 A 的售价 600 元,B 的售价 400 元,市场需求旺盛。问:如何安排生产使企业的利润最大?

表 2-3　　　　企业产品生产与资源使用情况

项目	产品 A	产品 B	资源总量(天)	资源单价(元)
机器(时)	6	8	1 200	5
人工(时)	10	5	1 000	20
原材料(公斤)	11	8	1 300	1

该问题是在有限资源约束下求利润最大化的问题。模型包含目标函数和约束条件两大部分。为了建立模型,要先设置决策变量。

设:A 为产品 A 每天的产量,B 为产品 B 每天的产量,C_1 为每天使用机器的数量,C_2 为每天使用人工的数量,C_3 为每天使用原材料的数量,Z 为利润。

建立模型:

$$\text{Max} Z = 600A + 400B - 5C_1 - 20C_2 - C_3 \tag{1}$$

$$\text{s.t.} \begin{cases} 6A + 8B = C_1 & (2) \\ 10A + 5B = C_2 & (3) \\ 11A + 8B = C_3 & (4) \\ C_1 \leqslant 1\,200 & (5) \\ C_2 \leqslant 1\,000 & (6) \\ C_3 \leqslant 1\,300 & (7) \\ A, B \geqslant 0 & (8) \end{cases}$$

说明:其中的 Max 是指目标函数最大化,若是最小化要写 Min;式(1)是目标函数,是销售额减去三种资源的成本;s.t. 是 Subject to 的缩写,是受下面式子约束的意思;式(2)(3)(4)表示生产一定数量的产品 A 和产品 B 需要的资源;式(5)(6)(7)表示生产用的资源受现有总量的约束;式(8)是对决策变量的非负约束。

2. 风险型决策方法

有时候决策者会碰到这样的情况:一个备选方案的实施在未来可能会产生几种不同的结果(称作自然状态),决策者无法准确断定哪一种自然状态会出现,但是决策者可以根据历史推断某种自然状态出现的概率和它们出现时所带来的结果。决策者可以通过比较各个方案的损益期望值(方案的损益期望值是指该方案在各种自然状态下的损失或收益值与相应自然状态发生概率的乘积之和)来进行决策,这时的决策就被称为风险型决策。风险型决策的目的是使预期收益最大或使可能发生的损失最小。风险型决策方法主要有决策树法和决策表法等。

(1)决策树法。决策树法是风险型决策的常用方法,它用树形图来描述各备选方案在未来收益的情况,并且通过计算、比较来选择方案。决策树由决策点(用□表示)、方案枝

（由决策点引出的分枝）、状态点（用○表示）和概率枝（从状态点引出的分枝）四个要素组成，每一概率枝表示一种自然状态，在概率枝的末端注明相应方案在该状态下的损益值，在概率枝上注明不同状态发生概率的大小，在状态点上注明该方案计算所得的期望值。决策树的典型结构如图 2-8 所示。

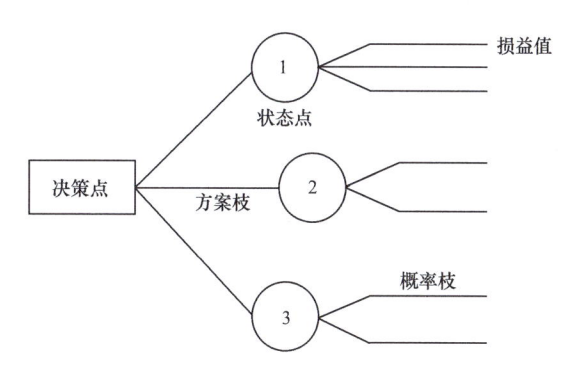

图 2-8　决策树的典型结构

使用决策树法的步骤如下：
①根据可替代方案的数目和对未来市场状况的了解，绘出决策树形图。
②计算各方案的期望值，包括：计算各概率枝的期望值；将各概率枝的期望值相加，并将数字标在相应的状态点上。
③考虑到各备选方案所需的投资，比较不同方案的损益期望值。
④剪去收益期望值较小的方案分枝，将保留下来的方案作为选中方案。

案例链接

冰城哈尔滨是著名的冬季旅游滑雪胜地，四海集团为抓住这一得天独厚的商机，拟在太阳岛上投资兴建一处滑雪场。滑雪场的规模取决于游客的数量，而游客的数量多少又取决于当年的降雪量。气象部门的数据显示，在过去的十年间，有 3 年是大雪、5 年是中雪、2 年是小雪。据此，四海集团开发了三个方案：

方案一：新建大型滑雪场，需要投资 500 万元。如果下大雪，每年可得利润 100 万元；如果下中雪，每年可得利润 40 万元；如果下小雪，每年亏损 50 万元。

方案二：新建小型滑雪场，需要投资 250 万元。如果下大雪，每年可得利润 60 万元；如果下中雪，每年可得利润 25 万元；如果下小雪，每年亏损 5 万元。

方案三：将集团原有的一片球场改建为滑雪场，只需要投资 100 万元。如果下大雪，每年可得利润 40 万元；如果下中雪，每年可得利润 10 万元；如果下小雪，每年也能够得到利润 1 万元。

在暂时先不考虑税收和资金的时间价值的情况下,若土地的使用期为 20 年,四海集团应该如何选择?

首先,根据已知条件绘制决策树,如图 2-9 所示。

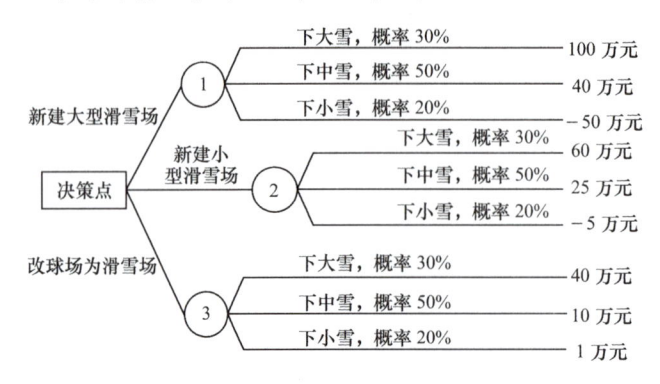

图 2-9 兴建滑雪场的决策树图

其次,计算各方案的期望值。

方案一的期望值:$[100\times0.3+40\times0.5+(-50)\times0.2]\times20-500=300(万元)$

方案二的期望值:$[60\times0.3+25\times0.5+(-5)\times0.2]\times20-250=340(万元)$

方案三的期望值:$[40\times0.3+10\times0.5+1\times0.2]\times20-100=244(万元)$

最后,比较三个方案 20 年的损益值,方案二的最大,所以应该选择新建小型滑雪场,故将放弃方案一和方案三,保留方案二。

(2)决策表法。决策表法是指将关于决策问题的各个基本要素,如方案、自然状态及发生概率、损益值等统一表示在一个表格之中,这样,表格中的数据就形成了一个决策矩阵。根据决策矩阵求出各方案的损益期望值,然后经过比较做出决策。

决策表法步骤如下:

①明确需要决策的问题有几种可能的备选方案、每种备选方案有几种可能发生的自然状态、各种自然状态发生的概率以及各方案在各种自然状态下的损益值等。

②以备选方案、自然状态及发生概率为主变量建立决策矩阵表,并将相应的数据填在表中。

③求出各方案的损益期望值。

④扣除各方案的初始投资,即从上述各方案的损益期望值中减去该方案的投资,得到各方案的实际损益期望值。

⑤根据实际损益期望值(收益最大化或者损失最小化)来进行决策,选取最佳方案。

案例链接

仍以上述兴建滑雪场规模的方案选择为例。

首先,根据手中所掌握的数据建立决策矩阵表,见表 2-4。

表 2-4　　　　　　　　　兴建滑雪场决策矩阵表

自然状态	概率	备选方案损益值(万元)		
		新建大型滑雪场	新建小型滑雪场	改球场为滑雪场
下大雪	0.3	100	60	40
下中雪	0.5	40	25	10
下小雪	0.2	−50	−5	1

其次,计算各个备选方案的损益期望值。

新建大型滑雪场:[100×0.3+40×0.5+(−50)×0.2]×20=800(万元)

新建小型滑雪场:[60×0.3+25×0.5+(−5)×0.2]×20=590(万元)

改球场为滑雪场:[40×0.3+10×0.5+1×0.2]×20=344(万元)

第三,扣除各备选方案的初始投资。

新建大型滑雪场:800−500=300(万元)

新建小型滑雪场:590−250=340(万元)

改球场为滑雪场:344−100=244(万元)

最后,选择决策方案。由于新建小型滑雪场的损益期望值最大,所以选择新建小型滑雪场。

3.不确定型决策方法

在风险型决策方法中,计算期望值的前提是能够判断各种自然状态出现的概率,如果出现的概率不清楚,就无法准确地计算出各个备选方案的损益期望值。当连备选方案的各种自然状态出现的概率也不能确定时,这样的决策就属于不确定型决策,不确定型决策所处的条件和状态都与风险型决策相类似,不同的只是各种备选方案在未来将出现哪一种结果的概率不能预测,因而结果也不确定。

在进行不确定型决策时,决策的选择主要受决策者心理状态的影响。常用的不确定型决策方法主要有四种:乐观法、悲观法、折中法和最小后悔值法。

(1)乐观法。乐观法,又称大中取大法。决策者首先要确定每一个备选方案实施后将会获取的最大损益值,然后从这些最大损益值中再选出一个最大值,与该最大值相对应的备选方案便是决策选择的方案。

(2)悲观法。悲观法,又称小中取大法。决策者首先要确定每一个备选方案实施后将会获取的最小损益值,然后从这些最小损益值中再选出一个最大值,与该最大值相对应的备选方案就是决策所选择的方案。

(3)折中法。采用折中原则的决策者既不乐观、也不悲观,而是认为自然状态出现最好和最坏的可能性都存在。采用折中法的决策者首先要根据自己的判断,赋予最好的自然状态一个乐观系数,赋予最坏的自然状态一个悲观系数,两者的和为1;然后用各备选方案在最好自然状态下的损益值与乐观系数的乘积,加上各备选方案在最坏自然状态下的损益值与悲观系数的乘积,就得到各备选方案的期望损益值;最后,通过比较各备选方案的期望损益值做出选择。

（4）最小后悔值法。决策者在选择了某项决策方案后，如果未来的自然状态证明选择其他的方案收益更大，那么决策者就会为自己当初的选择而后悔，最小后悔值法就是试图将这种后悔程度降到最低。

在运用这种方法时，决策者首先要计算出各个备选方案在各种自然状态下的后悔值（某方案在某自然状态下的后悔值＝该自然状态下损益值的最大值－该方案在该自然状态下的损益值），列出后悔值表，然后找出每一个备选方案在各种自然状态下后悔值的最大值，取这些最大值中的最小值，与该最小值相对应的备选方案就是决策选择的方案。

案例链接

仍以上述兴建滑雪场规模的方案选择为例，假如在做决策时四海集团不知道下大雪、下中雪和下小雪的概率，这时候就要用到不确定型决策方法。

首先列出各个备选方案的损益值表，见表 2-5。

表 2-5　　　　兴建滑雪场决策方案损益值表

自然状态	备选方案损益值（万元）		
	新建大型滑雪场	新建小型滑雪场	改球场为滑雪场
下大雪	100	60	40
下中雪	40	25	10
下小雪	－50	－5	1

（1）乐观法

最理想的情况是下大雪，这样新建大型滑雪场最大可获利润 100 万元、新建小型滑雪场最大可获利润 60 万元、改球场为滑雪场最大可获利润 40 万元。根据乐观原则，在这些最大利润值中选取一个最大值 100 万元，相对应的方案——新建大型滑雪场就是决策选择的方案。

（2）悲观法

最糟糕的情况是下小雪，这样新建大型滑雪场最小利润为－50 万元、新建小型滑雪场最小利润为－5 万元、改球场为滑雪场最小利润为 1 万元。根据悲观原则，在这些最小利润值中选取一个最大值 1 万元，相对应的方案——改球场为滑雪场就是决策选择的方案。

（3）折中法

假设乐观系数是 0.7，则三个备选方案的乐观期望损益值为：

新建大型滑雪场：$100 \times 0.7 + (-50) \times (1-0.7) = 55$（万元）

新建小型滑雪场：$60 \times 0.7 + (-5) \times (1-0.7) = 40.5$（万元）

改球场为滑雪场：$40 \times 0.7 + 1 \times (1-0.7) = 28.3$（万元）

选取乐观期望损益值最大的 55 万元，相对应的方案——新建大型滑雪场就是决策选择的方案。

(4)最小后悔值法

首先计算后悔值,列出后悔值表。

①下大雪时,各方案损益值的最大值是100万元,则在下大雪时各个方案的后悔值为:

新建大型滑雪场在下大雪时的后悔值＝100－100＝0(万元)

新建小型滑雪场在下大雪时的后悔值＝100－60＝40(万元)

改球场为滑雪场在下大雪时的后悔值＝100－40＝60(万元)

②下中雪时,各方案损益值的最大值是40万元,则在下中雪时各个方案的后悔值为:

新建大型滑雪场在下中雪时的后悔值＝40－40＝0(万元)

新建小型滑雪场在下中雪时的后悔值＝40－25＝15(万元)

改球场为滑雪场在下中雪时的后悔值＝40－10＝30(万元)

③下小雪时,各方案损益值的最大值是1万元,则在下小雪时各个方案的后悔值为:

新建大型滑雪场在下小雪时的后悔值＝1－(－50)＝51(万元)

新建小型滑雪场在下小雪时的后悔值＝1－(－5)＝6(万元)

改球场为滑雪场在下小雪时的后悔值＝1－1＝0(万元)

后悔值表见表2-6。

表2-6　　　　兴建滑雪场决策方案后悔值表

自然状态	备选方案后悔值(万元)		
	新建大型滑雪场	新建小型滑雪场	改球场为滑雪场
下大雪	0	40	60
下中雪	0	15	30
下小雪	51	6	0
最大后悔值	51	40	60

新建大型滑雪场最大后悔值51万元、新建小型滑雪场最大后悔值40万元、改球场为滑雪场最大后悔值60万元,然后在这些最大后悔值中选取一个最小值40万元,相对应的方案——新建小型滑雪场就是决策选择的方案。

分析与研讨

1. 简述计划的类型。
2. 简述计划的形式。
3. 试述计划职能的程序。
4. 试述编制计划的程序。
5. 试结合某商业项目拟定一份计划书。
6. 试述目标管理的基本过程。
7. 简述目标管理的含义、特点和优缺点。

8. 简答管理决策的含义和类型。

9. 试述管理决策的程序。

10. 讨论影响管理决策的因素。

11. 试述定性决策方法。

12. 试述定量决策方法。

案例训练

【实训内容与方法】

1. 阅读下面案例，并分析下列问题：

(1) 三鹿与强生在遭遇危机时采取了哪些应对方式？

(2) 三鹿与强生的结局有何不同？试分析其原因。

(3) 从本案例中你能得到什么启示？

2. 由个人先写出发言提纲，再以模拟公司或班级为单位进行讨论。

三鹿与强生

2008年9月，"毒奶粉"事件震惊全国。成千上万的消费者受到伤害，企业、股东、员工付出了沉重的代价，也让整个奶制品产业遭受到了巨大的打击。这次事件的主角三鹿集团在整个事件发生过程中的表现令人扼腕。与之相对照，著名的强生公司当年也曾遭遇类似的危机。在遭遇危机时的不同应对方式决定了这两家公司迥然不同的命运。

一、三鹿"毒奶粉"

2008年9月9日，媒体报道"甘肃14名婴儿因食用三鹿奶粉同患肾结石"。短短两周内，"毒奶粉"事件迅速蔓延开来，全国因食用含三聚氰胺奶粉而住院的婴幼儿高达1万余人，官方确认四例患儿死亡。

三鹿集团位于河北省石家庄市，其奶粉销量连续11年位居全国第一。2008年9月11日，卫生部宣布，"高度怀疑石家庄三鹿集团股份有限公司生产的三鹿牌婴幼儿配方奶粉受到三聚氰胺污染"。按照石家庄市政府的说法，是不法分子在原奶收购过程中添加了三聚氰胺。然而，没有多少人相信三鹿集团对此毫不知情。国务院调查组公布的信息显示，三鹿集团2007年12月即接到患儿家属投诉，但直到2008年3月才开始调查。这意味着，在接到投诉后的三个月时间里，三鹿集团明知奶粉中含三聚氰胺，还在继续生产和对外销售。

2008年9月16日，当地政府宣布免去三鹿集团党委书记、董事长及总经理田文华的职务，三鹿集团全面停产整顿。9月17日，因认定三鹿集团涉嫌生产、销售有毒、有害食品罪，带领这家企业前行21年的田文华被警方刑拘。这个中国奶业龙头企业的企业形象瞬间崩塌，此后要面对超过1万吨的奶粉退赔以及1万多名患儿的巨额医疗费用。三鹿集团濒临破产。

二、强生"毒泰诺"

1982年9月29日和30日,在芝加哥地区发生了有人因服用强生公司主打产品"泰诺"中毒死亡的事故。消息传开后,在美国引起一片恐慌。强生公司并没有掩盖事实,而是一方面同警方合作展开对事件的调查,另一方面在全国范围内回收了数百万瓶"泰诺",同时花费50万美元向那些可能与此有关的内科医生、医院和经销商发出警报。

经过对800万片药剂的检验,发现所有受污染的药片只源于一批药,总共不超过75片。最终的死亡人数只有7人,且仅限于芝加哥地区。

最后的调查结果显示,是有人故意在"泰诺"胶囊里投放了氰化物,而强生公司是无辜的。此事件的发生给强生公司造成了上亿美元的损失,但由于公司成功的善后处理而赢得了消费者和社会舆论的同情。在事故发生后的仅5个月,该公司就夺回了该药原来所占市场的70%,并在两年后重新夺回市场老大的位置。

《华尔街日报》报道说:"强生公司选择了一种自己承担巨大损失而使他人免受伤害的做法。如果昧着良心干,强生将会遇到很大的麻烦。"强生公司有一个"做最坏打算的危机管理方案",该方案的重点是首先考虑公众和消费者利益,这一信条最终挽救了强生公司的信誉。

重点内容网络图

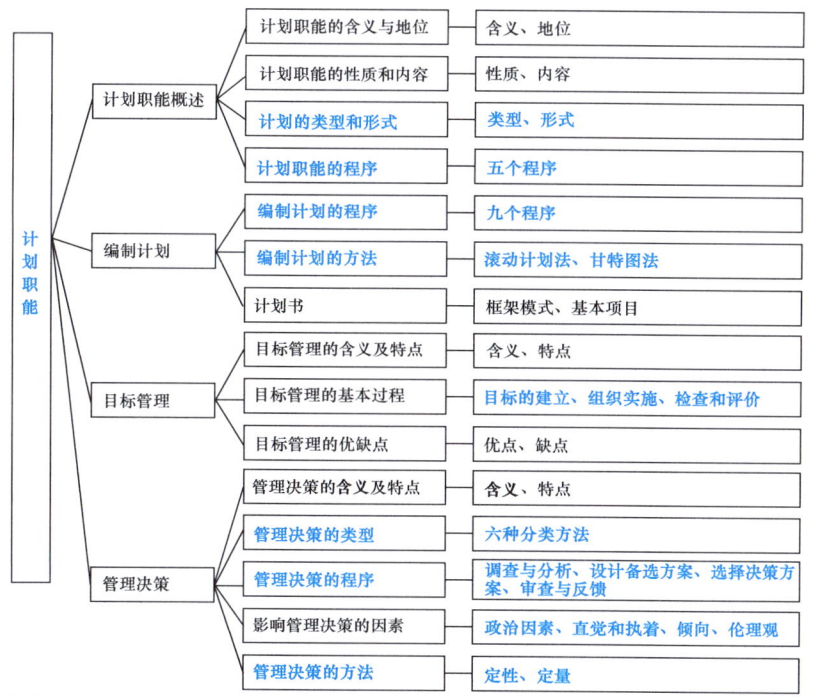

计划职能	分类	子项	内容
	计划职能概述	计划职能的含义与地位	含义、地位
		计划职能的性质和内容	性质、内容
		计划的类型和形式	类型、形式
		计划职能的程序	五个程序
	编制计划	编制计划的程序	九个程序
		编制计划的方法	滚动计划法、甘特图法
		计划书	框架模式、基本项目
	目标管理	目标管理的含义及特点	含义、特点
		目标管理的基本过程	目标的建立、组织实施、检查和评价
		目标管理的优缺点	优点、缺点
	管理决策	管理决策的含义及特点	含义、特点
		管理决策的类型	六种分类方法
		管理决策的程序	调查与分析、设计备选方案、选择决策方案、审查与反馈
		影响管理决策的因素	政治因素、直觉和执着、倾向、伦理观
		管理决策的方法	定性、定量

注:蓝色字表示更为重要的内容;本图中未包括的内容可略讲或由学生自学。

推荐书目

1.《致加西亚的信》——作者:(美)阿尔伯特·哈伯德

本书讲述了一个"把信送给加西亚"的传奇故事。这位名叫罗文的英雄接到麦金莱总统的任务——给加西亚将军送一封决定战争命运的信,他没有任何推诿,而是以绝对的忠诚、责任感和创造奇迹的主动性完成了这件"不可能完成的任务"。他的事迹100多年来在全世界广为流传,激励了千千万万的人主动去完成职责。无数的公司、机关、系统都曾人手一册,以期塑造自己团队的责任意识。

今天,每一个企业都在呼唤能够"把信送给加西亚的人"。成为把信送给加西亚的人、寻找把信送给加西亚的人、重用把信送给加西亚的人成为今天职场的主旋律。

2.《世界上最伟大的推销员》——作者:奥格·曼狄诺

这本书记载了一个感人肺腑的传奇故事。一个名叫海菲的牧童,从他的主人那里幸运地得到十道神秘的羊皮卷,遵循卷中的原则,他执着创业,最终成为一名伟大的推销员,建立起一座浩大的商业王国……

这是一本在全世界范围内影响巨大的书,适合任何阶层的人阅读。它振奋人心,激励斗志,改变了许多人的命运……

第三章

组织职能

情景导入

如何设置社团的机构？

去年,李明阳面对校园里众多的学生社团,不知该加入哪一个。尽管不少社团的宗旨都很明确,但平时搞些什么活动、如何运作,很多社团就不是很清楚,常常同一个社团中的人有不同的说法。李明阳不想稀里糊涂地加入社团,经过一番观察、了解和思考,最后,他决定和几个好友自己组建一个社团。

平昌冬奥会期间,奥运又成为校园中最火爆的话题之一,李明阳希望借此东风,成立一个健康协会。通过对"奥运精神"的深入了解,李明阳决定以"宣扬奥林匹克精神,倡导健康生活态度"作为这个社团的宗旨,希望在众多的校园社团中占有一席之地。

但一个社团从无到有谈何容易,最初只是几个好友因为兴趣走到了一起,每个人都没有明确的分工,有事情大家一起做,真的是"同甘共苦"。但这并不是长远之计,随着事情越来越多,由于没有清晰的组织框架和明确的责任分工,每个人都忙得团团转,但工作进度却越来越慢,效率直线下降。

眼看又一轮纳新大潮出现,李明阳也想通过这次机会进一步完善组织的架构。但是,纳新绝对不是招几个人就可以一劳永逸的,而是需要根据社团的目标、所要开展的活动和工作量大小来确立部门的组建和岗位的设置。那么,健康协会需要设立哪些部门和招收具有哪些方面能力的人员?各部门之间的工作如何分配?关系如何协调?怎样才能确保社团目标的实现?李明阳再次陷入了沉思。

学习目标

1. 了解组织职能的含义、内容以及原则与程序。
2. 了解组织结构及其影响因素,掌握组织结构的基本形式。
3. 明确组织结构设计的时机及内容。
4. 理解组织的横向结构和纵向结构设计。
5. 了解员工选聘的含义、作用、原则、基本程序及途径。
6. 理解组织考评的含义、作用、内容与要求。

7.了解组织考评的基本程序,掌握组织考评的方法。

8.理解组织变革的含义、原因和阻力。

9.掌握减少组织变革阻力的方法。

思政目标

1.通过情景导入和案例训练,学生了解组织结构的基本形式及其影响因素,能够明确自己在组织中的位置,客观地评价自我,反省自我,培养与人相处的能力和积极向上的良好心态。

2.通过对员工招聘、组织评价的学习,学生未雨绸缪,提前了解毕业时用人单位在招聘、选拔人才、面试以及评价各环节的相关内容,为未来的发展方向以及职业素养的养成奠定基础。

3.通过对组织变革内容的学习,学生认识到,组织要想生存和发展下去,首先要适应环境,其次要变革创新,从而培养积极进取、努力奋斗、勇于超越自我的理想信念。

第一节 组织职能概述

情景模拟

造成混乱的原因?

高经理手下有几个精兵强将,但是,由于他没有进行科学的分工与组合,每个人都感到用非所长,且常常出现成员之间的不和与冲突。整个部门缺乏科学严格的规章制度,如果重复遇到同一件事,高经理仅凭当时的感觉表态,发出的指示也前后不一,从而造成了部门管理的混乱。高经理只让部下工作,很少关心他们的成长,部下看到其他部门中同期到企业来的同事进步很快,内心产生了对高经理的不满情绪。高经理发现自己管理的部门已经出现秩序混乱、人心不稳的糟糕局面。

学生思考:

1.你认为高经理所在的部门混乱的原因是什么?

2.如果你是高经理,应如何加强部门的管理?

3.你认为管理者应具备怎样的组织能力?

一、组织职能的含义与内容

(一)组织职能的含义

组织职能是指为有效实现组织目标,建立组织结构,配备人员,使组织协调运行的一系列活动。

(二)组织职能的基本内容

管理者的组织职能,主要包括以下工作内容:①设计并建立组织结构;②设计并建立职权关系体系、组织制度规范体系与信息沟通模式,以完善并保证组织的有效运行;③人员配备与人力资源开发;④组织协调与变革。

二、组织职能的原则和程序

(一)组织职能的基本原则

1. 有效实现目标原则

组织结构的设计必须从组织要实现的目标和任务出发,并为有效实现目标和任务服务。

2. 专业分工与协作原则

要按照专业化的原则设计部门和确定归属,同时要有利于组织单元之间的协作。

3. 指挥统一原则

在设计职权关系中,必须保证指挥的统一性,防止"令出多门"。

4. 有效管理幅度原则

每个管理者管理幅度大小的设计,必须确保能实现有效控制。

5. 集权与分权相结合原则

要将高层管理者的适度权力集中与放权于基层有机结合起来。

6. 责权利相结合原则

要使每一个组织单元或职位所拥有的责任、权力和利益相匹配。

7. 稳定性和适应性相结合原则

既要保证组织的相对稳定性,又要在目标或环境变化的情况下能够适应或及时调整。

8. 决策执行和监督机构分设原则

为了保证公正和制衡,决策执行机构和监督机构必须分别设置。

9. 精简高效原则

机构既要精简,又要有效率。

(二)组织职能的基本程序

管理者的组织职能主要包括组织设计、组织运行与组织变革三大部分内容。组织职能的基本程序(如图 3-1 所示),具体如下:

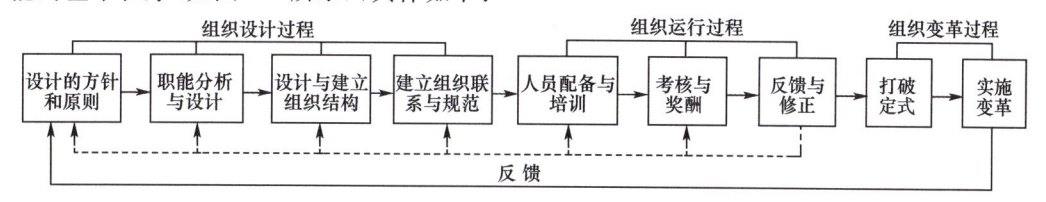

图 3-1 组织职能的基本程序

(1) 要根据组织的宗旨、目标和主客观环境,确定组织结构设计的基本思路与原则。
(2) 根据企业目标设置各项经营、管理职能,明确关键职能,并把公司总的管理职能分解为具体管理业务和工作等。
(3) 选择总体结构模式,设计与建立组织结构的基本框架。
(4) 设计纵向与横向组织结构之间的联系与协调方式、信息沟通模式和控制手段,并建立完善的制度规范体系。

以上四个环节为组织设计过程。

(5) 为组织运行配备相应的管理人员和工作人员,并进行培训。
(6) 对组织成员进行考核,并设计与实施奖酬体系。
(7) 反馈与修正。在组织运行过程中,加强跟踪控制,适时进行修正,使其不断完善。

这三个环节为组织运行过程。

(8) 发动变革,打破原有组织定式,为建立新组织模式扫清道路。
(9) 实施变革。这一环节与下一轮组织设计与组织运行相衔接。

最后这两个环节为组织变革过程。

第二节 组织结构与设计

情景模拟

广告公司的组织结构

章经理的广告公司共有员工20人,章经理为公司设计了一种组织结构,确定了每个人的任务,制定了许多规章制度,并采用集中决策的方法。章经理直接管理3名副经理:1名负责广告设计与制作,1名负责市场外联业务,1名负责内部日常管理工作。几名副经理经常抱怨:经理在做出与其主管业务相关的决策时,从不与他们商量,使他们处于一种有名无实的状态。对此章经理回答说:"我这家公司很小,总共不过20人,我熟悉公司内所有事务,完全知道将要发生什么事和应该如何去处理,由我一人决策是快速有效协调公司各部门行为的最好办法。"

学生思考:
1. 描述该公司的组织结构类型。
2. 你认为是否该对公司组织结构进行调整,应如何调整?

一、组织结构的含义及影响因素

(一) 组织结构的含义

组织结构是组织内的全体成员为实现组织目标,在工作中进行分工协作,通过职务、职责、职权及相互关系构成的结构体系。组织结构的本质是成员间的分工协作关系。组织结构的内涵是人们的职、责、权关系。因此,组织结构又可称为权责结构。

(二)组织结构的影响因素

组织结构的影响因素主要包括:

(1)组织目标与任务;

(2)组织环境;

(3)组织的战略及其所处的发展阶段;

(4)生产条件与技术状况;

(5)组织规模;

(6)人员结构与素质。

二、组织结构设计的时机及内容

(一)组织结构设计的时机

组织结构设计主要针对三种情况:一是新建组织需进行组织结构设计;二是原有组织结构出现较大问题或组织目标发生变化;三是组织结构需进行局部的调整和完善。

(二)组织结构设计的内容

组织结构设计包括横向设计与纵向设计。组织横向结构设计主要解决管理与业务部门的划分问题,反映组织中的分工合作关系;组织纵向结构设计主要解决管理层次的划分与职权分配问题,反映组织中的领导隶属关系。

三、组织结构的基本形式

组织结构形式是组织结构框架设置的模式。通过机构、职位、职责、职权以及它们之间的相互关系,实现纵横结合,组成不同类型的组织结构。

(一)直线制

1.基本含义

直线制是一种最早和最简单的组织形式。它最初产生于手工业作坊,当时老板和工场主都是实行"个人管理",对生产、技术、销售、财务等各项事务都亲自处理。因此,这种组织形式没有职能机构,从最高管理层到最低层,实现直线垂直领导,如图 3-2 所示。

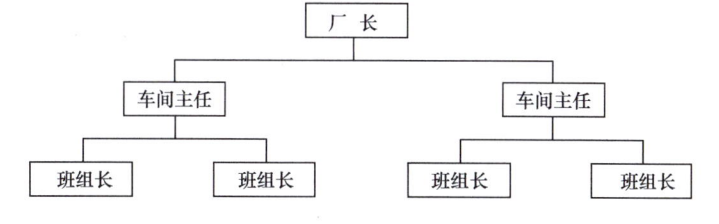

图 3-2 直线制组织结构形式

2.优缺点

直线制的优点：机构简单，沟通迅速；权力集中，指挥统一；垂直联系，责任明确。其缺点是没有职能机构，管理者负担过重，而且难以满足多种能力要求。因此，只适用于小规模、生产技术比较简单的企业。

(二)职能制

1.基本含义

职能制是指设立若干职能机构或人员，各职能机构或人员在自己的业务范围内都有权向下级下达命令和指示，即各级负责人除了要服从上级直接领导的指挥以外，还要受上级各职能机构或人员的领导，如图3-3所示。

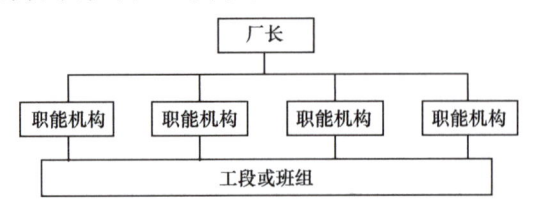

图3-3　职能制组织结构形式

2.优缺点

职能制的优点是管理分工较细，有利于工作的深入开展，便于充分发挥职能机构的专业管理功能。缺点是这种组织形式容易出现多头领导，政出多门，破坏了统一指挥原则。事实上，职能制也只是表明了一种强调职能管理专业化的意图，无法在现实中真正实行。

(三)直线-职能制

1.基本含义

直线-职能制又称生产区域制。它吸取了直线制和职能制的长处，也避免了它们的短处，是一种在组织中设置纵向的直线指挥系统的基础上，再设置横向的职能管理系统而建立的复合模式，如图3-4所示。

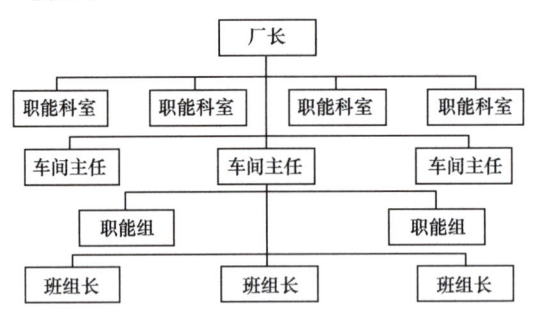

图3-4　直线-职能制组织结构形式

这种组织形式以直线指挥系统为主体，同时发挥职能部门的参谋作用。职能部门对下级部门无权直接指挥，只起业务指导作用，但在直线人员授权下可行使指挥权。

2.优缺点

直线-职能制的优点：既保证了组织的统一指挥，又有利于强化专业化管理。因此，这种组织形式广泛适用于各类组织。

直线-职能制也有不足：①下级缺乏必要的自主权；②各职能部门之间联系不紧，易于脱节或难以协调；③直线人员与参谋人员的关系有时难以协调。

(四)事业部制

1.基本含义

事业部制也叫联邦分权化，它是一种在高层集权化下的分权制的组织形式，是指在公司总部下增设一层独立经营的"事业部"，实行公司统一政策，事业部独立经营的一种体制，如图 3-5 所示。

事业部大多不是按职能而是按企业所经营的事业项目划分的，是具有经营自主权的专业化生产经营单位。事业部是分权化组织单位，它分割了一定的直线指挥权限，有进行采购、生产、销售的自主权。每一个事业部是一个利润责任中心，是产品责任单位或生产责任单位，有自己独立的市场，在总公司的领导下实行独立核算，自负盈亏。一般按产品、地域等标志来划分事业部。

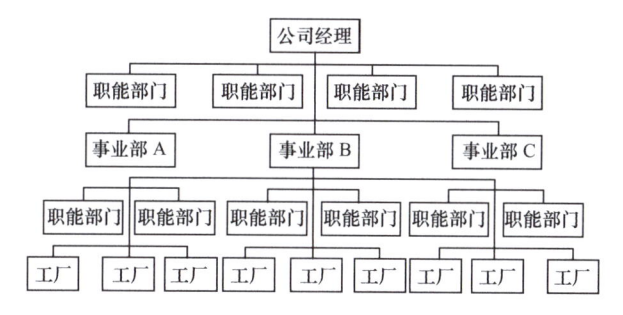

图 3-5 事业部制组织结构形式

2.优缺点

事业部制的优点：①对产品的生产和销售实行统一管理、自主经营、独立核算，有利于发挥各事业部的积极性、主动性，并能更好地适应市场；②有利于最高层管理者摆脱日常事务，集中精力去考虑宏观战略；③有利于锻炼和培养综合管理人员。

事业部制的缺点：①事业部制存在着分权所带来的一些不足，如本位主义、指挥不灵、企业整体性差、职能机构重复设置以及管理人员增多等；②事业部制要求管理者必须具备很高的管理素质，否则会造成事业部管理的困难。

事业部制主要适用于规模大、有不同市场面的多产品（服务）的现代大企业。

案例链接

海尔的组织结构演变

海尔集团创立于 1984 年，现已发展成为在海内外享有较高美誉的大型国际化企业集团。

在海尔的发展进程中其组织结构也在不断调整，大的调整一年会有一两次，小的就更不必说了。一个企业应建立一个有序的非平衡结构,一个企业如果是有序的平衡结构,这个企业就是稳定的结构,是没有活力的,但如果一个企业是无序的非平衡结构,肯定就是混乱的。海尔集团在建立一个新的平衡时就要打破原来的平衡,在非平衡时再建立一个平衡。

海尔最早的组织结构是直线制结构,后来是矩阵制结构,第三阶段就是市场链结构。

直线制结构就像一个金字塔。下面是最普通的员工,最上面是厂长、总经理,它的好处就是容易控制。直线制结构在企业小的时候,"一竿子抓到底",反应非常快。这种结构在海尔发展的初期起了很大的作用,当时海尔内部局面混乱,纪律涣散,员工素质不高,如果不采用这种组织结构,海尔无法发展。

1996年海尔开始实行事业部制。这是一种分权结构的运作形式。在企业运作方式上,海尔集团采取"联合舰队"的运作机制。集团总部作为"旗舰",以"计划经济"的方式协调下属企业。下属企业在集团内部是事业本部,对外则是独立法人,独立进入市场经营,发展"市场经济",但在企业文化、人事调配、项目投资、财务预决算、技术开发、质量认证及管理、市场网络及服务等方面必须听集团统一协调。用海尔人人都熟悉的话说,各公司可以"各自为战",不能"各自为政"。张瑞敏说,集团所要求的,你必须执行,有问题我来负责,我来订正,你可以提出建议,但绝不允许阳奉阴违。这正如前所述,实行事业部制,必须要有一个强有力的"中央"。

随着海尔的壮大,企业由上到下都是行政隶属关系,一级传递一级,集团是决策中心,事业部是利润中心,分厂是成本中心,班组是质量中心,所有的人只面对上级,都没有面对市场,没有责任对整个过程负责,各司其职,根本无法对大规模企业灵活管理。经过一段时间的酝酿,于1999年3月,海尔开始动组织结构的第一把刀;把"金字塔式"的直线结构变成矩阵结构的项目流程。这种结构仍然保留了所有的事业部和事业部的研发、采购、销售等完整的业务流程,但是集团的整个管理职能不再是程序化的由上到下的统一指令,各个事业部不再各自为战。他们会因为项目而发生关联,事业部包揽全部业务流程的力被肢解。

有没有一种指标可以衡量企业组织结构的好与坏呢?一个最重要的衡量标准是看这种组织结构是否有利于调动全体职员的积极性,提高企业各组织机构的执行力,是否能够最大限度、最高效率地满足不断变化和增长的企业业务需求。世界上没有两个相同的企业,也没有两种相同的企业管理模式,对于企业来说,使命与目标一旦确立,就应认真分析,构建与之相适应的组织结构,坚定不移地贯彻组织发展思想,实现组织发展战略。没有完美无缺的组织结构,只有最适合的组织结构。

(五)矩阵制

1. 基本含义

矩阵制结构由纵横两套管理系统叠加在一起组成一个矩阵,其中,纵向系统是按照职能划分的指挥系统,横向系统一般是按产品、工程项目或服务组成的任务系统,如图3-6所示。

这种形式的组织结构最初出现在20世纪50年代末,被用于完成某些特殊任务的组织。例如,企业为了开发某项新产品,在研究、设计、试制、生产各个方面,要求有关

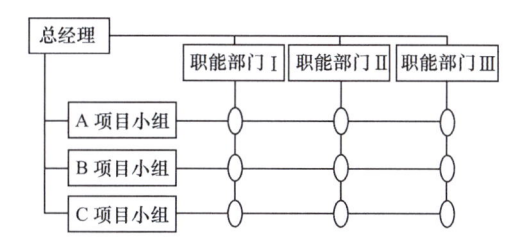

图 3-6　矩阵制组织结构形式

职能部门派人参加,组成一个专门小组。小组成员既接受原部门主管的领导(主要是专业技术上的领导),又要服从项目主管的管理(作为一个作业部门的领导者对其工作人员的全面管理)。

2.优缺点

矩阵制组织结构的优点:①使企业组织结构形成一种纵横结合的联系,加强了各职能部门之间的配合,有利于发挥专业人员的综合优势;②具有较强的组织灵活性,既可以根据需要快速组建,完成任务后又可以撤销。

矩阵组织的缺点:①由于组织成员必须接受双重领导,破坏了统一指挥原则,下属会感到无所适从;②工作出现差错时,不易分清领导责任。

这种组织形式主要适用于变动性大的组织或临时性工作项目。

上述介绍的各种组织形式各有利弊,组织应依目标与实际情况进行灵活选择,必要时也可将几种形式有机结合起来,以便更有效地保证目标实现。

四、组织横向结构设计

(一)部门划分的含义与原则

1.部门划分的含义

部门划分是指把工作和人员组织成若干个管理的单元,并组建相应的机构或单位。管理或业务部门是组织系统有机运转的细胞与基础。

2.部门划分的原则

(1)有效实现组织目标原则。部门划分必须以有利于组织目标实现作为出发点和归宿。

(2)专业化原则。按专业化分工,将相似职能、产品、业务汇集到一个部门中。

(3)满足社会心理需要原则。划分部门也不宜过度专业化,而应按照现代工作设计的原理,使员工的工作实现扩大化、丰富化,尽可能使其对自己的工作感到满意。

(二)部门划分的方法

1.按人数划分部门

由于某项工作必须由若干人一起劳动才能完成,因此采用按人数划分部门的方法。其特点是部门内的人员在同一个领导人的领导下做同样的工作。

这种方法主要适用于某些技术含量低的组织。

2. 按时间划分部门

这是指将人员按时间进行分组，即倒班作业。在一些需要不间断工作的组织中，由于经济和技术的需要，常按时间来划分部门，采用轮班作业的方法。其特点是可以保证工作的连续性。

这种方法通常用于生产经营一线的基层组织。

3. 按职能划分部门

按职能划分部门就是把相似的工作任务或职能组合在一起形成一个部门。

按职能划分部门的优点：有利于强化各项职能；可以带来专业化分工的种种好处；有利于工作人员的培训与技能提高。

按职能划分部门的缺点：长期在一个专业部门工作，容易形成思维定式，产生偏见，可能导致整个组织对外界环境变化的反应较慢。

这种方法较多地应用于管理或服务部门的划分。

4. 按产品划分部门

这是指按产品分工划分的部门（或事业部）。

按产品划分部门的优点：能使企业将多角化经营和专业化经营结合起来；有利于企业加强对外部环境的适应性，以市场为主导，及时调整生产方向；有利于促进企业的内部竞争。

按产品划分部门的缺点：需要较多具备全面管理能力的人员；由于职能部门重叠设置而导致管理费用的增加；各产品部门的负责人可能过分强调本部门的利益，从而影响企业的统一指挥。

这种方法主要适用于制造、销售和服务等业务部门。

5. 按区域划分部门

这是将一个特定地区的经营活动集中在一起，委托给一个管理者或部门去完成。按区域划分部门的优点：可以根据本地区的市场需求情况自主组织生产和经营活动，更好地适应市场；在当地组织生产可以减少运费和运送时间，降低成本；分权给各地区管理者，可以调动其参与决策的积极性，有利于改善地区内各种活动的协调。

按区域划分部门也有与按产品划分部门类似的缺点，即需要很多具备全面管理能力的人员；使管理费用增加；增加总部的控制难度。

这种方法主要适用于空间分布很广的企业的生产经营业务部门。

6. 按工艺过程（设备）划分部门

这种方法是指把完成任务的过程分成若干个阶段，以此来划分部门，或按大型设备来划分部门。在制造型企业中，可按不同的工艺过程、生产过程进行分解。

按工艺过程（设备）划分部门的优点：符合专业化的原则；可充分利用专业技术和特殊技能，简化培训。

按工艺过程（设备）划分部门的缺点：各部门之间沟通协作困难，不利于全面管理人才的培养。

这种方法主要用于生产制造型企业、连续生产型企业、交通运输型企业等。

7. 按服务对象划分部门

这是按照企业的服务对象进行部门划分。

按服务对象划分部门的优点：可以给顾客提供针对性更强、质量更高的服务。

按服务对象划分部门的缺点：成本增加，协调的难度增加。

这种方法主要用于服务对象差异较大，对产品与服务有特殊要求的企业。

(三)部门职责委派

部门划分还涉及各项具体业务工作的分配、部门职责的委派等问题。职责委派、任务分配的一个最基本的依据就是按业务工作的类似性分配任务，这就需要对业务工作的一些项目进行分类，把从事类似业务工作的人集中到一个部门，从而实现职务专业化。同时，分派责任时也应考虑彼此联系的密切程度。有时根据工作需要，也可能将多种性质的业务工作集中到一个部门，但这些必须是有着密切联系的，以便能有效地进行工作。在向各部门委派职责时，应注意防止发生下列问题：

1. 职责重复

把生产、经营及管理方面的同类问题，同时分派给不同机构，使他们都有解决问题的权力和责任，这就会发生职责上的重复，也等于机构设置的重复。一旦发生问题，几家来回"扯皮"，谁都有"责"，谁都又不"负责"，问题反而难以解决。如果有特殊问题确需几个部门协作才能解决，那么，将该职责授予这几个部门的时候，必须明确划清各自的权限和职责范围，并确定牵头部门。

2. 职责遗漏

某项基本的例行工作，任何机构都没有把它列为自己的工作职责，这就发生了职责的遗漏，出现有事无人管的现象，这必然影响组织目标的实现和工作的正常进行。即使是例外工作，当重复发生时也应及时将其委派给有关部门作为例行的职责。

3. 职责不当

这是指将某项职责委派给了不适合完成这一职责的部门。每个机构都有其基本的职能，以及有助于完成这一职能的有利条件。因此，对于某一具体工作来说，总有一个部门能利用其有利条件更好地加以完成，所以，应将工作交给能够有效解决这一问题的工作部门。

五、组织纵向结构设计

案例链接

怎样设置精简高效的组织机构

冯新志承包了公司下属的一个小厂，职工共有五十多人，原有的机构都解散了，他必须在最短时间内重新建立起精简高效的组织机构。可是，应该怎样设置部门，管理幅度与层次是怎么回事，有哪些可供选择的组织形式，这些问题弄得冯新志一头雾水。

(一)管理幅度与管理层次

1. 管理幅度

管理幅度亦称管理跨度，是指一名管理者直接管理的下级人员的数量。管理幅度的大小,实际反映着上级管理者直接控制和协调的业务活动量的多少。

2. 管理层次

管理层次亦称组织层次,是指社会组织内部从最高一级管理组织到最低一级管理组织的各个组织等级。管理层次实质上反映的是组织内部的纵向分工关系,各个层次将担负不同的管理职能。因此,伴随层次分工,必然产生层次之间的联系与协调问题。

3. 管理幅度与管理层次的关系

管理幅度与管理层次互相制约,二者之间存在着反比例的数量关系。在组织规模既定的前提下,较大的管理幅度会形成较少的管理层次。其中,起主导作用的是管理幅度,即管理层次的多少取决于管理幅度的大小。如图 3-7 所示。

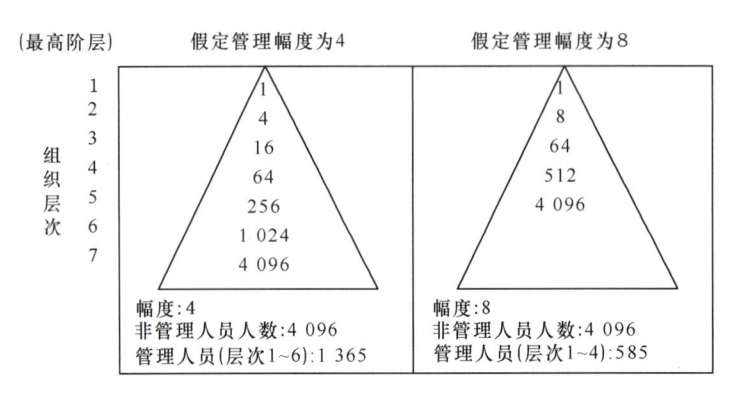

```
(最高阶层)    假定管理幅度为4         假定管理幅度为8
组  1              1                      1
织  2              4                      8
层  3             16                     64
次  4             64                    512
    5            256                  4 096
    6          1 024
    7          4 096

幅度:4                        幅度:8
非管理人员人数:4 096          非管理人员人数:4 096
管理人员(层次1~6):1 365      管理人员(层次1~4):585
```

图 3-7 管理幅度与管理层次比较图

(二)管理幅度与层次设计

1. 管理幅度设计

管理幅度的设计必须坚持既要有效控制、又要提高效率的原则。管理幅度主要应依据上下级关系的复杂程度进行设计。其直接影响因素主要有:①管理工作性质,如复杂程度、相似性等;②管理者自身的能力与素质状况;③下级人员素质与职能性质;④计划与控制的难度与有效性;⑤信息沟通的难易与效率;⑥组织的空间分布状况;⑦组织的外部环境等方面。

2. 管理层次设计

管理层次设计的制约因素主要有:有效管理幅度、纵向职能分工以及组织效率等。

3. 锥形结构与扁平结构

在组织设计中,可能产生两种典型的组织结构:一是锥形结构形式,即管理幅度较小,管理层次较多;二是扁平结构形式,即管理幅度较大,而管理层次较少。

(1)锥形结构的优缺点。

优点是:最主要的优点是主管人员的管理幅度较小,能够对下属进行有效控制,同时,有利于明确领导关系,建立严格的责任制;因层次多,各级主管职位多,能为下属提供晋升机会,促使其积极努力工作。

缺点是:由于层次较多,协调工作增加,造成管理费用增多;信息的上传下达速度慢,容易导致失真和误解;计划和控制工作较为复杂;最高领导层与基层人员相隔多个层次,不容易了解基层现状并及时处理问题。

(2)扁平结构的优缺点。

优点是:最主要的优点是有利于授权,激发下属积极性,并培养下属的管理能力,同时,信息传递速度快、失真少;能灵活地适应市场;管理费用低;便于高层领导了解基层情况。

缺点是:管理人员的管理幅度大、负荷重,难以对下级进行深入具体的指导和监督;对领导人员的素质要求较高。

组织结构类型必须根据企业的具体条件选用。但是,在现代企业管理中,组织结构扁平化是一种普遍趋势,这反映了对人的尊重与重视。

(三)集权与分权

1.集权与分权是指职权在不同管理层之间的分配与授予

所谓集权,是指较多的权力和较重要的权力集中在组织的高层管理者手中。所谓分权,是指较多的权力和较重要的权力分授给组织的基层管理者。

案例链接

在中国古代,一些生活、工作在皇帝身边的太监常常拥有相当大的权力,以至于许多文武大臣、皇亲国戚都要对其恭恭敬敬。事实上,在职权等级链上,太监的身份、地位是很低的,之所以会出现上述现象,是因为他们是皇帝身边的人,靠近权力的核心。这种现象并非在中国古代才有,现代管理活动中也常常出现这样的事情,一位独当一面的中层经理会小心谨慎地同一个初入职场的小姑娘打交道,因为她是上司的秘书。

2.集权与分权的程度应根据组织的具体实际情况而定

集权与分权各有利弊。集权有利于组织实现统一指挥、协调工作和更为有效的控制。但集权有时也会加重上层领导者的负担,从而影响重要决策的制定质量,特别是不利于调动下级的积极性与主动性,难以适应外部环境的变化。而分权则正与集权相反。组织应根据本身的目标与环境、条件的需要正确决定集权与分权的程度,但现代管理中总的趋势是组织职权分权化。

3.集权与分权的关键在于所集中或分散权力的类型与大小

在判断或评价集权或分权的标准上,决策权比执行权更为重要;人权、财权比一般业务权更为重要;最终决定权比建议权、过程管理权更为重要。管理者应该根据实现组织目标的需要,结合上述影响因素,正确地确定集权或分权的权力类型与大小,实现科学的职权分配。

第三节 员工选聘

情景模拟

轻松应聘不蹊跷

某公司在报纸上刊登了一则招聘营销人员的启事,应聘条件、工资待遇等内容一应俱全,参加笔试、面试等要求也非常明确,可通篇启事从头看到尾,就是没有发现应聘的联系方法。

真是咄咄怪事,招聘启事哪有不留联系方式的?多数人认为这是招聘单位疏忽或是报社排版错误,于是,便耐心等着报社刊登更正或补充说明。但也有三位应聘者见招聘的岗位适合自己,便不去管是谁的疏忽:小王通过互联网,在搜索引擎上输入公司名称,轻松地搜出了包括通信方式在内的所有公司信息;小张则通过114查号台,查出了该公司的办公电话,通过向公司办公室人员咨询,取得了联系方法;小刘查找联系方式的办法则更是颇费了一番周折,他依稀记得该公司在某商业区有一个广告牌,于是骑车围着城区转了一下午,终于找到了广告牌,并顺藤摸瓜取得了公司的地址和邮编。招聘启事刊登的第三天,多数应聘者正眼巴巴地等着从新来的报纸中找有关更正和补充内容,但小王、小张和小刘三人的求职信及有关招聘材料已经寄到了公司人事主管的手中。

此后,人事主管与小王、小张和小刘相约面试。面试时,公司老总对三位小伙子的材料和本人表示满意,当即决定办理录用手续。三人为如此轻松应聘而颇感蹊跷:招聘启事中不是说要进行考试吗?带着这一疑问,他们向老总请教。

学生思考:
1. 你有什么感悟?
2. 如果你是该公司老总,你将如何回答这三个人的问题?

一、员工选聘的含义与作用

(一)员工选聘的含义

所谓员工选聘,是指通过各种信息,把具有一定技巧、能力和其他特性的申请人吸引到企业空缺岗位上的过程。

(二)员工选聘的作用

1. 员工选聘是人力资源形成的关键

对于一个新成立的企业,员工选聘的好坏无疑是企业成败的关键。如果不能选聘到符合本企业发展目标所需要的员工,企业在物资、资金、时间上的投入就会因为缺少合适的人员去利用和开发而浪费。如果不能满足企业最初的人员配置,就无法进入正常的运营状态。对于非新建企业,选聘选拔工作自然是一项关键因素,由于企业目标任务的变化和人员构成的变化及外部竞争环境的影响,在企业运行的过程中,需不断调整和吸收人才,这就需要不断选聘人员。在人力资源管理体系中,员工选聘工作是前提,是基础。选聘选拔工作的质量直接影响后面的其他各项工作的完成情况。

2. 员工选聘是扩大企业知名度的重要环节

员工选聘的过程也是宣传企业核心竞争力的过程。成功选聘广告,既可以吸引大量精英人物,以补充企业发展过程中人力资源的不足或改变人力资源结构,又可以展示企业实力,使外界能更多地了解企业状态。很多企业选聘人员的广告设计得都非常成功,可以说是独具匠心,他们将广告作为企业形象设计的重要方式,特别是一些知名度不高的企业,通过一系列选聘广告的宣传,扭转了人们的印象,将企业名声"做"出来了。同时,对高层管理者和技术人员的选聘,尤其是高级职业经理人和专业技术领导人等关键人才的选聘,一方面可以为企业输入新的管理思想,另一方面可以给组织带来技术上的重大革新,从而使企业增强了活力,焕发了青春,这样做有利于将企业做大做强。

3. 员工选聘是激励员工的一种有效方式

随着市场经济在中国的日益发展,特别是加入WTO后,员工流动性增大,不仅可以从国内选聘优秀人才,还可以吸引国外优秀人才。企业职工离职、解聘现象也越来越普遍,适当的员工离职率及流动率可使企业人员吐故纳新,从而使企业保持活力。同时,选聘工作也会给现有员工带来压力,因为新选聘来的员工往往具有较强的竞争力,这就是一种挑战,一种激励。选聘的过程是激发员工积极性的过程。

二、员工选聘的原则

(一)职务分析原则

要有效地选择人员,就要求管理人员清楚了解该职位的性质和目的,客观分析该职位的要求,包括组织等级中各个级别对这些技能的不同要求,并要评价和比较各个职位,以便公正、平等地对待应聘者。为此需要:

(1)明确职务要求;

(2)明确职务范围;

(3)职务工作量应饱满并具有挑战性。

(二)效率优先原则

在选聘过程中,以尽可能低的成本选聘到同样素质的员工。

(三)公开原则

企业各类人力资源的选聘要公开公正。应将招考单位、种类、数量,报考的资格、条件,考试的方法、科目和时间以及职务说明等面向社会公告,公开进行。

(四)全面考核原则

人力资源管理人员要对候选人员的品德、知识、能力、智力、健康状况、心理、过去工作的经验和业绩等方面进行全面考核和考察,通过对其智力因素和非智力因素的全面了解来选择合适的人选。

(五)平等原则

对所有应聘者要一视同仁,不得人为地制造各种不平等的限制或条件,不同国别、民族、性别,都要平等对待,也不能给出各种不平等的优惠政策,要为社会上的有志之士提供平等竞争的机会,不拘一格地录用各方面的优秀人才。

(六)择优原则

择优是人力资源选择的根本目的和要求,只有坚持这个原则,才能为组织遴选最合适的人员。为此,应采取科学的考试考核方法,精心比较,谨慎筛选。

（七）能级对应原则

由于人的知识、阅历、背景、性格、能力等方面存在着差异，人力资源选择应量才录用，不一定要最优秀的，但要尽量选到最合适的。要做到人尽其才，用其所长，这样才能持久高效地发挥人力资源的作用。

（八）合法原则

人力资源的选择必须遵守国家的法律、法规和政策。在企业员工选聘中，一切与国家有关法规相抵触的活动都是无效的，都要受到法律制裁。在《中华人民共和国劳动法》（以下简称《劳动法》）中关于聘用也有所规定，该法第十二条规定：劳动者就业，不因民族、种族、性别、宗教信仰不同而受歧视。第十三条规定：妇女享有与男子平等的就业权利。在录用职工时，除国家规定的不适合妇女的工种或岗位，不得以性别为由拒绝录用妇女或提高对妇女的录用标准。人员的聘用和选择要遵守国家的有关法律法规和政策，更不应有各种形式的歧视和违规行为。

三、员工选聘的基本程序

员工选聘的基本程序包括选聘决策、发布选聘信息、选聘测试、人事决策四大步骤。

（一）选聘决策

选聘决策是指企业中的最高管理层关于重要工作岗位的选聘和大量工作岗位的选聘的决定过程。

1. 选聘决策的原则

（1）少而精原则。可招可不招时，尽量不招；可少招可多招时，尽量少招。选聘来的人一定要充分发挥其作用，企业是创造效益的集合体，不是福利单位。

（2）宁缺毋滥原则。一个岗位宁可暂时空缺，也不要让不合适的人占据。这要求选聘时要广开贤路。

（3）公平竞争原则。只有公平竞争才能使人才脱颖而出，才能吸引真正的人才，才能起到激励作用。

2. 选聘决策的运作

（1）用人部门提出申请。需要增加人员的部门负责人向人力资源开发管理部提出需要人员的人数、岗位、要求，并解释理由。

（2）人力资源开发管理部复核。人力资源开发管理部应该到用人部门去复核申请，是否一定要这么多人员，减少一些是否可以，并写出复核意见。

（3）最高管理层决定。根据组织的不同情况，可以由高层领导工作会议决定，也可以在中层领导工作会议上决定。决定应该在充分考虑申请和复核意见的基础上产生。

3. 选聘决策的主要内容

组织员工的选聘决策应包括以下一些主要内容：

（1）什么岗位需要选聘？选聘多少人员？每个岗位的具体要求是什么？

（2）何时发布选聘信息？运用什么渠道发布选聘信息？

（3）委托哪个部门进行选聘测试？

(4)选聘预算是多少?
(5)何时结束选聘?
(6)新进员工何时到位?

表3-1为某组织年度选聘计划报批表。

表3-1　　　　　年度选聘计划报批表

部门有关情况	录用部门	录用职位概况				考试方法和其他		
		职位名称	人数	专业	资格条件	考试方法	招考范围	招考对象
公司核定的编制数								
本年度缺编人数								
本年度计划减员数								
本年度拟录用人数								
备注								

(二)发布选聘信息

一旦选聘决策后,就应该迅速发布选聘信息。发布选聘信息就是向可能应聘的人群传递企业将要选聘的信息。

发布选聘信息是一项十分重要的工作,直接关系到选聘的质量。

1.发布选聘信息的原则

(1)面广原则。发布选聘信息的面越广,接收到该信息的人就越多,应聘的人也就越多,这样可能选聘到合适人选的概率就越大。

(2)及时原则。在条件许可的情况下,选聘信息应该尽量早地发布,这样有利于缩短选聘进程,而且有利于使更多的人获取信息,使应聘人数增加。

(3)层次原则。选聘的人员都是处在社会的某一层次的,要根据选聘岗位的特点,向特定层次的人员发布选聘信息。

2.发布选聘信息的类型

发布选聘信息的类型又可称为发布选聘信息的渠道。信息发布的渠道有报纸、杂志、网络、电视、电台、布告、人才市场、职介所和新闻发布会等。

除以上主要渠道外,还有随意传播的发布形式,这是有关部门或有关人员用口头的、非正式的方式发布选聘信息的类型。其主要特点是费用低(几乎不用什么费用),可以进行双向交流,速度较快,缺点是覆盖面窄。在选聘层次不是很高时可以选用这种类型。

表 3-2 是在发布选聘信息时,要求应聘人员填写的登记表。

表 3-2　　　　　　　　　　应聘人员登记表

姓名		性别		出生年月		照　片
学历		婚否		民族		
专业			毕业学校			
健康状况			户籍所在地			
政治面貌			身份证号码			
参加工作时间			有无住房		要求待遇	
联系电话			电子邮件		手机	
联系地址						
现工作所在地						
离职原因						

简历	起止时间	学习/工作单位	专业/职位

家庭情况	姓名	关系	年龄	文化程度	现工作单位

特别提示	1.本人承诺所填写资料真实 2.保证遵守公司招聘的有关规程和国家有关法规 3.请填写好登记表,带齐照片、学历、职称证书的有效证件及相关复印件

(三)选聘测试

在企业员工选聘过程中,选聘测试是重要的一环。

选聘测试是指在选聘过程中,运用各种科学方法和经验方法对应聘者加以客观鉴定的各种方法的总称。

1. 选聘测试的意义

选聘测试,简称测试,可以看作企业在购进特殊的生产资源——人力资源时的质量检测过程,在员工选聘中有重要意义。

(1) 挑选合格的员工。应聘者的条件不一定符合选聘岗位的各种要求,为确保组织目标的实现,必须有能够胜任各项工作的人员。一个合格的员工可为企业带来很多益处,只有通过测试才能挑选到合格的员工。

(2) 使人员与工作岗位相适应。如果员工的条件过高、过低或者由于各种原因与工作岗位或组织不相适应,他们很可能会离开企业。高的流动率使企业几乎不可能有好的业绩,如产品的研究开发被延误、制造过程缺乏效率、市场营销渗透缓慢等。

(3) 体现公平竞争原则。测试可以让最合适的人选脱颖而出,落选者也能了解自己的不足之处,比较平和地接受落选的事实。

2. 选聘测试的种类

企业员工选聘测试的种类很多,目前我国企业比较常用的有以下几种:

(1) 履历分析。履历分析技术是根据"过去行为是预测未来行为的良好指标"的原理,对个体过去的背景、经历、成绩进行定性或定量分析,以预测其未来的表现。

(2) 心理测验。心理测验是通过观察人的少数有代表性的行为,对人的全部行为活动中的心理特点做出推论和数量化分析的一种科学手段。

(3) 知识考试。知识考试是指主要通过纸笔测验的形式,了解应聘者的知识广度、知识深度和知识结构的一种方法。

(4) 面试。用谈话的方式来引出应聘者与相关职位有关的信息,并据此预测应聘者在该职位上的表现的测评技术。

(5) 评价中心技术。把应聘者置于一个模拟的工作情境中,采用多种评价技术,观察和评价应聘者在该模拟工作情境下的心理和能力。其目的是测评应聘者是否适宜担任某项拟任的工作,预测应聘者的能力、潜力与工作绩效的前景,同时察觉应聘者的欠缺之处,以确定培养、使用的方法和内容。

(四)人事决策

人事决策是员工选聘中的最后一环,也是十分重要的一环。如果前几个步骤都正确无误,但是最终人事决策错了,企业依然选聘不到理想的员工。

人事决策的基本步骤如图 3-8 所示。

对照招聘决策 → 参考测试结果 → 确定初步人选 → 查阅档案资料 → 进行体格检查 → 确定最终人选

图 3-8 人事决策的基本步骤

四、员工选聘的途径

组织中的员工选聘可以有多种途径,其主要途径有两种:外部选聘和内部选聘。

(一)外部选聘

外部选聘就是根据组织制定的标准和程序,从组织外部选拔符合空缺职位要求的员工。选择员工具有动态性,特别是一些高级员工和专业岗位,组织常常需要将选择的范围扩展到全国甚至全球的劳动力市场。

案例链接

为人才买公司

在福特汽车公司,曾经发生过这样一桩事情:一台马达发生了故障,公司内的技术人员怎么也修不好,只好请一位名叫斯坦曼的人来修。斯坦曼绕着马达看了一会儿,指着电机的一个地方说:"这里的线圈多了16圈。"依照他的建议,工人去掉了多余的16圈线圈后,电机马上运转正常了。

这个场面正好被公司董事长福特看到了,他立刻邀请斯坦曼到自己的公司来工作,可斯坦曼说自己现在的公司对他很好,因而他不能辞职。福特马上说:"那么看来我只有把你那家公司买过来,这样你就可以来上班了。"

福特为得到一个人才,竟真的买下了这家公司!

外部选聘具有以下的优势:

(1)具备难得的"外部竞争优势"。所谓"外部竞争优势"是指被聘者没有太多顾虑,可以放手工作,有利于企业创新。

(2)有利于平息并缓和内部竞争者之间的紧张关系。从外部选聘可能会使内部竞争者得到某种心理上的平衡,有利于缓和他们之间的紧张关系。

(3)能够为组织输送新鲜血液。

(4)可以节省培训投资。外聘人员已经经过培训教育,人力资本存量较高,可以直接上岗工作。

外部选聘也有许多局限性,主要表现在:

(1)外聘人员对组织缺乏深入了解。外聘人员不了解新进入组织的实际情况,进入角色较慢。

(2)组织对外聘人员缺乏深入了解。组织对外聘人员了解可能不全面,容易招错人。

(3)对内部员工的积极性造成打击。内部员工得不到晋升机会,积极性可能受到影响,有可能造成新老员工之间的矛盾。

外部选聘的方式很多,比如刊登广告、举行招聘会、求助于猎头企业、借助互联网、进行校园招聘等,可以根据企业的实际情况做出实际的选择。

案例链接

一则招聘广告

一家外资企业招聘采购经理的启事:大专以上学历,三年相关工作经验,较好的英语和计算机能力,有高度的工作责任感和沟通协调能力。主要工作职责是:联系供货公司,及时准确地在规定时间内将企业各部门所需货物发送至指定地点,确保货物的质量和价格符合企业的要求。

(二)内部选聘

内部选聘是指组织根据制定的标准和程序,从组织内部选拔符合空缺职位要求的员工。

企业内部选聘是空缺岗位选人的重要来源,内部选聘有许多优点:

(1)工作的稳定性更高。企业对内部人员了解得比较全面、深刻,选聘的准确性高,有利于工作的开展。

(2)能够鼓舞士气,激励员工进取。内部选聘使员工看到了在本企业长期工作、好好工作,个人就有发展。

(3)更快适应工作。内部员工了解自己的企业,能够更好地理解职位要求。

(4)降低选聘成本。从内部选聘能使企业的培训教育投资得到回报,也可节省诸如广告费、会务费、猎头企业代理费等若干项开支。

内部选聘也有一些缺点:

(1)被招聘者可能水平有限,造成"青黄不接";

(2)可能造成"近亲繁殖";

(3)可能操作不公,造成内部矛盾;

(4)使未被提拔员工的积极性受到打击。

内部选聘有许多方式:公开招聘、内部提拔、横向调动、岗位轮换、重新聘用或招回以前的雇员等。在企业局域网、墙报、布告栏、内部报刊上发布招聘信息,公布空缺职位的性质、职责及所要求的条件等情况,邀请企业所有符合条件的员工申请;管理层指定,即管理层根据考核结果指定候选人,有时甚至直接任命。

第四节 组织考评

情景模拟

为什么三兄弟的薪水不同

在一家著名的毛皮公司的职员中有三人是亲兄弟。一天,他们的父亲要求见总经理,并提问:为什么三兄弟的薪水不同?大儿子的月薪是4 500元,小儿子的月薪是3 000元,而二儿子的月薪则是1 500元。总经理听完后说:"现在我叫他们三人做相同的事情,你只要看他们的表现,就可以得出答案了。"

总经理先把老二叫来,吩咐说:"现在请你去调查停泊在海边的H船,船上毛皮的数量、价格和质量都要详细地记录下来,并尽快给我答复。"老二将工作内容抄下来后就离开了。5分钟后,他便回到总经理办公室做了汇报,原来他是用电话向H船了解情况的。

总经理又把老三叫来,吩咐他做同样的事情。1小时后,老三满头大汗地回到总经理办公室,一边擦汗一边汇报。他说他去了H船,同时,把亲眼看到的船上的货物数量、质量等情况做了详细的汇报。

最后,总经理才把老大找来,吩咐他再去H船,调查船上货物的情况。3个小时后,老大才回到总经理的办公室。他首先重复报告了老三的报告内容,然后说他已经将船上最有价值的商品品牌都记录下来了,为了方便总经理与货主签订合同,他已经请货主明天上午11点钟前来公司一趟。返回的途中,他还向其他两家毛皮公司询问了货物的质量、价格等情况,并且已经请与这笔买卖有关的本公司负责人明天上午11点到公司来。

暗察了三兄弟的工作表现后,父亲高兴地说:"再也没有什么能比他们的行动给我的答复更有说服力。"

学生思考：
1. 为什么三兄弟的薪水不同?
2. 为什么父亲说"再也没有什么能比他们的行动给我的答复更有说服力"?
3. 看完这则案例,你有什么感悟?

一、组织考评的含义与作用

(一)组织考评的含义

组织考评是指按照一定的标准,采用科学的方法,衡量与评定人员完成岗位职责任务的能力与效果的管理方法。

对员工进行考核,从管理者的角度看,主要有两大基本目的：
(1)发掘与有效利用员工的能力。
(2)通过考核,对员工给予公正的评价与待遇,包括奖惩与升迁等。

(二)组织考评的作用

(1)考核有利于评价、监督和促进员工的工作,有明显的激励作用。
(2)为确定员工的劳动报酬与其他待遇提供科学依据。
(3)为个人认识自我,促进个人的全面发展创造条件。
(4)有利于管理者了解下属,进行合理的岗位调整及职务晋升。

案例链接

三只老鼠

三只老鼠一同去偷油喝。它们找到了一个油瓶,三只老鼠商量,一只踩着一只的肩膀,轮流上去喝。于是,三只老鼠开始叠罗汉,当最后一只老鼠刚刚爬上另两只的肩膀时,不知什么原因,油瓶倒了,惊动了人,三只老鼠逃跑了。

回到老鼠窝,大家开会讨论为什么会失败。最上面的老鼠说:"我没有喝到油,而且推倒了油瓶,是因为下面第二只老鼠抖动了一下。"第二只老鼠说:"是因为第三只老鼠抖了一下,我才抖动的。"第三只老鼠说:"我因为听见门外有猫叫,怕了才抽搐的呀。""哦,原来如此呀!"三只老鼠恍然大悟,原来它们都没有责任。

老鼠的心态在很多组织里都有,这就要求组织要建立有效的考评体系,对员工进行科学、有效的评估。

二、组织考评的基本程序

(一)制订考评计划

人员考评首先必须制订周密的考评计划。要根据组织的基本要求和具体的考评目的,结合当时的实际情况,确定本次考评的目标、对象、程序、方法、实施时间与日程、考评主体等,并明确相应的考评要求与事项。

(二)制定考评标准,设计考评方法,培训考评人员

1. 制定考评标准

考评的标准主要有两种:
(1)职务标准,即组织所期望或要求的工作内容与水平;
(2)职能条件,即组织期望与要求个人应具备的能力内容和水平。

2. 设计考评方法

应根据考评对象的工作性质与特点、考评标准的要求以及组织的实际情况,灵活地选择与设计考评的方法。

3. 培训考评人员

在考评前应对考评人员进行培训,使他们掌握考评的目的与要求、程序与方法,包括进行必要的客观公正的教育。

(三)衡量工作,收集信息

这是考评的具体实施阶段,是考评过程的主体。具体要求是:
(1)要深入实际、深入群众,这是获取真实而准确信息的基础。
(2)要做好思想发动与相关人员的思想工作,获得知情人的积极配合。
(3)要采用事先设计的科学的考评方法,客观公正地进行衡量。
(4)收集的信息要真实准确,并尽可能实行量化。

(四)分析考评信息,做出综合评价

(1)对收集到的信息要进行筛选、审核与提炼,特别是要去伪存真,确保信息的准确性。
(2)要对信息进行科学分类,系统整理。
(3)对信息进行全面综合、系统分析、科学抽象,正确地做出考评结论。

(五)考评结果的运用

考评结果要上报给上层管理者,并同本人见面,可以作为了解员工、激励工作、开发能力、发放奖酬、调整使用、晋职晋级等的依据。

三、组织考评的内容与要求

(一)组织考评的内容

组织对员工进行考评,主要涉及德、能、勤、绩和个性五个方面。

1. 德

考评员工的思想觉悟与职业道德。特别是职业道德,它直接关系到员工的工作质量、为社会所做的贡献、对社会精神文明的影响等。

2. 能

考评员工从事业务技术工作所要求具备的专业理论水平与实际能力。能力是做好工

作的基本条件。在智力资本对组织贡献率越来越大的今天,对员工知识与能力的考评越来越重要。技能本身已成为员工价值与组织支付薪酬的重要依据,同时,技能考评也是员工使用的重要依据。

3. 勤

考评员工主观上的工作积极性和工作态度,包括在工作中表现出来的热情与干劲。员工的工作态度对工作的成果与贡献也具有十分重要的意义,因此,它构成了考评的重要内容。

4. 绩

考评员工在工作过程中的实际成绩与效果。这是最重要的考评内容,是确定对其评价、奖酬、使用的最基本的依据。

5. 个性

主要了解员工的性格、偏好、思维特点等。对员工个性的了解,有利于管理者更好地掌握下属的特点,有针对性地、更富有成效地搞好管理。

案例链接

威尔逊为何被解雇?

唐·威尔逊毕业于美国南方的一所大学,之后他被一家保险公司雇用了。

这家保险公司要求所有的实习推销员都参加一个为期两周的销售培训班,以使他们熟悉公司的业务、销售技术和市场策略,每个实习推销员在结束学习后将跟随一个老推销员干上一年。

培训部主任萨莉和唐的老师感到唐对于他的新工作学习得很好,在 6 个月内就可以代表公司开展推销工作。萨莉建议将阿肯色州中部的一个地区交给唐,因为公司最近有个老推销员退休了。那个地区在过去的 5 年里是中部地区销售收入的主要来源。

唐接受了这项任务,但过了 6 个月,唐既没有完成新订单的销售指标,也未能完成成本指标。为了找出问题的所在,唐的顶头上司简和唐谈了好几次。

接着,简让她的一个助手兰迪经常去看望唐以观察其推销技术。在 3 周内兰迪到唐那儿去了几十次。兰迪在向简的汇报中认为唐所受的训练很糟:当顾客询问有关该公司保险政策方面的技术问题时,唐变得很急躁,而且他办公室的同事们也没能接受他。兰迪认为,唐的同事之所以不接受唐是因为他是个单身汉,并且喜欢打网球。但他的同事都是成了家的,而且都在相同的乡村俱乐部和高尔夫球俱乐部,保险单往往是在打高尔夫球或在俱乐部中喝酒时签订的。

在接下来的几个月中,唐的表现仍无起色。简决定把这情况告诉萨莉。萨莉认为,她应该和唐谈谈。当萨莉打电话告诉唐这些事时,唐很难过。萨莉给唐打电话后几个月,唐得了流感而且看上去还得病上一阵子。他休息了 3 天后,简打电话问他能否回来上班,因为生意正在好起来,唐回答说医生让他休息整整一周。

周一他上班时在办公桌上发现了一张"解雇通知书",周五将是他上班的最后一天。

(二)组织考评的要求

(1)最基本的要求是必须坚持客观公正的原则。在整个考评过程中,最重要的就是必须坚持客观公正的原则。

(2)要建立由正确的考评标准、科学的考评方法和公正的考评主体所组成的考评体系。这是实现有效考评的前提、基础与必要条件。

(3)要实行多层次、多渠道、全方位、制度化的考评。

(4)要注意考评结果的正确运用。考评的结果必须与本人见面，恰当地给予表扬与批评，以激励或鞭策被考评者。同时，考评结果必须同工资奖金、工作安排、职务晋升等紧密挂钩。

四、组织考评的方法

(一)日常考评法

日常考评法为通过日常工作的定期检查结果，最终进行综合汇总的一种考评方法。这种方法通常是通过对员工所负责的工作进行日常定期考评，最终将考评结果进行综合，从而形成对员工的考评结果。这种考评结果一般可信度较高，因为最终的结果是在平时考评的基础上形成的。这种方法通常用于中层管理人员的考评。

(二)情景模拟法

情景模拟法为设计特定情景，考察被考评者现场随机处置能力的一种方法。这种方法通常用于对管理者的考评中。先由考评者设计一段描述管理矛盾与冲突的管理案例或管理情景，由被考评者现场进行分析与处理，由考评者观察并进行评价。此法重点考察被考评者分析与处理问题的实际能力。

(三)民主测评法

民主测评法为由组织的成员集体打分评估的考评方法。一般采用问卷法进行，即由考评者事先设计问卷，按考评的项目设计问题，再由相关知情者以书面或口头的方式回答，最后由考评者进行统计整理的一种方法。对领导者的考评，通常按德、能、勤、绩四个方面设计项目，并按优秀、良好、称职、不称职分等做出评价。这种方法主要用于对领导干部的考评。

(四)因素评分法

因素评分法为通过对有关项目分别考评，再进行综合评价的一种考评方法。其思路为：将考评的有关项目分成具体的评定要素，分类排列，并规定每一个项目的分数；然后，根据实际情况，对照标准，分别给各项目打分；最后，将各项目的分数累加起来，以积分的形式综合表示出对被考评者的评价。这是一种广泛应用的方法，主要适用于对一些本身没有可度量的最终产品，不好直接计量的工作的考评。

(五)目标管理法

目标管理法在现代绩效评估中更多地被采用。目标管理法把评估的重点放在员工的贡献上，通过管理者与员工共同建立目标的方式，实现了双方工作态度的彻底转变。共同建立目标的方式使管理者由评价人转化为工作顾问，而员工也由消极的旁观者变为过程的积极参与者，双方将始终保持密切的合作和联系。这样，在绩效评估的每一个阶段，双方都会努力解决存在的问题,并为下一个评价期建立更为积极的目标。

五、组织考评中的错误倾向

(一)宽厚性错误

相对于员工所表现出来的实际绩效,给予不应该的超高标准的评分或给予不应该的超低标准的评分。前者被称为积极的宽厚错误;后者则为消极的宽厚错误。这些错误带来的问题是:员工误认为考评与实际工作绩效无关,而与其他因素有关。

(二)晕轮性错误

晕轮性错误亦称晕轮效应、晕圈错误、光环效应。即在考评中,因某一人格上的特征掩蔽了其他人格上的特征。例如,某考评者特别注重"交往能力"这一评价要素,因而他对"交往能力"很强的被考评者,在其他评定要素的判断上,也容易给出很高的评分。

这种效应在评定工作中的主要表现是:考评者往往带着某种成见来评定,或者凭着最初、最近的印象来评定员工。晕轮性错误会导致员工认为自己的业绩良好,不存在需要改进的地方。

(三)角错误

角错误的作用方向与晕轮性错误恰恰相反:被考评者绩效中的某一不利方面导致评价者将其绩效中的所有其他方面均评价过低。角错误会导致员工产生挫折感和抵触情绪。

(四)偏见性错误

偏见性错误既包括近因性错误也包括首因性错误。近因性错误是指考评者往往根据近期获得的被考评员工的信息或较易于记住的事件来做出总评定。首因性错误是指考评者往往根据自己最初获得的被考评员工的信息为依据来评价该员工的工作表现。偏见性错误会导致"以偏概全""以近代远"的考评偏差。

(五)暗箱作业

组织考评工作应着眼于员工能力的提高及潜能的发挥,在执行过程中应该是透明公开的。但个别企业由于长期受封闭式管理制度的影响,不愿意和员工面对面地就考评的结果进行客观的探讨,因而员工不知道企业对他的评语是什么,更不晓得应如何改进工作。

(六)对人不对事

企业对员工的考评应该是对事不对人,但很多主管人员却是对人不对事,往往以对人的好恶作为考评该员工工作业绩的依据。这样,那些工作努力、成绩较好,但不会营造人际关系的员工就很难得到公平的待遇。

六、改进组织考评的措施

为使组织考评工作达到预期目的,应抓好以下几个方面的工作:

(一)了解容易出现的问题

让考评者对在考评中容易出现的问题有清楚的了解,尽量避免这些问题的出现。

(二)选择正确的考评方法

每一种考评方法都有其优点和不足,应根据实际情况,选择合适的考评方法。

(三)减少错误倾向

对考评人员进行如何避免宽厚性错误、晕轮性错误、角错误、偏见性错误、暗箱作业、对人不对事等问题的培训,会有助于减少上述问题的出现。

(四)减少一些外部因素的限制

例如,考评结果在多大程度上与工资联系在一起;工作压力的大小、员工流动率的高低、时间约束的强弱、对绩效考评的公正性要求高低等,对考评结果会产生较大影响,要提高考评效果的准确性就需要减少这样一些外部因素对绩效工作所带来的影响。

第五节 组织变革

● 情景模拟

习惯决定命运

在印度和泰国经常可以看到驯养的大象。据说,巨人般的大象只需要用一截细细的链子拴在细小的柱子上就可以了,但幼象却要用粗大的铁链拴着。为什么会这样呢?

原来,人们在大象幼年的时候,就用一条粗铁链将它绑在粗大的柱子上,焦躁的幼象奋力挣扎,却怎么都无法挣脱。日复一日,幼象渐渐地习惯了被绑缚的命运,等到大象成年后,已经放弃了挣扎,变得温顺。

习惯竟然有如此强大的力量,用一根细细的链子就能拴住大象的一生。

学生思考:
1. 大象和幼象对待捆住它们的铁链有何不同的反应?
2. 为什么说"用一根细细的链子就能拴住大象的一生"?
3. 看完这则案例,你有什么感悟?

一、组织变革的含义

组织作为整个社会系统的构成单位,其活动与社会环境的变化息息相关。任何一个组织要想在社会中生存与发展,就必须随时关注社会环境的变化,并结合自身情况做出相应的调整。

组织变革就是组织为适应未来发展的要求,以提高和改善组织效能为目的,根据内外部环境的变化,及时对组织中的要素进行结构性调整的一系列改革活动。

组织变革是组织进行自我完善和自我更新的一种活动过程,组织变革的根本目的是提高组织的效能。特别是在竞争激烈的环境条件下,要想使组织顺利地成长和发展,就必须自觉地研究组织变革的内容、阻力及其规律,制定有效管理变革的措施和方法。

微课:
青蛙效应

二、组织变革的原因

推动组织变革的因素可分为外部环境因素和内部环境因素两类,具体见表 3-3。

(一)外部环境因素

任何一个组织都不是一个独立的个体,必须与社会方方面面发生联系,因此,外部环境的发展与变化必然会对组织的结构、技术、人员等方面产生重大影响。外部环境因素主要包括社会政治、经济环境的变化,科学技术的飞速发展,消费需求的变化等。

(二)内部环境因素

随着组织的发展和环境的变化,组织的活动内容日益复杂、组织成员逐渐增多,相应的组织结构必须随之做出调整和变化。组织内部环境因素包括组织战略和管理理念调整的要求、组织规模和组织结构发展的变化等。

表 3-3　　　　　　推动组织变革的环境因素

外部环境因素	消费需求	需求多样化
		不断增长的新需求
	科技进步	计算机网络的广泛应用
		高科技成果不断涌现
	政治环境	宏观管理体制改革
		相关法律政策出台及变动
	经济环境	全球经济一体化
		金融体系变动
内部环境因素	组织战略	战略转移
		战略调整
	组织规模	规模扩大或收缩
		不同成长阶段
	组织结构	结构老化、劳动力结构变化
		沟通渠道阻塞
	管理理念	组织职能难以正常发挥
		新的管理思想与方法出现

三、组织变革的阻力

组织变革的阻力是指人们反对、阻挠,甚至对抗变革的制约力。产生这种阻力的原因可能是传统价值观念和组织惯性的影响,也可能是对变革不确定性后果的担忧。

一般而言，组织变革的阻力主要来源于个体与群体的阻力、组织的阻力、外部环境的阻力，见表3-4。

表3-4　　　　　　　　　　　　组织变革的阻力

个体和群体的阻力	组织的阻力	外部环境的阻力
固有的工作和行为习惯	现行组织结构的束缚	政治环境
对变革的认识偏差	组织运行惯性	经济环境
对未知状态的恐惧感	组织领导者地位及权威受到挑战和威胁	文化环境
对经济收入及就业安全的担心	组织文化的制约	社会舆论影响
群体规范的束缚	资源的限制	
对原有人际关系可能改变的担心		
群体既得利益可能受到损害		
群体领导人对变革的抵制		

组织变革是一个破旧立新的过程，遇到各种各样的阻力是必然的，变革的最大阻力往往来自组织成员固有的传统观念、怀旧心理以及对现状的满足和对变革的恐惧，克服组织及成员的惰性、增强他们对外界的感知能力和适应能力是组织变革的重要任务。

四、对组织变革的两种不同认识

对变革有两种典型的认识，一种认识是将变革视为偶然发生的例外，这称为变革的"风平浪静"观；另一种认识则是将变革视为一种自然的状态，这称为变革的"激流险滩"观。

第一种认识假定组织所在的环境是相对稳定的，变革只是对组织平衡状态的一种打破。现状被打破以后，经过变革而建立起一种新的平衡状态。

第二种认识更适合于当今的这种以变化为主要特征的时代。它认为组织所处的是一种不确定的动态的环境，变革绝非偶然的干扰事件，而是一种不可逃避的生存方式。要在这种环境中生存下来并取得成功，组织就必须具有足够的适应性和敏捷性，必须能够对所面临的变化迅速做出反应。

五、减少组织变革阻力的方法

通常有如下一些减少组织变革阻力的方法：
(1)确保达成共同的变革愿景。
(2)沟通变革的目的和重要性。
(3)认识到变革的情绪影响。
(4)理解变革的各方面影响。
(5)沟通即将变革和不会变革的部分。

(6)树立理想的行为模式。
(7)提供有效的反馈、合理的报酬以及适当的结果。
(8)对阻力做出一致的反应。
(9)灵活、耐心和支持。

分析与研讨

1. 简述组织职能的含义与内容。
2. 简答组织职能的原则与程序。
3. 简述组织结构的基本形式及每种形式的优点和缺点。
4. 试述如何进行组织的横向结构设计。
5. 试述如何进行组织的纵向结构设计。
6. 简答员工选聘的基本程序。
7. 试述员工选聘的途径。
8. 简述组织考评的含义与作用。
9. 试述组织考评的内容与要求。
10. 简答组织考评的方法。
11. 试述减少组织变革阻力的方法。

案例训练

【实训内容与方法】

1. 阅读下面案例,并分析下列问题:

(1)分析该学生会的机构设置是否合理?存在什么问题?应该如何改进?

(2)在设计各部门岗位职责时,怎样设计才能调动各组织成员的积极性,并充分发挥各组织成员的才能?

(3)为了适应学生会成员不能长期稳定的特点,在组织结构设置和人员配备上应采取什么措施,才能保证组织的可持续稳定发展?

2. 由个人先写出发言提纲,再以模拟公司或班级为单位进行讨论。

学生会组织结构评价

据某大学学生会章程介绍,该学生会是全体大学生的群众性组织,在校党委的领导下和校团委的直接指导下独立自主地开展工作。学生会的宗旨是团结全校学生坚决贯彻党的基本路线和教育方针,坚持以广大同学成才为中心,为促进学校改革发展和拓展广大同学素质服务,促进广大同学在德、智、体、美、劳等方面的发展,成为社会主义现代化建设的合格人才。因此,学生会的基本任务是:

(1)充分发挥"桥梁"和"纽带"作用,疏通学生与学校之间的正常沟通渠道,倾听和反映学生的建议、意见和要求,参与涉及学生事务的民主管理,维护同学们的正当利益。

(2)倡导和组织同学们进行自我教育、自我管理、自我服务,积极开展有益于同学们成才的学习、科研、文体、公益等活动,全心全意为同学们服务。

(3)加强与校内各有关单位的联系,争取得到最广泛的理解和支持;密切与各兄弟院校学生会的联系,交流经验,加强合作。

(4)积极负责地完成上级组织布置的各项任务。

学生会的基本结构是:由主席1人、副主席5人、主席助理1人组成主席团。主席团下设办公室、秘书处、宣传部、外联部、生活部、女生部、文艺部、体育部、督导部、编辑部10个部门。主席团和各部门的职责如下:

主席团:校学生会的核心机构。主席团负责对各个部门进行整体规划和部署,就各项活动的总体安排进行协调,审批各部门的活动计划、经费预算,监督指导各项活动的开展,讨论各部门的人事任免。主席总体指导所有部门并兼管办公室、秘书处,副主席具体分管不同部门,进行日常监督和指导,主席助理协助主席处理日常事务。校学生会实行主席团责任制,由各部部长向主席团负责,主席团和学生会定期举行例会,讨论总结活动安排和开展情况,以做出不同阶段的具体部署。

办公室:协助学生会各部门工作,做好文档、财务、信函、内部管理等工作,负责文件起草、打印、登记、分发、通讯报道、刊物投稿、财务管理、日常事务处理等。

秘书处:服务于学生会办公室及其他各部门,协助主席和各部筹备规模较大的会议,做好会议记录、平常考勤情况登记、物品领用情况登记,负责起草、打印学生会工作文件、通知等。

宣传部:积极配合校党委、团委等有关部门工作,在学生中开展思想政治教育活动,做好各种校报、墙报、橱窗设计。负责各项重大活动的前期策划、舞台背景制作、图案设计和全程宣传工作,负责重大节日、纪念活动的相关宣传工作,组织各类讲座及举办特色竞赛活动。

外联部:加强对外交流,开展各种服务性创收活动;协助团委组织大学生假期社会实践活动;组织青年志愿者参与社会公益活动及社区援助等活动,协助并完成团委及学生会的各项工作。

生活部:及时了解并反映广大同学对后勤工作的意见及建议,配合学校有关部门搞好后勤生活的管理工作,做好学生会的后勤服务,开展各项服务活动,为全校学生提供便利的生活。

女生部:服务于广大女生,关心女大学生的身体与心理健康,积极引导,不断创新,丰富女生的课余生活。致力于女生外在形象的塑造及内在素质的提高,承担校内外活动的礼仪服务,树立青春向上的良好形象。

文艺部:组织各种健康的群众性娱乐活动,举办各种艺术讲座、演出,帮助同学活跃身心、陶冶情操,组织大型节目和文艺会演、卡拉OK大赛等活动,丰富校园文化生活。

体育部:组织群众性体育活动,举办各种业余体育比赛,帮助并指导组建体育社团,为广大体育爱好者提供展现自我的舞台。

督导部:主要负责学生会相关部门活动秩序的维持、大型文体活动的现场协调、校内海报的宣传管理等工作,并积极配合学校有关部门,加强校园管理,维护正常的教学、科研、生活秩序。

编辑部:编辑部全面负责学生会会刊的编辑工作,以敏锐的视角捕捉校园动态,及时宣传学生会工作,在学校各部门和同学之间架起一座沟通的桥梁。编辑部下设 4 个组,分别是:版面组、新闻组、广告组、发行组,负责编辑部的相应事务。

各部室设部长 1 名,副部长 1~3 名,干事若干名。由于学生的流动性大,各部室每年都要进行纳新或改选。各部门人员通常是新老结合,大三、大四的学生一部分,大一、大二的学生一部分,以大二和大三的学生为主。

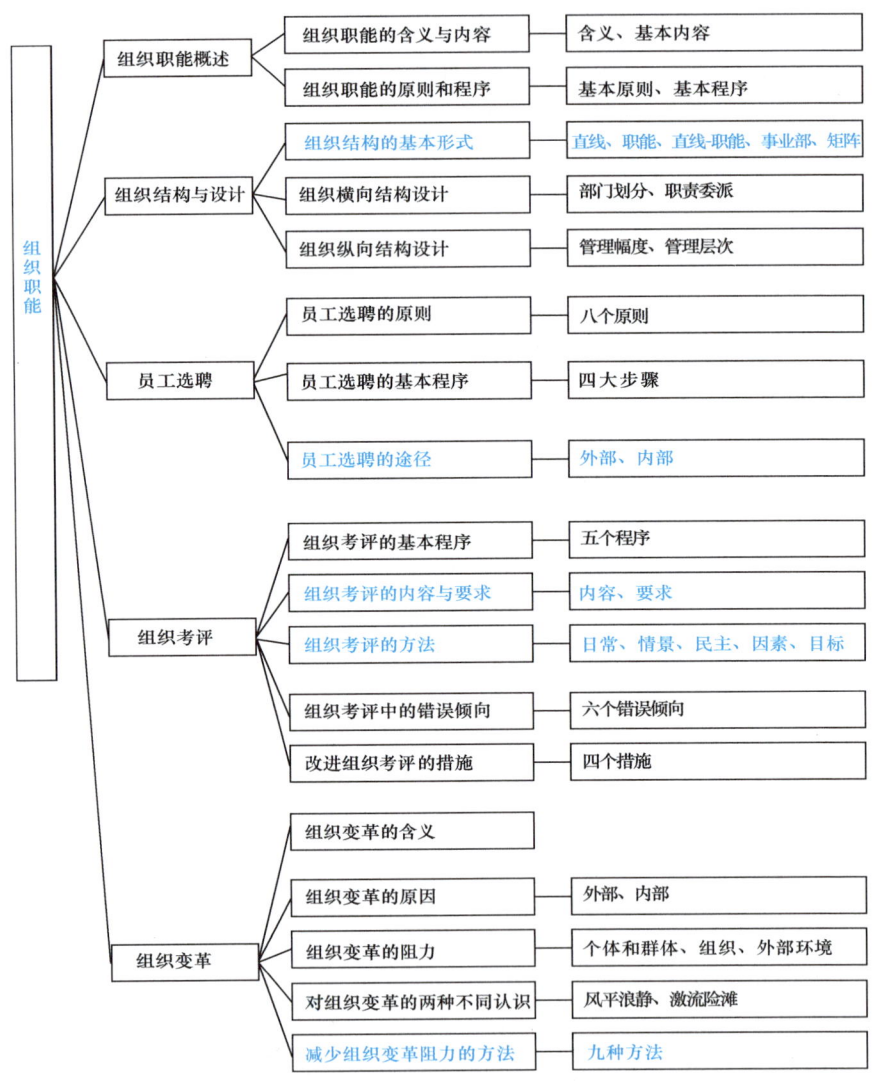

重点内容网络图

```
组织职能
├── 组织职能概述
│   ├── 组织职能的含义与内容 —— 含义、基本内容
│   └── 组织职能的原则和程序 —— 基本原则、基本程序
├── 组织结构与设计
│   ├── 组织结构的基本形式 —— 直线、职能、直线-职能、事业部、矩阵
│   ├── 组织横向结构设计 —— 部门划分、职责委派
│   └── 组织纵向结构设计 —— 管理幅度、管理层次
├── 员工选聘
│   ├── 员工选聘的原则 —— 八个原则
│   ├── 员工选聘的基本程序 —— 四大步骤
│   └── 员工选聘的途径 —— 外部、内部
├── 组织考评
│   ├── 组织考评的基本程序 —— 五个程序
│   ├── 组织考评的内容与要求 —— 内容、要求
│   ├── 组织考评的方法 —— 日常、情景、民主、因素、目标
│   ├── 组织考评中的错误倾向 —— 六个错误倾向
│   └── 改进组织考评的措施 —— 四个措施
└── 组织变革
    ├── 组织变革的含义
    ├── 组织变革的原因 —— 外部、内部
    ├── 组织变革的阻力 —— 个体和群体、组织、外部环境
    ├── 对组织变革的两种不同认识 —— 风平浪静、激流险滩
    └── 减少组织变革阻力的方法 —— 九种方法
```

注:蓝色字表示更为重要的内容;本图中未包括的内容可略讲或由学生自学。

推荐书目

1.《没有任何借口——企业、政府机关员工精神读本》——作者：费尔拉·凯普

"没有任何借口"是美国西点军校奉行的最重要的行为准则，是西点军校传授给每一位新生的第一个理念。它强调的是每一位学员要想尽办法去完成任何一项任务，而不是为没有完成任务去寻找借口，哪怕是看似合理的借口。其核心是敬业、责任、服从、诚实。这一理念也是提升企业凝聚力、建设企业文化的最重要的准则。秉承这一理念，众多著名企业建立了自己杰出的团队。本书正是对上述理念的完美诠释。

2.《细节决定成败》——作者：汪中求

老子曾说："天下难事，必作于易；天下大事，必作于细"，它精辟地指出了想成就一番事业，必须从简单的事情做起，从细微之处入手。一心渴望伟大、追求伟大，伟大却了无踪影；甘于平淡，认真做好每个细节，伟大却不期而至。这也就是细节的魅力。一个人的价值不是以数量而是以他的深度来衡量的，成功者的共同特点，就是能做小事情，能够抓住生活中的一些细节。

本书意在提示企业界同仁：精细化管理时代已经到来，成大业若烹小鲜，做大事必重细节。

第四章

领导职能(上)

情景导入

领导职责

张主任是管理学生工作的副主任,有很强的责任感,工作勤奋,扎扎实实,事必躬亲,特别是脏活累活抢着干。可是,部门的许多工作却仍处于放任状态,工作秩序混乱。张主任忙得很,可是部门中的其他人却无所事事,工作忙乱无序,绩效低下。张主任发现这些问题后,几次强调要严格工作纪律,并批评几个表现不好的员工。但是,工作并没有大的改进,他甚至感到自己的权威也受到挑战,这使他陷入苦恼之中。在参加中层干部领导科学的讲座后,他才认识到,作为一名中基层管理者,最经常性、最重要的管理职能就是领导职能。他懂得了什么是权威,什么是指挥,什么是激励,什么是沟通,管理者不能当"光杆司令""劳动模范",而必须带领大家干,明白了"管理是通过别人把工作干好"的道理。他认真总结了自己多年的管理工作实际经验,归纳出中基层管理者必须履行的领导职责:

1. 明确工作目标与任务,部署工作,配置资源。
2. 以命令、指示、辅导、指导等方式指挥下级完成工作任务。
3. 以各种方式实施有效激励,不断调动员工积极性。
4. 及时处理各种管理矛盾与冲突,与上级、平级和下级进行有效沟通,协调关系与工作。
5. 搜集并有效传递工作中的各类信息,积极影响部门内外的各种相关人员。
6. 注重文化建设,营造积极、向上、和谐的群体氛围,指导团队建设。

学习目标

1. 掌握领导的含义、手段、实质及作用。
2. 掌握领导与管理的区别与联系。
3. 掌握管理方格理论、菲德勒的权变理论和路径-目标理论。
4. 掌握领导权力的构成,明确领导权力的两重性。
5. 了解领导权力制约的特点,掌握领导权力制约机制的建设途径。

6. 掌握授权的含义及意义,了解授权的类型和原则。

7. 了解不同的领导类型。

思政目标

1. 通过学习领导理论的相关知识,学生了解领导者与管理者的区别,意识到:要想成为更加优秀的自己,必须努力学习,不断提升自我,敢于求新,勇于担当,学会尊重他人。

2. 通过灌输和渗透相结合的教育方式,学生知道领导的权力构成除了职务所赋予的职权外,领导者还需要具有影响他人的能力,从而在潜移默化中主动学习领导者身上的优秀特质,如公正无私、胆略过人、勇于创新、知人善任、富有同情心、具有感召力,等等。

第一节 领导概述

情景模拟

跟我来

人们在军队里学到的第一件事就是一线领导士兵的座右铭是"跟我来",而不是"喂,兄弟们,你们去占领山头,我在后面指挥"。这项原则同样适用于商业。如果领导人不是在实践诺言,员工们不久就会知道;如果老板自己大肆挥霍,那其实就是暗示其他人无须担心开支,"照我说的而不是做的去做"是不会得到员工响应的。

学生思考:

1. 通过以上情景,你认为怎样做才算一个好领导呢?

2. 你认为领导的影响力体现在哪些方面呢?

管理是一个复杂的活动过程,在这个过程中,我们不仅需要制订计划,建立组织结构和配备人员,而且还需要对组织成员进行有效指挥、引导和鼓励,把组织成员的行为统一在组织的目标中,只有这样才能更好地实现组织的目标,这种活动就是管理的领导职能。

一、领导的含义

领导是指领导者依靠影响力,指挥、带领、引导和鼓励被领导者或追随者,实现组织目标的活动和艺术。其基本含义包括以下几个方面:

(1)领导包含领导活动的主体和客体两个方面。领导活动的主体是指组织中担任决策、指挥、协调和监督等职责的人员,包括领导个体和领导群体。领导主体是领导活动得以开展并取得成功的核心力量。领导客体主要包括领导者的部属和领导的部分对象。领导主体是领导活动的发动者与组织者,领导客体则是领导活动的执行者与作用对象。领导目标的顺利实现,有赖于领导主体和领导客体间的密切合作与良性互动。

(2)领导是一种活动,是引导人们的行为过程,是领导者带领、引导和鼓舞部属去完成工作、实现目标的过程。

(3)领导的基础是领导者的影响力。领导者必须有追随者,领导者必须有影响其追随者的力量。

(4)领导的目的是通过影响群体的行为来达到组织的目标。

二、领导的实质

领导实质上是一种对他人的影响力,即管理者对下属及组织行为的影响力。这种影响力能改变或推动下属及组织的心理与行为,为实现组织目标服务。

领导工作有效性的核心内容就是领导者影响力的大小及其有效程度。管理者要实施有效的领导,最关键的就是要增强对下属及组织影响力的强度与有效性。

三、领导与管理

在现实生活中,人们容易把"领导"和"管理"作为同义语来使用,似乎领导者就是管理者,领导过程就是管理过程。其实"领导"与"管理"是两个不同的概念。

(一)领导与管理的联系与区别

1.联系

从行为方式看,领导和管理都是在组织内部通过影响他人的协调活动,实现组织目标的过程;从权力的构成看,两者都与组织层级的岗位设置有关。

2.区别

领导与管理的区别体现在以下四个方面:

(1)范围:从一般意义上说,管理的范围要小一些,而领导的范围相对要大一些。管理是建立在立法的职位权力基础上对下属的行为进行指挥的过程,下属必须服从管理者的命令,但下属在工作过程中可能尽自己最大的努力,也可能出工不出力。而领导则更多的是建立在个人影响力和专业特长以及模范作用的基础上影响追随者的行为,通过对下属施加影响,使下属自觉地为实现组织目标而努力工作。

(2)作用:管理是为组织活动选择方法、建立秩序、维持运转等。领导在组织中的作用表现在为组织活动指出方向、设置目标、创造态势、开拓局面等方面。

(3)层次：领导具有战略性、较强的综合性，贯穿在管理的各个阶段。从整个管理过程来看，如果我们把管理过程划分为计划、执行和控制三个主要的阶段，领导活动处在不同阶段之中，集中起来就表现为独立的职能，即为了实现组织目标，使计划得以实施，使建立起来的组织能够有效运转，组织和配备人员对各个过程结果进行监督检查。

(4)功能：管理的主要功能是解决组织运行的效率，而领导的主要功能是解决组织活动的效果。效率涉及活动的方式，而效果涉及的是活动的结果。

(二)领导者与管理者的联系与区别

1. 联系

就组织中的个人而言，可能既是领导者，又是管理者；也可能只是领导者，而不是管理者；也可能是管理者，而不是真正的领导者。一位优秀的管理者不一定是一位优秀的领导者。管理者应当成为领导者，虽然管理者通过周密的计划、严密的组织及严格的控制也能取得一定的成效，但管理者如果加上有效的领导成分，则收效会更大。

2. 区别

管理者与领导者的区别主要表现在以下几个方面：

(1)管理者是被组织任命的，并且拥有合法的权力，对其下属的影响主要来自于职位赋予他们的正式权力；而领导者可以是任命的，也可以是在群体中自发地产生出来的，领导者既可以用正式权力，也可以用非正式权力(个人权力)来影响他人的活动。

(2)管理者的作用在于通过管理在组织中建立良好的秩序，使无序管理变为有序管理；而领导者的作用在于引导组织不断地进行创新和变革，使组织能够长期存在和发展。

(3)管理者的工作偏重于决策、组织和控制等方面；而领导者的工作偏重于人的管理，关注人的因素及人与人之间的相互作用。

(4)管理者的关注点多在任务的执行、维护、控制和结果上，对工作任务的判断多是"怎么做，何时做""这么做是否正确"，多是着眼于当下和现在；而领导者的关注点多集中在工作的部署、开发、创新上，对工作的判断多是"做什么，为什么做""这个想法和打算是否正确"，多出于长期视角的考虑，具体见表4-1。

表 4-1　　领导者与管理者不同的关注点

领导者	管理者
部署	执行
开发	维护
价值观、期望和鼓舞	控制和结果
长期视角	短期视角
询问"做什么"和"为什么做"	询问"怎么做"和"何时做"
挑战现状	接受现状
做正确的事	正确地做事

四、领导的作用

我们可以用一个非常形象的比喻来说明领导对于一个组织的作用。领导与组织的关系就犹如电磁铁与电场的关系,组织中的成员和群体就相当于电磁铁中众多的小磁极。没有领导的组织就像电磁铁位于电场外的状态,大大小小、杂乱无章的小磁极的磁性相互抵消,因而电磁铁整体上并不表现出磁性;而电磁铁一旦位于电场之中,无数的小磁极就会指向同一个方向,整体上表现出强烈的磁性。管理者的领导活动的目的就是要在组织中建立起这样一种"磁场",使组织中的全体成员努力指向同一个方向,从而有效地实现组织的目标。

领导活动直接影响着现代化管理水平和经济效益的好坏,而领导的作用就是引导部下以最大的努力去实现企业的目标。领导的作用具体表现在以下四个方面:

(一)指导作用

在人们的集体活动中,需要有头脑清晰、胸怀全局、高瞻远瞩、运筹帷幄的领导者帮助人们认清所处的环境和形势,指明活动的目标和达到目标的途径。可见,指导是领导的一项最基本的功能。

(二)协调作用

在许多人协同工作的集体活动中,即使有了明确的目标,但因各人的理解能力、工作态度、进取精神、性格、价值观、信念等的不同以及外部各种因素的干扰,人们在思想上发生分歧、行动上偏离目标的情况是不可避免的。因此,需要领导者来协调人们之间的关系和活动,把大家团结起来,朝着共同的目标前进。

(三)激励作用

当人们在学习、工作和生活中遇到困难、挫折或不幸时,或某种物质的、精神的需要得不到满足时,就必然会影响工作的热情。怎样才能使每一个员工都保持旺盛的工作热情,最大限度地调动他们的工作积极性呢?这就需要有通情达理、关心员工的领导者来为他们排忧解难,激发和鼓舞他们的斗志,发掘、充实和加强他们积极进取的动力。由此可见,领导的作用是尽其所能帮助下属达到目标,领导不是在下属的后面推动或鞭笞,而是在下属的前面引导、鼓励以实现共同的目标。

(四)创新作用

组织长久发展的动力源于创新,缺乏创新就会缺乏生命力和竞争力。组织的繁荣和发展在很大程度上取决于领导者独特的创新精神。领导者还是组织创新精神的培养者和组织者,领导者的创新意识会极大程度地影响和鼓励员工积极创新,在组织内部形成创新的氛围。因此,领导者要具有相当的胆识和自信,要勇于开拓,敢为天下先。

总之,这些都是领导者的基本作用。领导者只有在管理活动中充分发挥了这些作用,领导活动才会有效,才能实现组织的目标。

五、领导手段

领导作为一种影响力,其施加作用的方式或手段主要有指挥、激励、沟通,具体见表4-2。

表 4-2　　　　　　　　　　　　　　　　领导手段

手段	含 义	具体形式	特 点	作 用
指挥	是指管理者凭借权威,直接命令或指导下属行事的行为	部署、命令、指示、要求、指导、帮助	强制性、直接性、时效性	是管理者经常使用的领导手段
激励	是指管理者通过作用于下属心理来激发其动机、推动其行为的过程	能够满足人的需要,特别是心理需要的种种手段	自觉自愿性、间接性、作用持久性	是管理者调动下属积极性、增强群体凝聚力的基本途径
沟通	是指管理者为有效推进工作而交换信息、交流情感、协调关系的过程	信息的传输、交换与反馈,人际交往与关系融通,说服与促进态度(行为)的改变等	双向性、理解性	是管理者保证管理系统有效运行,提高整体效应的经常性职能

第二节　领导理论

情景模拟

一次夭折的改革

卫刚原是公司人事部的干事,最近被提升为公司营销部经理。这个部门管理混乱、人心涣散,营销绩效不断下滑,公司领导很不满意,这次派卫刚来彻底解决这一难题。卫刚到任后,不动声色,但暗中做了许多调查,已弄清情况,并针对该部门实际制订出一整套整顿措施与方案。于是,他大刀阔斧地进行改革,整顿劳动纪律,批评处罚违纪者,改革奖金发放办法,对营销业绩明显不好的人还扣了部分工资。他想,这些是各单位改革的成熟举措,而且力度又大,一定会迅速奏效。但是,令他十分震惊的是,改革不但没能奏效,而且遭到部下的强烈抵制。奖金发放办法明明是富有激励性的好办法,可是却遭到几乎所有人的反对;被他批评的人,竟然当众与他"顶牛";被他扣了工资的人,居然找到他家里闹……营销业绩更差了,卫刚被弄得狼狈不堪。

学生思考:

1. 你认为是卫刚的改革措施不当,还是领导方式出了问题?
2. 你知道什么是领导方式吗?你能分析卫刚采取的是一种什么样的领导方式吗?
3. 卫刚的领导权威明显受到挑战,原因何在?

西方领导理论已经成为一个完善的、成熟的理论系统,知识经济时代的来临又促使西方领导理论进一步发展。本节主要讲授领导特质理论、领导行为理论、领导权变理论、现代最新领导理论。

一、领导特质理论

(一)基本观点

领导特质理论是最古老的领导理论观点。管理学者对领导者特质进行了长时间的研究。他们关注领导者个人,并试图确定能够造就伟大管理者的共同特质,这实质上是对管理者素质进行的早期研究。

(二)主要的领导特质理论成果

美国经济学家、美国普林斯顿大学教授鲍莫尔针对美国企业界的实况,提出了企业领导者方具备的十项条件。

1. 鲍莫尔的观点

(1)合作精神,即愿与他人一起工作,能赢得人们的合作,对人不是压服,而是感动和说服。

(2)决策能力,即依赖事实而非想象进行决策,具有高瞻远瞩的能力。

(3)组织能力,即能发掘部属的才能,善于组织人力、物力和财力。

(4)精于授权,即能大权独揽,小权分散。

(5)善于应变,即机动灵活,善于进取,而不抱残守缺、墨守成规。

(6)敢于求新,即对新事物、新环境和新观念有敏锐的感受能力。

(7)勇于负责,即对上级、下级的产品用户及整个社会抱有高度的责任心。

(8)敢担风险,即敢于承担企业发展不景气的风险,有创造新局面的雄心和信心。

(9)尊重他人,即重视和采纳别人的意见,不盛气凌人。

(10)品德高尚,即品德上为社会人士和企业员工所敬仰。

2. 吉赛利的观点

美国管理学家、著名心理学家吉赛利在《管理才能探索》一书中研究探索了八种个性特征和五种激励特征。

(1)八种个性特征:

①才智:语言与文字方面的才能;

②首创精神:开拓创新的愿望和能力;

③督察能力:指导和监督别人的能力;

④自信心:自我评价高、自我感觉好;

⑤适应性:善于同下属沟通信息,交流感情;

⑥判断能力:决策判断能力较强,处事果断;

⑦性别:男性与女性有一定的区别;

⑧成熟程度:经验、工作阅历较为丰富。

(2)五种激励特征:

①对工作稳定性的需要;

②对物质金钱的需要;

③对地位权力的需要;

④对自我实现的需要;

⑤对事业成就的需要。

吉赛利的研究结果表明：一个有效的领导者，首先是才智和自我实现以及对事业成功的追求等，这些特征对一个人能否取得事业的成功关系较大，而对物质金钱的追求、工作经验等则关系不大；其次，一个有效的领导者的督察能力和判断能力也是十分重要的，是驾驭事业航程顺利前进所必不可少的；最后，男性与女性的区别与事业成功与否没有关系。

3. 美国管理学会的观点

美国管理学会对 4 000 名成功的管理人员中的 1 800 名进行了专项研究，认为成功的管理者应该具备以下特征：

(1) 企业家的特征。工作效率高，有主动进取精神，总想不断地改进工作。

(2) 才智方面的特征。逻辑思维能力强，善于分析问题，有概括能力，有较强的判断能力。

(3) 人事关系方面的特征。有自信心，能帮助他人提高，能以自己的行为影响他人，善于用权，善于调动他人的积极性，善于交谈，热心关心他人，能使他人乐观而积极地工作，能实行集体领导。

(4) 心理成熟的个性特征。有自我克制能力，能自行做出决策，能客观地听取各方面的意见，能对自己有正确的估价，能依靠他人弥补自己的不足，节俭。

(5) 知识智力方面的特征。管理层次越高，需要管理知识越多；管理层次越低，需要技术知识越多。

案例链接

韦尔奇的特质

每个领导者都有不同的特质。与很多 CEO 不同，杰克·韦尔奇——通用电气的 CEO，他的管理特质是记住人名。他把 50% 以上的时间花在人事上，他自认为他最大的成就是关心和培养人才，在全球 40 万名员工中他至少能叫出 1 000 名通用电气高级管理人员的名字，知道他们的职责，知道他们在做什么。韦尔奇自己曾说："我们所能做的是把赌注压在我们所选择的人身上。因此，我的全部工作就是选择适当的人。"

4. 日本企业界的观点

日本企业界要求领导者应当具有以下 10 项品德、10 项能力。

10 项品德：使命感、责任感、信赖性、积极性、忠诚、进取心、忍耐性、公平、热情、勇气。

10 项能力：思维决定能力、规划能力、判断能力、创造能力、洞察能力、劝说能力、换位思考能力、解决问题能力、培养下级能力、调动积极性能力。

二、领导行为理论

(一) 基本观点

领导方式的行为理论主要研究领导者应该做什么和怎样做才能使工作更有效。其研究集中在两个方面:一是领导者关注的重点是什么,是工作的任务绩效,还是群体维系;二是领导者的决策方式,即下属的参与程度。由于这两大因素的不同,产生了形形色色的领导方式。

(二)主要的领导行为理论成果

领导行为理论的主要成果有:坦南鲍姆和施密特的专制-民主连续统一体理论、利克特的领导方式四体制、布莱克和穆顿创立的管理方格理论、三隅先生提出的PM理论。这里重点介绍管理方格理论和PM理论。

1.管理方格理论

管理方格理论是由美国管理学家布莱克和穆顿在1964年提出的。他们认为,领导者在对生产(工作)关心与对人关心之间存在着多种复杂的领导方式,因此,可以用两维坐标图来表示。以横坐标表示领导者对生产的关心,以纵坐标表示领导者对人的关心,各划分9个格,反映关心的程度,这样形成81种组合,代表各种各样的领导方式,如图4-1所示。

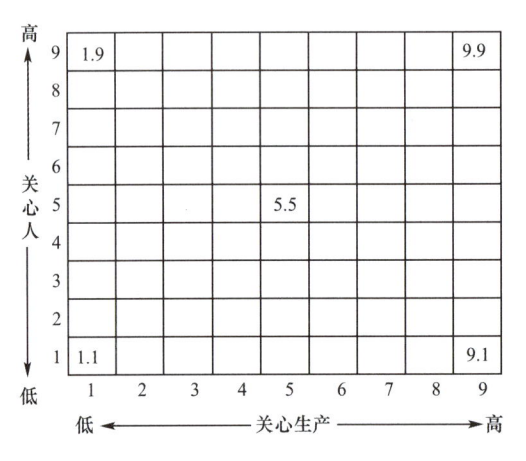

图 4-1　管理方格图

管理方格中有五种典型的领导方式,简要分析如下:

(1)1.1:放任式管理。领导者既不关心生产,也不关心人,是一种不称职的领导。

(2)9.1:任务式管理。领导者高度关心生产任务,而不关心员工。这种方式有利于短期内生产任务的完成,但容易引起员工的反感,不利于长期管理。

(3)1.9:俱乐部式管理。领导者不关心生产任务,只关心人,热衷于融洽的人际关系。这不利于生产任务的完成。

(4)9.9:团队式的管理。领导者既关心生产,又关心人,是一种最理想的状态。但是,在现实中是很难做到的。

(5)5.5:中间道路式管理。即领导者对生产的关心与对人的关心都处于一个中等的水平上。在现实中,相当一部分领导者都属于这一类。

一个领导者较为理性的选择是:在不低于5.5的水平上,根据生产任务与环境等情况,在一定时期内,在关心生产与关心人之间做适当的倾斜,实现一种动态的平衡,并努力向9.9靠拢。

2. PM 理论

PM 理论(P,Performance,绩效;M,Maintain,维持)由日本大阪大学教授三隅先生于 1964 年创立。他认为,绩效和维持是中高层管理者最重要的两项职能。P 职能主要是制订目标和计划,并对自己管理的团队施加目标压力,考查的是管理者为实现管理目标而付出的努力;M 职能主要是建设团队,给团队的每一位员工以关心和帮助。压力大,绩效高,但团队可能会过度紧张、反感、抵触,反过来则会降低绩效,所以绩效职能与维持职能之间需要保持动态平衡,管理不单单是技巧,更是一门艺术了。这个理论与我国的"既要让马儿跑也要让马儿吃草""领导一手要抓好业务一手要团结好群众"的理念是一致的。

P、M 职能各有强弱的区别,可以分为四种领导类型,如图 4-2 所示。

(1)PM 型:绩效强,维持强;
(2)Pm 型:绩效强,维持弱;
(3)pM 型:绩效弱,维持强;
(4)pm 型:绩效弱,维持弱。

三隅先生根据对十多种职业,经过 15 年时间、15 万人次的测量,得出结果:在四种领导类型中,PM 型最佳,pm 型最差,Pm、pM 居中。

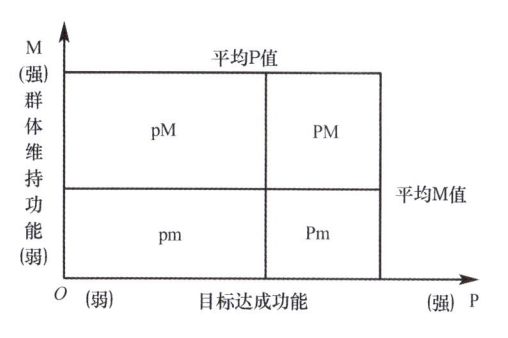

图 4-2 三隅的 PM 理论模型

三、领导权变理论

(一)基本观点

领导权变理论,是在特质理论与行为理论的基础上发展起来的,反映了当代管理理论发展的重要趋势。权变理论认为,不存在一种普遍适用、唯一正确的领导方式,只有结合具体情景,采用因时、因地、因事、因人制宜的领导方式,才是有效的领导方式。其基本观点可用下式反映:

$$有效领导 = F(领导者,被领导者,环境)$$

即有效的领导是领导者自身、被领导者与领导过程所处的环境的函数。

(二)主要的领导权变理论成果

1. 菲德勒的权变理论

美国管理学家菲德勒在大量研究的基础上提出了有效领导的权变理论。他认为,任何形态的领导方式都可能有效,其有效性完全取决于领导方式与环境是否适应。

菲德勒研究了两种领导风格,即关系导向型和任务导向型。他以一种被称为"你最不喜欢的同事"(LPC,Least Preferred Co-worker)的问卷来反映和测试领导者的领导风格,见表 4-4。LPC 量表要求受试者主观上确定一位最难相处的同事,并依据表中的内容对其进行等级评价。受试者在评价过程中,自然地反映出其自身的行为类型特点。这种行为类型表现在两个维度上,一是工作关系导向,即其行为以工作为核心。二是人际关系导向,即表现出高度的关心人的因素在管理中的作用。在 LPC 量表评价中,高 LPC 得分的人是以人际关系为导向的领导,低 LPC 得分的人是以工作关系为导向的领导。LPC 量表共有 16 条测试项目,每一条项目有 8 个等级。如,"友善——87654321——不友善",其中 8 级是最友善的,1 级是最不友善的,中间是过渡等级。在你确定了一个最难相处的同事之后,把对他的评价得分相加求和,即是受试者的 LPC 值。LPC 得分最低是 16 分,最高是 128 分。16~51 分是低 LPC,属于工作关系导向型;57~128 分是高 LPC,属于人际关系导向型;中间得分是混合型。

菲德勒认为 LPC 的得分不是用以说明一个人工作的好坏,只是用来说明他们的工作方式。一般而言,低 LPC 的人以工作关系为导向,更具有完成工作、提高工作绩效的能力,他们是在工作的竞争和绩效的提高中来发展人际关系和自我价值的。而高 LPC 的人通常更多地考虑他人的价值和存在,有较好的人际关系,从与他人的良好关系中获得满足。每个人的行为类型都有其确定的一面,并以此为基础开展有效的管理工作。

表 4-4　　　　　LPC 量表

快乐——87654321——不快乐
友善——87654321——不友善
拒绝——12345678——接纳
有益——87654321——无益
不热情——12345678——热情
紧张——12345678——轻松
疏远——12345678——亲密
冷漠——12345678——热心
合作——87654321——不合作
助人——87654321——敌意
无聊——12345678——有趣
好争——12345678——融洽
自信——87654321——犹豫
高效——87654321——低效
郁闷——12345678——开朗
开放——87654321——防备

菲德勒提出的决定领导方式有效性的环境因素主要有以下三个:

(1)上下级关系。即领导者受到下级爱戴、尊敬和信任以及下级情愿追随领导者的程度,程度越高,领导者的权力和影响力就越大。

(2)任务结构。即对工作任务规定的明确程度,任务明确、程序化程度高,工作的质量就比较容易控制,每个组织成员的工作职责也容易描述清楚。

(3)职位权力。这是指领导者所处的职位能提供的权力和权威在多大程度上能使组织成员遵从他的指挥。一个具有明确的并且相当高的职位权力的领导者比缺乏这种权力的领导者更容易得到他人的追随。

菲德勒将三种情境因素组合成八种情况,如图 4-3 所示。三种条件都具备或基本具备,是有利的领导情境(情境 1、2、3);三种条件都不具备,是不利的领导情境(情境 8)。在有利和不利两种情况下,采用"任务导向型"的领导方式效果较好;对处于中间状态的情境(情境 4、5、6、7),则采用"关系导向型"的领导方式效果较好。

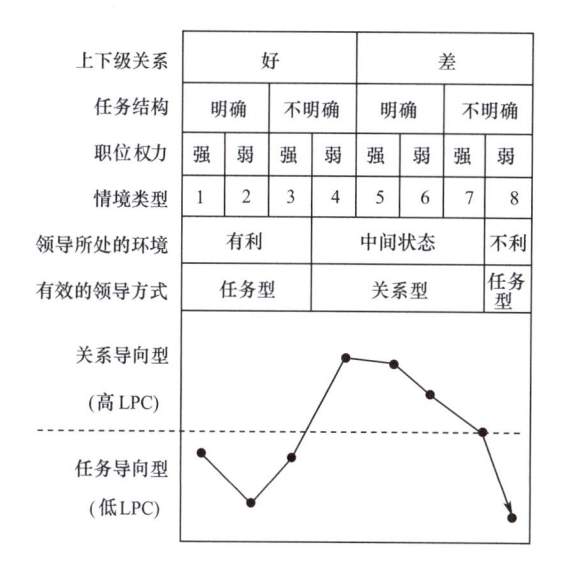

上下级关系	好				差			
任务结构	明确		不明确		明确		不明确	
职位权力	强	弱	强	弱	强	弱	强	弱
情境类型	1	2	3	4	5	6	7	8
领导所处的环境	有利				中间状态			不利
有效的领导方式	任务型				关系型			任务型

图 4-3　菲德勒模型

2. 路径-目标理论

领导方式的"路径-目标理论"(图 4-4)是领导权变理论的一种,由多伦多大学组织行为学教授罗伯特·豪斯最先提出,后来华盛顿大学的管理学教授特伦斯·米切尔也参与了这一理论的完善和补充。该理论已经成为当今最受人们关注的领导理论之一。该理论认为,领导者的工作是帮助下属达到他们的目标,并提供必要的指导和支持以确保各自的目标与群体或组织的总体目标相一致。"路径-目标"的概念来自于这种信念,即有效领导者通过明确实现工作目标的途径来帮助下属,并为下属清理各项障碍和危险,从而使下属的这一履行更为容易。

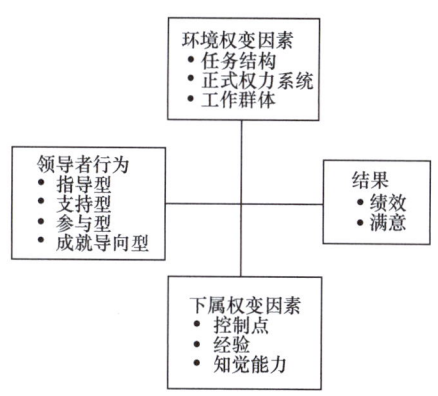

图 4-4　路径-目标理论模型

按照豪斯的概括,领导人的职能具体表现为六个方面:①唤起员工对成果的需要和期望;②对完成工作目标的员工增加报酬,兑现承诺;③通过教育、培训、指导,提高员工实现目标的能力;④帮助员工寻找达成目标的路径;⑤排除员工前进路径上的障碍;⑥增加员工获得个人满足感的机会,而这种满足又以工作绩效为基础。

要实现这种以员工为核心的领导活动,必须考虑员工的具体情况。显然,现实中的员工是千差万别的。员工的差异主要表现在两个方面：一是员工的个人特质，二是员工需要面对的环境因素。就员工的个人特质而言，新手和老手不一样，技术高低不一样，责任心的强度不一样，甚至年龄大小、任职时间长短，都会产生不同的反应。

仅以性格差异为例，内向型的员工更易于接受参与式领导，而对指示式领导有所抵触；而外向型员工则更易于接受指示式领导，却不大适应参与式。如果一个人对自己的能力估计过高，那他就会抵触指令；而如果一个人对自己的能力估计过低，那他就会害怕授权。

就员工面对的环境因素而言，不同企业、不同岗位的工作任务不一样，企业组织的权力系统不一样，基层的工作群体不一样。如果是明确清晰的工作任务、有效得力的权力系统、友好合作的工作群体，那么，强化控制明显属于多事，还会伤害员工的满足感；而如果情况相反，放松管制就会出现偏差，同样会招来员工的抱怨。单纯以工作任务而论，如果完成任务不能使员工得到满足，那么领导人越加强规章制度，越施加任务压力，员工的反感就越大。所以，"路径-目标理论"强调，领导方式要有权变性。

按照"路径-目标理论"，领导者的行为被下属接受的程度，取决于下属是将这种行为视为获得满足的即时源泉，还是作为未来获得满足的手段。领导者行为的激励作用在于：它使下属的需要满足与有效的工作绩效联系在一起；它提供了有效的工作绩效所必需的辅导、指导、支持和奖励。

为了考察这些方面，豪斯确定了四种领导行为：

（1）指导型领导：领导者对下属需要完成的任务进行说明，包括对他们有什么希望、如何完成任务、完成任务的时间限制等。指导型领导者能为下属制定出明确的工作标准，并将规章制度向下属讲得清清楚楚。指导不厌其详，规定不厌其细。

（2）支持型领导：领导者对下属的态度是友好的、可接近的，他们关注下属的福利和需要，平等地对待下属，尊重下属的地位，能够对下属表现出充分的关心和理解，在下属有需要时能够真诚帮助。

案例链接

东方饭店的领导者

泰国曼谷的东方饭店曾先后四次被美国《国际投资者》杂志评为"世界最佳饭店"，饭店管理的巨大成功与总经理库特·瓦赫特法伊特尔是密不可分的。

库特先生像管理一个大家庭那样来经营东方饭店，其管理饭店的秘诀就是"大家办饭店"。库特先生除了有一套行之有效的管理措施之外，他的人格魅力也使他在管理这个世界著名饭店时得心应手。他虽然当了数十年的总经理，是饭店的最高负责人，但却从不摆架子，对一般员工也是和蔼可亲。哪个员工有了困难或疑问，都可以直接找他面谈。他在泰国很有声望，曾被泰国秘书联合会数次评为"本年度最佳经理"。为了联络员工的感情，使大家为饭店效力，库特先生经常为员工及其家属举办各种活动，如生日舞会、运动会等。这些活动无形中缩小了部门之间、上下级之间的距离，对于提高员工的积极性、融洽相互之间的关系、改进饭店的工作起到了推动作用。在东方饭店，从看门人到出纳员，全体员工都有一种办好饭店的荣誉感。员工们除了有较丰厚的工资外，还享有许多福利待遇，如免费就餐、紧急贷款、医疗费用、年终休假、职业保险等,这些对员工来说无疑是促使他们积极为饭店效力的极其重要的措施。

(3)参与型领导:领导者邀请下属一起参与决策。参与型领导者能同下属一起进行工作探讨,征求他们的想法和意见,将他们的建议融入团体或组织将要执行的决策中去。

(4)成就导向型领导:领导者鼓励下属将工作做到尽量高的水平。这种领导者为下属制定的工作标准很高,寻求工作的不断改进。除了对下属期望很高外,成就导向型领导者还非常信任下属有能力制定并完成具有挑战性的目标。在现实中究竟采用哪种领导方式,要根据下属的特性、环境变量、领导活动结果的不同因素,以权变观念求得同领导方式的恰当配合。

3. 专制-民主连续统一体理论

坦南鲍姆和施密特于1958年提出该模型。它把专制的领导行为和民主的领导行为描述为一个连续统一体中的两个极端点,在两个极端点之间存在着多种不同的专制与民主水平的领导行为。该理论强调领导者应该根据具体的情境,如历史条件、问题性质、工作的时间性等条件,适当地选择某种领导行为,才能达到有效的领导。

在高度专制和高度民主的领导风格之间,坦南鲍姆和施米特划分出7种主要的领导模式:

(1)领导做出决策并宣布实施。在这种模式中,领导者确定一个问题,并考虑各种可供选择的方案,从中选择一种,然后向下属宣布执行,不给下属直接参与决策的机会。

(2)领导者说服下属执行决策。这种模式同前一种模式一样,领导者承担确认问题和做出决策的责任,但他不是简单地宣布实施这个决策,而是认识到下属中可能会存在反对意见,于是试图通过阐明这个决策可能给下属带来的利益来说服下属接受这个决策,消除下属的反对。

(3)领导者提出计划并征求下属的意见。在这种模式中,领导者提出一个决策,并希望下属接受这个决策,他向下属提出一个有关自己的计划的详细说明,并允许下属提出问题。这样,下属就能更好地理解领导者的计划和意图,领导者和下属能够共同讨论决策的意义和作用。

(4)领导者提出可修改的计划。在这种模式中,下属可以对决策发挥某些影响作用,但确认和分析问题的主动权仍在领导者手中。领导者先对问题进行思考,提出一个暂时的可修改的计划,并把这个暂定的计划交给有关人员征求意见。

(5)领导者提出问题,征求意见做决策。在以上几种模式中,领导者在征求下属意见之前就提出了自己的解决方案,而在这个模式中,下属有机会在决策做出以前就提出自己的建议。领导者的主动作用体现在确定问题,下属的作用在于提出各种解决的方案,最后,领导者从自己和下属所提出的解决方案中选择一种他认为最好的解决方案。

(6)领导者界定问题范围,下属集体做出决策。在这种模式中,领导者已经将决策权交给了下属的群体。领导者的工作是弄清所要解决的问题,并为下属提出做决策的条件和要求,下属按照领导者界定的问题范围进行决策。

(7)领导者允许下属在上司规定的范围内发挥作用。这种模式表示了极度的群体自由。如果领导者参加了决策的过程,他应力图使自己与群体中的其他成员处于平等的地位,并事先声明遵守团体所做出的任何决策。

坦南鲍姆和施密特认为,不能抽象地认为哪一种模式一定是好的,哪一种模式一定是差的。成功的领导者应该是在一定的具体条件下,善于考虑各种因素的影响,采取最恰当行动的人。当需要果断指挥时,他应善于指挥;当需要员工参与决策时,他能适当放权。领导者应根据具体的情况,如领导者自身的能力、下属及环境状况、工作性质、工作时间等,适当选择连续体中的某种领导风格,才能达到领导行为的有效性。

四、现代领导理论

这里,我们列举出自20世纪70年代以来的研究成果。

(一)魅力型领导理论

魅力型领导理论是研究那些能通过个人能力的力量对追随者们产生深刻而非凡影响倾向的领导者的个人特质。魅力型领导者的追随者们认同领导者和他们的任务,显示出对领导者的无限忠诚和信心,效仿领导者的价值观和行为,并且从他们与领导者的关系中获得自尊。

> **案例链接**
>
> 赫伯的魅力
>
> 细心的人会注意到,美国西南航空的订票处和维修间里,挂了不少赫伯的画像。在美国这样一个对个人崇拜极度反感的国家,这种现象十分耐人寻味。
>
> 除了成功的商业战略,赫伯的个人魅力以及他营造的企业文化是推动西南航空成功的重要原因。赫伯是一位很奇特的人,在某些人眼里还有点古怪。
>
> 顾客选择西南航空不光因为赫伯提供的旅程省钱,还因为赫伯提供的旅程充满快乐。比如,有一次,设在圣安东尼奥的海洋世界公园开幕,为庆祝这一盛典并吸引乘客,赫伯将西南航空公司的一架飞往圣安东尼奥的波音737客机漆刷成杀人鲸的模样。还有一次,在飞行途中他突发奇想,让服务员装扮成驯鹿和小矮人,又让飞行员一边通过扬声器哼唱圣诞颂歌,一边轻轻摇动飞机,这一举动使机上那些兴冲冲赶回家过圣诞的乘客们开心不已。赫伯除了自己"古怪",还要求员工也要开动脑筋搞怪,在飞机上多举办一些别出心裁的活动。例如,组织比赛看谁哈哈大笑的时间最长、通过手语传递信息(传递过程中往往出现笑料)、对脚上袜子破洞最大的乘客给予奖励,等等。
>
> 其实,赫伯对待员工比对待顾客还要用心,"员工第一,顾客第二"是西南航空坚持的文化。赫伯可以叫出他手下许多职员的名字,而下属也亲切地称他为"赫伯大叔"或"赫伯"。
>
> 由于魅力型领导者对追随者们产生的影响,最近的研究显示,魅力型领导者的追随者们具有更高水平的自我意识和自我管理。

(二)工具型领导理论

工具型领导理论是指领导者借助一系列的管理工具,如设立目标、建立标准、定义角色和责任,制定测量、监督、评估管理行为和结果的指标、体系来调动下属工作的积极性,实现组织目标的一种领导理论。工具型领导风格表现的特征为:

1. 结构化

领导者要花费时间建立团队,这种团队要与组织的战略保持一致,同时创建一种结构,在这种结构中能清晰地表达出组织需要什么类型的行为。在这个过程中,涉及设立目标、建立标准、定义角色和责任等。

2. 控制

领导者要创造测量、监督、评估管理下属行为和结果的系统和程序,并用这些系统和程序来影响下属的行为,从而达到领导的目的。

3. 回报

领导者要根据下属的行为与变革所要求的行为一致性问题来制定相关的奖罚制度。领导者要让下属意识到,如果自己采取了变革所要求的行为,就会得到相应的回报;反之,就会受到相应的惩罚。

组织在变革过程中,由于魅力型领导风格自身有缺陷,如期望的非现实性、对领导者的依赖和反依赖、不同意领导的某些观点和不支持领导者的某些政策、有时领导者的魅力不能持续、下属可能会对领导者存在背叛心理、领导者个人能力的局限等都会导致领导行为效力的减弱。但是,在组织变革初期,魅力型领导更有效,因为这类领导者能设定远景、鼓舞士气,但组织变革的后期阶段就需要工具型领导者来建立适当的队伍、辨识所需要的行为、建立测量工具、进行奖励和惩罚,使组织成员以一致的行为来完成目标。

(三)领导-成员交换理论

以前的领导理论都假设领导者是以一视同仁的态度和作风对待下属的,实际上,领导者对下属是区别对待的,是有亲疏之分的,这种理论被称为"领导-成员交换理论"或"领导的垂直双向链接模型"。

这种理论认为,领导者与下属个人的关系各不相同,领导者将根据自己与下属关系的亲疏而施以不同风格的领导。所谓"垂直双向链接"是指一位领导者与一部分下属形成的关系,这种关系基本上分为两大类:

一类是与"圈内"人的关系。领导者对这类下属委以重任,给予较多的关心、帮助和支持,对他们更加信任,对他们的需要也更为敏感,给他们提供较多参与决策的机会。而这些下属则以更加努力工作、愿意承担重大责任和取得优异成绩予以回报。双方的行为依靠的是这种人际交换,而不是正式岗位职权的运用,因而这种关系是非正式的。"圈内"的下属往往具有较高的工作绩效、较高的工作满意感和较低的离职率。

另一类是与"圈外"人的关系。在这种关系中,下属接受上级的正式职权以换取应得的工资报酬。这也是一种交换关系,但没有密切的私人友谊,他们之间是一种职务上的正式关系。比较而言,"圈外"人的工作绩效和工作满意感要低于"圈内"人。

这种"圈内"和"圈外"的关系,往往在上下级接触的早期就会形成,而一旦建立,则较为稳定,难以改变。

第三节 领导权力与领导类型

● 情景模拟

权力为什么无效？

冯兰是某学院学生会的主席，今年5月是该学院30周年院庆，学院打算举办一个科技文化节来烘托气氛，这一任务自然地落到了冯兰的肩上。冯兰接到任务后，与其他副主席进行了讨论，确定了举办科技文化节的大致思路，明确了学生会各部门的分工，并拟订了相应的奖励措施：凡按时按质完成任务的部门，给予参与部员相应的第二课堂活动加分。

在随后召开的学生会全体成员大会上，冯兰根据主席团讨论结果，交代了各个部门的工作，并以比较强硬的口气要求大家：不论出现什么情况，务必要以本次活动为先，不能因为私事而耽误了本次活动的准备工作。冯兰的强硬态度立即招致了一些成员的反感，外联部部长当场提出：活动的准备期刚好是在考试周，太花心思搞这个活动会耽误大家复习迎考。冯兰也不示弱，强调这是学院的一次大活动，办好了能产生很大的影响，至于考试，不过就是分数会低一点，大不了平时开开夜车也对付得了，相比科技文化节的重要程度，大家更应该把精力放到学生会的工作上来。就这样，这次会议在不愉快的气氛中散会。

在接下来的一个月里，冯兰积极奔走各方，筹备这次科技文化节。但是，随着工作的展开，他发现除了主席团的几个成员在积极参与外，其他各部门的人办事效率低得出奇。一个月前，他就给外联部分配了去企业拉赞助的任务，并规定了最低的赞助额，事先说明了没有达到这个额度就视为没完成任务。外联部部长在这一个月里不停地向冯兰反映说联系的几个企业都没有意向支持这次活动，可冯兰却听说外联部部长每天都去上自修，根本就没怎么联系赞助单位。鉴于此，冯兰找外联部部长单独谈了一次话，狠狠地批评了他，可外联部部长死不认账，声称现在外联确实有困难，主席要是觉得他没这个能力可以撤了他。结果是两个人之间闹得十分不愉快，外联工作也毫无进展。

宣传部部长的专业课这个学期特别多，但她还是花了很多时间在学生会的工作上，按时设计出了本次活动的宣传海报。在她认为终于可以松口气的时候，却被冯兰叫到了办公室。在办公室里，冯兰指着宣传部的作品大呼不满，认为海报许多细节都没达到预期的要求。宣传部部长说大家最近都忙，能按时设计出海报已经很不容易了，这个时候再求全责备似乎不太合适。但是，冯兰丝毫没有给她面子，当着其部员的面直接表达了对她工作的不满，要求她必须在两天内重新设计交稿。宣传部部长是典型的小女生，脸皮薄，根本经不起这种批评，离开办公室后哭得像个泪人。

在此后的几天里，冯兰的信箱中常会收到一些骨干成员对目前学生会工作分配的不满，他们认为现在课程很紧，又有考试的压力，大家根本就不可能花太多的心思在活动的准备上。

这一个月里，冯兰陷入了忙碌与烦恼之中。

学生思考：

1. 为什么主席团分配的任务，其他各部门的人不服从？

2.在学生团体中,权力在这个时候为什么没有效用?

3.怎样才能让大家心甘情愿地做好学生会的各项工作?

一、领导权力

领导权力广义上包括两个方面:一是管理者的组织性权力,即职权。这是由管理者在组织中所处的地位赋予的,并由法律、制度明文规定,属正式权力。这种权力直接由职务决定其大小、拥有与丧失;二是管理者的个人性权力,主要指管理者的威信。这种权力主要不是靠职位因素,而是靠管理者自身素质及行为赢得的。因职位而拥有的职权,即为狭义上的权力,而个人性权力则包括在广义的权力概念中。

(一)领导权力的构成

领导权力由以下五个方面构成:

1.法定权力

这种权力来自组织机构正式授予的法定地位。凡是处于某一职位上的领导者都拥有一定的法定权力,可在其职权范围内行使运用有关权力,被领导者亦必须服从领导者依权发布的指示、命令。领导者拥有的权力必须与其所负的责任对等,同时要求权力使用合理,符合法定原则。例如,没有给你任命,虽然告诉你要负责这个部门,但是你的这种奖赏性的权力和强制性的权力就会大打折扣,为什么呢?所谓"名不正,言不顺",没有正式任命,那么你就是临时的。

2.奖励权力

这是决定是否给予奖励的权力。奖酬的范围包括增加工资和奖金,更重要的还包括表扬、提升职务等。当下属认识到服从领导者的意愿能带来更多的物质和非物质利益的满足时,就会自觉接受其领导,领导者也因此享有相应的权力。在任何组织中,领导者对奖酬的控制力越大,他对下属人员在奖酬方面拥有的权力就越大。

3.强制权力

这是建立在惧怕基础上的权力,实质上是一种惩罚性权力。当下属认识到不服从上级的命令就会导致某种惩罚时,就会被动地服从领导。当然,强制权力在特殊情况下和某些关键时刻还是必需的,但如果领导者到处滥用强制权力,会给职工造成一种感到威胁的环境,容易引起职工心理上的挫折,导致士气下降,影响工作绩效。

4.专长权力

由于领导者具有某种专门知识和特殊技能,因而赢得同事和下属的敬佩。领导者本人学识渊博,精通本行业业务,或具有某一领域的高级专业知识与技能,即获得一定的专长权。如高等院校、科研机构的系、所的主要负责人,一般情况下必须是学术带头人,否则,学识平庸,即使拥有法定权力,领导也很难奏效。专长权力的大小取决于领导者的受教育程度、求知欲望、掌握运用知识的能力以及实际经验的丰富程度。领导者拥有的专长权力越多,越容易赢得下属的尊敬和主动服从。

5.个人影响权力

这是因领导者的特殊品格、个性和个人魅力而形成的权力,这种权力建立在下属出自内心的认可基础之上。企业领导者公正无私、胆略过人、勇于创新、知人善任,富有同情心,具有感召力,善于巧妙地运用领导艺术,则容易获得下属的尊重和依从,获得影响他人行为的权力。

在上述五项权力中,前三项权力主要决定于领导者在组织机构中所处的地位,在组织中具体表现为决策权、用人权、指挥权、奖惩权等。由于这些权力通常以职权的形式体现出来,管理学一般把由这种权力形成的权威称为正式权威。正式权威的高低取决于领导者在组织机构中所处的职位,当领导者调离所在职位时,其权力也随之解除。

专长权力和个人影响权力是与正式权威截然不同的内在权力,它不以社会的法律、组织规定为基础,无须组织机构正式授予,仅仅来自于领导者自身的因素,因此,管理学中把这两种权力形成的权威称为非正式权威。实践表明,正式权威的行使具有一定限制,而非正式权威的行使却不受限制。因而,只有专长权力和个人影响权力才是取得真正指挥权力的客观基础。领导者在行使权力的过程中,应特别注意多用非正式权威,少用正式权威。

(二)领导权力的两重性

领导权力有两个属性。一是消极性,它建立在个人主义的基础上,领导者可以随意使用权力,以权谋私,追求权力的物质形式,而被领导者只能表现为被统治和屈从。被领导者被看成是没有原动力的人,处在完全被动的地位,潜力不能得到充分的发挥。二是积极性,它是建立在社会化基础上的权力。它表现为关心集体的利益和目标,帮助人们设置目标,沟通信息,找出实现目标的途径,同时鼓励和帮助成员达到这个目标。

对于领导权力,在实际工作中要发扬第二种权力,避免第一种权力,要遵循两条原则:一条是使领导者从心理上意识到,他们所处的地位不是把人们当作"走卒",要给予被领导者以力量,使他们感到自己是生活的主宰。为此,必须经常与被领导者交换意见,关心他们的愿望和要求,要坚信人们的创造能力。一个有效的领导者必然是一个良好的教育者。另一条是社会化原则。要健全民主制度,使下属能在正常渠道中表明意见,可以撤换他们认为不代表组织和他们利益的领导者。

(三)领导权力的制约

1. 领导权力制约的含义与特点

(1)领导权力制约的含义。所谓权力制约,从一般意义上讲,就是对权力的限制与约束。具体地说,就是享有制约权力的个人或者组织与群体,运用民主、法制与新闻舆论等多种手段,通过各种有效途径,对权力所有人与行使者所形成的特定的限制与约束关系。

(2)领导权力制约的特点:

①权力制约关系必须有两个或两个以上的权力才能形成,单独的权力无法形成制约。

②权力制约关系是横向的,各种权力的地位是平等的或同层次的,而不存在隶属关系。

③权力制约的关系是双向的,各种权力之间的限制与约束是双向的。

2. 领导权力制约机制的建设

(1)权力制约机制:以权力制约权力。以权力制约权力这一机制的核心是分权,使不同权力机构之间形成一种监督与被监督或相互监督的关系。监督者负有监督的权力或职责。以权力制约权力是通过两种方式实现的:一是由一种高级的权力监督低级的权力;二是平行权力层级之间的监督与制约。

(2)道德制约机制:以道德制约权力。以道德制约权力这一机制的含义是通过学习和教育的方法,使社会或统治阶级对政府官员的要求内化为他们的道德信念,帮助他们树立"正确"的权力观,培养他们勤政廉政为统治利益或公共利益服务的意识和品质,使他们能够自觉地以内心的道德力量抵制外在的不良诱惑,自觉地、严格地要求自己,行使好手中的权力。

与以权力制约权力的机制相比,以道德制约权力的机制侧重于事先的预防,期望将问题解决在可能出现之前;而前者侧重于事后的阻止或惩罚,以使已经出现的问题得到解决。这两种制约机制哪一种更被看重,在一定程度上受人性观的影响。现实中这两种机制往往是并存的。

(3)权利制约机制:以权利制约权力。此种制约机制是民主社会所独有的一项治国战略。它的主要含义是:在正确理解权利与权力关系的基础上,恰当地配置权利,使它能够起到限制、阻止权力滥用的作用。

在领导权力制约机制的建设中,我们要注意使三种制约机制相互配合、相互支持,因为对于有效制约权力的目的而言,这些机制是相辅相成、共同作用的。保证权力的相互制约机制正常运行是避免"集体腐败"和"官官相护"现象出现的一种有力措施,就是健全以权利制约权力的机制,使公共利益的主体——广大公民承担起监督者的责任。同时,要发挥权利对权力的制约作用,又离不开公共权力的恰当配置和有效的相互制约。道德与法纪教育可以培养官员的自律意识,有助于他们行使好手中的权力。但是,这种机制也离不开其他机制的配合。它的教育内容应当有利于人民的根本利益,它的效果不仅需要来自权力的相互制约机制的强制力的支持,还需要来自公民的舆论评判。另外,在每一种机制的内部也要注意相互配合的问题。

(四)授权

1.授权的含义

授权是领导者通过为员工和下属提供更多的自主权,以达到组织目标的过程。授权是领导者智慧和能力的扩展和延伸,必须遵循客观规律和原则,授权过程是科学化和艺术化的过程。

2.授权的意义

(1)对领导者的意义:①减轻工作负担,使其能够集中精力研究、解决组织中的重大问题;②激发下属的工作热情,培养其工作能力;③密切上下级的关系,加强协作,团结共事。

(2)对下属的意义:①拥有完成工作的自主权、行动权和决策权;②发挥自身才干,增强责任感、义务感和成就感。

(3)对组织的意义:①使领导和下属之间的沟通渠道缩短且通畅,提高工作效率;②有利于寻求一个合适的管理幅度,提高管理效率;③加强组织的整体力量。

案例链接

东头煤矿发生了瓦斯爆炸事故

东头煤矿发生了瓦斯爆炸事故,死亡3人。这个煤矿设备先进,制度健全,怎么会发生这样严重的事故?据已有10年经验的专职安全检查员反映:"昨天我到井下做例行检查，发现瓦斯浓度超标，就要求井下作业工人立即停止生产，撤回地面。但班长老王不同意，他说没有矿长命令不能停工，否则会被撤职。"安全检查员只好回到井上去找矿长，可矿长去局里开会，电话打不通。等找到他时，事故已经发生。事故调查组调查核实后认定，矿长没有授予安全检查员必要的职能职权，是造成这次事故的主要原因。

3. 授权的类型

(1) 口头授权与书面授权。这是就授权的传达形式而言的。一般书面授权比口头授权更正规、更规范。

(2) 个人授权与集体授权。这是就授权主体而言的。可以由管理者个人决定将其所拥有的一部分权力授予下级，也可以由领导班子集体研究，将该层次拥有的一部分权力授予下级。

(3) 随机授权与计划授权。这是就授权的时机而言的。有时是按照预定的计划安排将某些权力授予下级，而有时是由于某些特殊需要而临时将权力授予下级。

(4) 长期授权与短期授权。这是就授权的期限而言的。有时为完成特定任务而进行短期授权，完成任务即结束授权，而那些为完成长期任务而进行的授权就要较长时期地将权力授予下级。

(5) 逐级授权与越级授权。这是就授权双方的关系而言的。来自直属上级的授权属于逐级授权，而来自更高层次的领导者的授权就是越级授权。

4. 授权的原则

(1) 依目标需要授权原则。授权是为了更为有效地实现组织目标，所以，必须根据实现目标和工作任务的需要，将相应类型与限度的权力授予下级，以保证其有效地开展工作。

(2) 适度授权原则。授权的程度要根据实际情况决定，要考虑到工作任务及下级的情况灵活决定，既要防止授权不足，又要防止授权过度。

(3) 职、权、责、利相当原则。在授权中要注意职务、权力、职责与利益四者之间的对等与平衡，要真正使被授权者有职、有权、有责、有利，并要注意授权成功后合理报酬的激励作用。

(4) 职责绝对性原则。领导者将权力授予下级，必须仍承担实现组织目标的责任，这种职责对于领导者而言，并不随授权而推给下级。

(5) 有效监控原则。授权是为了更有效地实现组织目标，所以，在授权之后，领导者必须保持必要的监督控制手段，使所授权力不失控，确保组织目标的实现。

(6) 极差授权原则。组织只能在工作关系紧密的层级上进行级差授权。越级授权可能会造成中间层次在工作上的混乱和波动，伤害他们的负责精神，导致管理机构的失衡，进而破坏管理的秩序。

5. 授权的步骤

(1) 分析、确定什么工作需要授权。领导者的工作中有些适宜授权，有些不适宜授权，要注意区分。

(2) 选择授权对象。考虑人选时应该注意：①拟授权的工作任务需要什么样的知识、技能和能力；②谁具备这些条件；③谁有兴趣做这项工作。

(3) 明确授权的内容。向被授权者授予工作任务时，应该明确工作的任务、权力和职责。

(4)为被授权者排除工作障碍。为此应该做到：①授权前,应有技巧地提醒被授权者在工作过程中可能遇到的困难,使其有充分的心理准备;②授权时,充分考虑授权的原则,按原则给予授权;③授权后,要进行必要的控制。

(5)形成上下沟通渠道。建立执行授权工作情况的反馈系统,监控被授权者的工作进度,发现偏离目标时,及时采取措施纠正偏差。

(6)评价授权效果。按预定的工作标准定期进行质量评价,完成任务后要进行验收,并将评价结果与奖罚、晋升、提职等挂钩。

二、领导类型

领导类型亦称"领导风格"或"领导方式",是指领导者用来行使权力和发挥领导力或影响力的方式。不同的领导方式产生不同的团体气氛或组织气氛,对团体或组织的工作效率产生深远的影响。

按不同标准可对领导类型做不同的分类：

(一)按权力控制程度进行分类

按权力控制程度,可分为集权型领导、分权型领导和均权型领导。

集权型领导是工作任务、方针、政策及方法都由领导者决定,然后布置给部属执行。

分权型领导是领导者只决定目标、政策、任务的方向,对部属在完成任务各个阶段上的日常活动不加干预。领导者只问效果,不问过程与细节。

均权型领导是领导者与工作人员的职责权限明确划分,工作人员在职权范围内有自主权。这种领导方式主张分工负责、分层负责,以提高工作效率,更好地达成目标。

(二)按领导重心所向进行分类

按领导重心所向,可分为以事为中心的领导、以人为中心的领导、人事并重式的领导。

以事为中心的领导：以工作为中心,强调工作效率。

以人为中心的领导：注意发挥部属的主动性和积极性。

人事并重式的领导：既重视人,又重视工作。

(三)按领导者的态度进行分类

按领导者的态度,可分为体谅型领导、严厉型领导。

体谅型领导是领导者对部属十分体谅,关心其生活,注意建立互相依赖、互相支持的友谊,注意赞赏部属的工作成绩,提高其工作水平。

严厉型领导是领导者对部属十分严厉,重组织、轻个人,要求部属牺牲个人利益服从组织利益。

(四)按决策权力的大小进行分类

按决策权力的大小,可分为专断型领导、民主型领导、自由型领导。

专断型领导：决策权集于一身。

民主型领导：领导者同部属互相尊重,彼此信任。

自由型领导：有意分散领导权,给部属以极大的自由度。

分析与研讨

1. 试述领导的含义和手段。
2. 领导与管理的区别与联系是什么？
3. 简述管理方格理论。
4. 简述菲德勒的权变理论。
5. 简述现代领导理论。
6. 试述领导权力的构成。
7. 领导权力制约机制的建设途径有哪些？
8. 授权的含义是什么？请举例说明授权的意义。
9. 领导的类型有哪些？

案例训练

【实训内容与方法】

1. 阅读下面案例，并分析下列问题：

（1）保罗作为一位领导者他的权力来源是什么？

（2）这个案例更好地说明了领导的行为理论，还是领导的权变理论？为什么？

（3）保罗在纽约取得成功的策略，为什么在达拉斯没能成功？其影响因素有哪些？

2. 由个人先写出发言提纲，再以模拟公司或班级为单位进行讨论。

保罗的领导方式

保罗在1990年从美国中西部的一所名牌大学拿到会计专业的学士学位后，到一家大型会计师事务所的芝加哥办事处工作，由此开始了他的职业生涯。9年后，他成了该公司最年轻的合伙人之一。公司执行委员会发现了他的领导潜能和进取心，遂在2002年指派他到纽约的郊区开办了一个新的办事处。其工作最主要的是审计，这要求有关人员具有高度的判断力和自我控制力。他主张工作人员相互要以名字直接称呼，并鼓励下属人员参与决策制定。对长期的目标和指标，每个人都很了解，但实现这些目标的办法却是相当不明确的。

办事处发展得很迅速。到2006年，专业人员达到了30名。保罗被认为是一位很成功的领导者和管理人员。

保罗在2007年年初被提升为达拉斯的经营合伙人。他采取了帮助他在纽约工作时取得显著成效的同种富有进取心的管理方式。他马上更换了几乎全部的25名专业人员，并制订了短期的和长期的客户开发计划。职员人数增加得相当快，为的是确保有足够数量的员工来处理预期扩增的业务。很快，办事处有了约40名专业人员。

但在纽约成功的管理方式并没有在达拉斯取得成效。办事处在一年时间内就丢掉了两个最好的客户。保罗马上认识到办事处的人员过多了，因此决定解雇前一年刚招进来的12名员工，以减少开支。

他相信挫折只是暂时性的,因而仍继续采取他的策略。在此后几个月的时间里又增雇了 6 名专业人员,以适应预期增加的工作量。但预期中的新业务并没有到来,所以又重新缩减了员工队伍,13 名专业人员被解雇了。

伴随着这两次裁员,留下来的员工感到工作没有保障,并开始怀疑保罗的领导能力。公司的执行委员会了解到问题后将保罗调到新泽西的一个办事处,在那里他的领导方式显示出很好的效果。

重点内容网络图

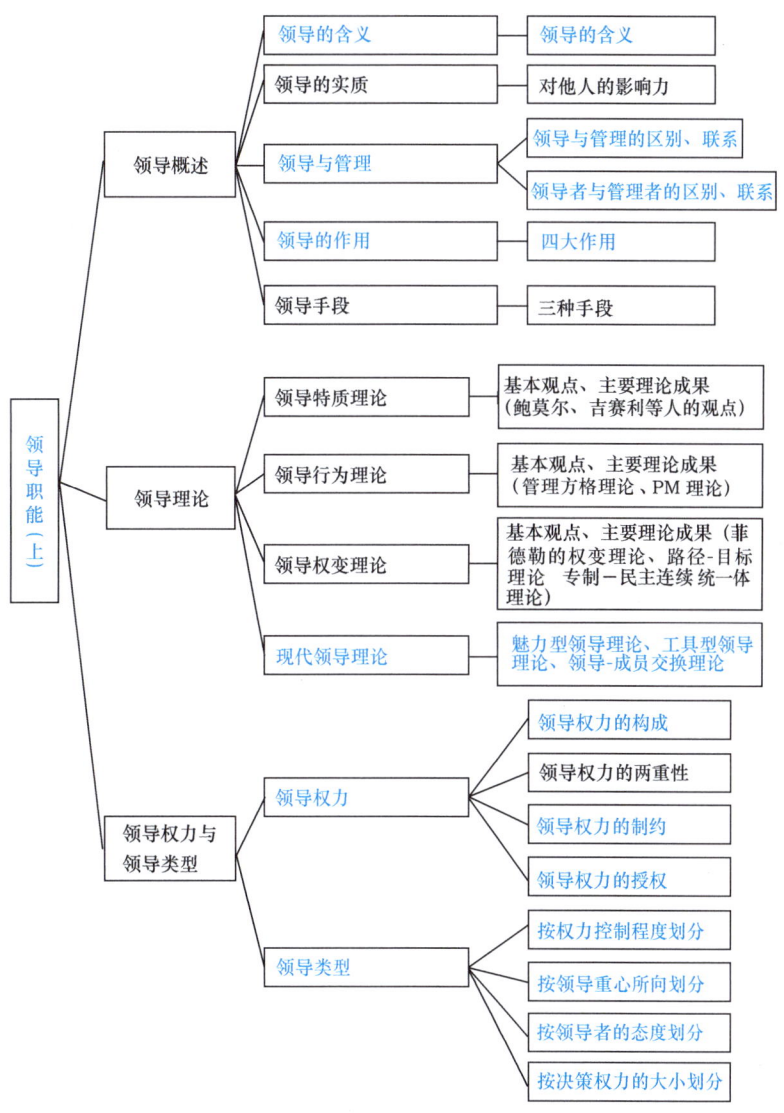

```
                            ┌─ 领导的含义 ─────── 领导的含义
                            ├─ 领导的实质 ─────── 对他人的影响力
              ┌─ 领导概述 ──┤                   ┌─ 领导与管理的区别、联系
              │             ├─ 领导与管理 ──────┤
              │             │                   └─ 领导者与管理者的区别、联系
              │             ├─ 领导的作用 ─────── 四大作用
              │             └─ 领导手段 ───────── 三种手段
              │
              │             ┌─ 领导特质理论 ───── 基本观点、主要理论成果
              │             │                     (鲍莫尔、吉赛利等人的观点)
  领导职能(上)│             │
              │             ├─ 领导行为理论 ───── 基本观点、主要理论成果
              ├─ 领导理论 ──┤                     (管理方格理论、PM 理论)
              │             │                     基本观点、主要理论成果(菲
              │             ├─ 领导权变理论 ───── 德勒的权变理论、路径-目标
              │             │                     理论、专制-民主连续统一体
              │             │                     理论)
              │             └─ 现代领导理论 ───── 魅力型领导理论、工具型领导
              │                                   理论、领导-成员交换理论
              │
              │                            ┌─ 领导权力的构成
              │             ┌─ 领导权力 ──┤─ 领导权力的两重性
              │             │             ├─ 领导权力的制约
              │             │             └─ 领导权力的授权
              └─ 领导权力与─┤
                 领导类型   │             ┌─ 按权力控制程度划分
                            │             ├─ 按领导重心所向划分
                            └─ 领导类型 ──┤
                                          ├─ 按领导者的态度划分
                                          └─ 按决策权力的大小划分
```

注:蓝色字表示更为重要的内容;本图中未包括的内容可略讲或由学生自学。

推荐书目

1.《蓝海战略——超越产业竞争　开创全新市场》——作者：W. 钱·金，勒妮·莫博涅

企业为了寻求持久的、获利性的增长，往往与其对手针锋相对地竞争。它们为竞争优势而战，为市场份额而战，为实现差异化而战。然而，在目前过度拥挤的产业市场中，硬碰硬的竞争只能令企业陷入血腥的"红海"，即在竞争激烈的已知市场空间中，与对手争抢日益缩减的利润额。在这本书中，作者对你所熟知的一切战略成功的定律提出挑战。《蓝海战略》认为，聚焦"红海"等于接受了商战的限制性因素，即在有限的土地上求胜，却否认了商业世界开创新市场的可能。运用"蓝海战略"，视线将超越竞争对手移向买方需求，跨越现有竞争边界，将不同市场的买方价值元素筛选并重新排序，从给定结构下的定位选择向改变市场结构本身转变。

2.《商道》——作者：崔仁浩

《商道》是"亚洲史诗式作品，韩国第一畅销书，200万人争读的焦点。"它被中外许多著名企业人士誉为"参悟商业最高境界"的第一书。

世界知识出版社社长王成家评说："《商道》在韩国引起了很大的轰动，媒体大篇幅地宣传，发行量已经超过200万册，成为第一畅销书。图书市场关于商术的书很多，但是商道、商业道德、做人的精神，跟商业的关系，通过这本小说，以文学、以形象的东西来感染人。尤其在现在，在中国市场，在企业界，应当说还是很重要的。如果你看了这本书，到底怎么做人，怎么才能够发财致富，致富了以后怎么办？这里有很多深奥的东西。"

第五章

领导职能(下)

情景导入

罗文斌的困惑

罗文斌已经在某计算机公司工作了五个年头。在这期间,他从普通编程员升到了资深的程序编制分析员。他对自己所服务的这家公司相当满意,很为工作中的创造性要求所激励。

一个周末的下午,罗文斌和他的朋友及同事周安一起打保龄球。他了解到周安所在的部门新雇了1位刚从大学毕业的程序编制分析员。尽管罗文斌是个好脾气的人,但当他听说这新来者的起薪仅比他现在的工资少30元时,不禁发火了。罗文斌迷惑不解,他感到这里一定有问题。

周一早上,罗文斌找到了人事部主任,问他自己听说的事是不是真的?人事部主任带有歉意地说,确有这么回事。但他试图解释公司的处境:"罗文斌,程序编制分析员的市场相当紧俏。为使公司能吸引合格的人员,我们不得不提供较高的起薪。我们非常需要增加1名程序编制分析员,因此我们只能这么做。"

罗文斌问能否相应调高他的工资。人事部主任回答说:"你的工资需按照正常的绩效评估时间评定后再调。你干得非常不错!我相信经理到时会给你提薪的。"罗文斌向主任道了声"打扰了!"便离开了他的办公室,边走边不停地摇头,对自己在公司的前途感到疑虑。

学生思考:

1. 本案例描述的事件对罗文斌的工作动力会产生什么样的影响?罗文斌的困惑是什么?为什么?
2. 你觉得人事部主任的解释会让罗文斌感到满意吗?请说明理由。
3. 你认为公司应当对罗文斌采取些什么措施?为什么?

学习目标

1. 掌握沟通的概念,明确沟通的特点及其重要性。
2. 掌握沟通网络的五种形式。

3.了解常见的沟通障碍,掌握有效沟通的原则。
4.掌握协调的含义及类型。
5.明确协调的原则,掌握协调的方法和艺术。
6.掌握激励的含义,掌握三类激励理论的内容。
7.了解激励的原则,掌握激励的方法。

思政目标

1.通过学习沟通,学生思考如何处理人际关系,如何与人打交道,怎样才能获得他人的好感,怎样克服沟通的障碍,实现有效沟通。

2.通过情景模拟的导入,学生思考在实际学习、生活、工作中存在的问题,分析原因,进而找到解决问题的思路和办法,使学习、生活和工作更加高效。

3.学生通过找准契入点,激发自身潜能,发挥主观能动性,以更好地成长成才。

第一节 沟 通

情景模拟

一次困难的演讲

最近,在某民办大学的教师中出现了一股明显的不满情绪。起因是教师们听到一种说法:民办大学即将开展改革,由于社会生源减少,招生专业及规模将进行调整,涉及教师的工资待遇调整以及要减少教师的人数。结果,造成人心不稳,工作难以正常进行。人事处处长刘云展正在为此事大伤脑筋,他专门找了学校的有关领导打听此事。得到的信息是:改革肯定要涉及教师人数精简与工资待遇的调整,但变动面有多大,尚未确定。刘云展觉得与教师们进行沟通已刻不容缓,他决定召开一次全体教师参加的说明与沟通会,在会上他将亲自向大家讲清这个问题。可是,这种实际情况就是讲清楚了也难以稳定人心,而如果讲不好,还可能引起更大的波动与混乱。

学生思考:

1.你认为可能有哪些因素影响这次说明会的效果?教师们可能会基于何种心理而相信人事处处长的话?

2.如果你是这位人事处处长,你将怎样向教师们进行说明?

一、沟通的概念

沟通是信息凭借一定符号载体,在个人或群体间从发送者到接受者进行传递,并获取理解的过程。它包括两层含义：

首先是意义上的传递。如果信息和想法没被传递到，这就意味着沟通没发生。就像一个哲学问题"树林中有一棵树倒了，却无人听到，它是否发出了声响？"如果从沟通的角度出发，其答案是否定的。

其次，沟通还需要被理解。如我们在交流时，使用的不是同一种语言，而我们又不懂彼此的语言，那么，不经翻译，我们将无法进行沟通。因为沟通不仅仅是传递，它还需要相互理解。完美的沟通如果存在的话，应是经过传递后被接受者感知到的信息与发送者完全一致。正是在这个意义上，德鲁克说："沟通是接收者的行为。"

整个管理工作都和沟通有关。在组织内部，有员工之间的沟通、员工与工作团队之间的沟通、工作团队之间的沟通；在组织外部，有组织与客户之间的沟通、组织之间的沟通等。

二、沟通的特点

（一）沟通的目的性

组织内部的每一次沟通都是依据特定的沟通主题，有针对性地选择沟通的方法，以达到说服沟通对象的目的。在具体实施时，沟通的目的主要包括控制、指导、激励、决策、反馈与评价、信息交流和社会需要。

1. 控制

控制是指通过正式的沟通渠道，协调和统一全体组织成员的活动，以达到对组织活动进行有效控制的目的。

2. 指导

指导是指通过沟通让员工知道他们必须做什么以及如何做，尤其在出现问题或成员调到新的岗位时，更需要通过沟通对其下一步工作进行指导。

3. 激励

激励是指运用沟通来影响下属的思想、情感、态度和行为，鼓励并激发他们为实现组织的目标积极地、创造性地工作。

4. 决策

决策是指在遇到不易解决的问题时，管理者和下属共同讨论解决问题的对策。

5. 反馈与评价

反馈与评价是指让组织成员知道他们的工作结果，从而使其对自己的工作行为进行自我调节。通常，反馈与评价是同指导、激励一起进行的。

6. 信息交流

信息交流是沟通最基本的目的，所有其他的目的都是这一目的的特殊表现，所有的沟通都是某种信息交流的过程。

7. 社会需要

社会需要是指每一个组织中的成员进行与工作任务无关的相互交流的需要。例如，人们在闲暇时谈论的一些与家庭生活有关的话题。虽然这种沟通不直接影响组织的绩效,但它影响成员之间的情感关系,并可能对工作任务的完成产生一些间接的影响。

(二)沟通的心理影响性

每个人都具有喜好、厌恶等情感,同时又具有丰富的想象力,因此,人们在进行信息交流的时候,都会不由自主地受到这些情感及心理因素的支配,对沟通的效果产生很大的影响。心理因素首先会影响信息发送者发送信息所选用的语言、表达方式、沟通形式;其次,心理因素也会影响信息接收者对信息的理解。例如,同样一句话,从不同人的口中以不同的方式说出来,会代表着不同的信息;而在不同的人听起来,又会做出不同的理解,其原因除了信息接收者个人能力水平的差异之外,最为重要的是心理因素在起作用。所以说,沟通不是简单的机械式的语言传递,而是带有丰富的感情色彩的人际交流。

(三)沟通的语言性

语言是人与人进行沟通交流的最基本工具。广义的语言既包括书面语言、口头语言,也包括肢体语言。选择什么样的语言进行沟通,对沟通效果有着直接的影响。合适的沟通语言,不仅指词句应准确、明白易懂,而且包括语言表达形式要适当。例如,同样一项决策,领导者是用文件形式传达,还是开会亲自传达,对下属所产生的作用是不一样的。领导开会亲自传达,信息接收者就可以从传达者的肢体语言,如手势、坐姿等,来判断这一决策的意义。

三、沟通的重要性

沟通把组织与外部环境联系起来,从而使组织得以与时俱进。一个组织只有通过信息沟通才能成为一个与其外部环境发生相互作用的开放系统。由于外部环境始终处于变化之中,组织要生存和发展就必须适应这种变化,这就要求组织与外界保持持久的全方位的沟通,以把握变化所带来的机会,避免变化可能产生的风险。

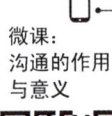

对组织内部来说,沟通是使组织成员团结一致、共同努力以达成组织目标的重要手段。组织是由众多人所组成的,只有通过有效的沟通,才能把抽象的组织目标转变成为组织中每一个成员的具体行动。同时,一个组织中每天的活动是由许多具体的工作所构成的,没有良好的沟通,一个群体的活动就无法进行,既不可能实现相互协调合作,也不可能做出必要而及时的调整变革。

沟通也是管理者激励下属、履行领导职责的基本途径。一个管理者不管有多么高的领导艺术,有多么高的威信,都必须通过沟通将自己的意图和要求告诉下属,通过沟通了解下属的想法,从而进行有效的指导、协调和激励。

案例链接

区区几个词的误解

区区几个词的误解就能意味着生与死的差异吗?在航空业中确实如此。众多空难事故在很大程度上源于沟通方面的问题。历史上最惨重的空难发生于1977年大雾中的特内里费岛,它是加那利群岛中最大的一个岛。荷兰皇家航空公司(KLM)一个航班的机长以为空中交通管制员明确指示他起飞,然而管制员只是想给他一个始发指示。尽管KLM的荷兰籍机长与西班牙籍的管制员之间都使用英语,但由于存在口音以及用词不当的问题,因而造成了词义混淆。KLM的波音波音747在飞机跑道上撞到了一架全速前进的泛美公司的波音747,致使583人丧生。

四、沟通的分类

按照不同的划分标准,可以把沟通做如下划分:

(一)按沟通的组织结构特征,可分为正式沟通和非正式沟通

1. 正式沟通

正式沟通是指按照组织明文规定的渠道进行信息的传递和交流。例如,组织内部的文件传达,上下级之间例行的汇报、总结,工作任务分配以及组织之间的信函往来等都属于正式沟通。正式沟通具有组织的严肃性、程序性、稳定性、可靠性及信息不易失真的特点,它是组织内沟通的主要方式。

2. 非正式沟通

非正式沟通是指正式沟通渠道以外自由进行的信息传递和交流,它是正式沟通的补充,通过它可以掌握群体成员的心理状况,并在一定程度上为组织决策提供依据。但由于在非正式沟通中信息失真比较大,所以,作为管理人员,既不能完全依赖它获得必要的信息,又不能完全忽视它。

案例链接

小道消息

斯塔福德航空公司是美国北部的一个发展迅速的航空公司。然而,最近在其总部发生了一系列的传闻:公司总经理波利想卖出自己的股票,但又想保住自己总经理的职务,这已经成为公司公开的秘密。总经理波利为公司制订了两个战略方案:一个是把航空公司的附属单位卖掉;另一个是利用现有的基础重新振兴发展。他自己对这两个方案的利弊进行了认真的分析,并委托副总经理本提出一个参考意见。本曾为此起草了一份备忘录,随后叫秘书比利打印。比利打印完毕后即到职工咖啡厅去,在喝咖啡时比利碰到了另一位副总经理肯尼特,并把这一秘密告诉了他。

比利对肯尼特悄悄地说:"我得到了一个极为轰动的最新消息,他们正在准备成立另外一个航空公司。他们虽说不会裁减职工,但是,我们应联合起来,有所准备啊!"这话又被办公室的通讯员听到了,他立即把这一消息告诉了他的上司巴巴拉。巴巴拉又为此事写了一个备忘录给负责人事的副总经理马丁,马丁也加入了他们的联合阵线,并认为公司应保证兑现其不裁减职工的诺言。

第二天,比利正在打印两份备忘录,其内容又被前来办公室探听消息的摩罗看见了。摩罗随即跑到办公室说:"我真不敢相信公司会做出这样的事来。我们要被卖给联合航空公司了,而且要大量削减职工呢!"

这则消息传来传去,三天后又传回到总经理波利的耳朵里。波利也接到了许多极不友好,甚至带有敌意的电话和信件。人们纷纷指责他企图违背诺言而大批解雇工人,也有人表示为与别的公司联合而感到高兴,而波利则被弄得迷惑不解。

(二)按沟通的方向,可分为上行沟通、下行沟通和平行沟通

1. 上行沟通

上行沟通是指在组织或群体中,从较低层次向较高层次的沟通。它是群体成员向上级提供信息、发表意见和对情况的反映。如果上行沟通渠道畅通,可使下级员工向上级反映自己的意见和愿望,获得某种心理上的满足,同时也可使领导者及时、准确地掌握下级情况,为做出符合实际的决策和改进管理创造条件。因此,组织领导者应大力鼓励下级向上级反映情况,从而确保上行沟通渠道的畅通无阻。

2. 下行沟通

下行沟通是指在组织或群体中,从较高层次向较低层次传递信息的过程。它是组织的领导者把组织的目标、规章制度、工作程序向下传达的沟通方式。下行沟通不仅能使下级员工明确工作任务、目标,增强责任感和组织归属感,而且可以协调组织各层次的活动,加强各级之间的有效协作。

3. 平行沟通

平行沟通是指在组织或群体中,各平行机构之间的交流及员工在工作中的交互作用和工作交谈等。平行沟通能够保证部门间的相互通气、相互配合和支持,从而减少矛盾和冲突,有利于组织各种关系的平衡与稳定。

(三)按信息发送者与接收者的位置是否变换,可分为单向沟通和双向沟通

1. 单向沟通

单向沟通是指信息的发送者与接收者之间的相对位置不发生变化的沟通,即信息的交流是单向的流动。例如,演讲、做报告、广播消息等都属于单向沟通。单向沟通的优点是信息传递快,缺点是缺少信息反馈,沟通的信息准确性差,当接收者不愿接受意见或任务时,容易引起不满与抗拒。

2. 双向沟通

双向沟通是指信息的发送者与接收者的位置不断变化的沟通,即信息交流是双向的活动。双向沟通的优点是能及时获得反馈信息,沟通的信息准确性较高,通过沟通有助于联络和巩固双方感情;其缺点是信息完整传递的速度较慢,接收者可以反对信息发送者的意见,在一定条件下可能给发送者造成心理上的压力。

单向沟通与双向沟通的比较见表 5-1。

表 5-1　　单向沟通与双向沟通的比较

因　素	结　果
时间	双向沟通比单向沟通需要更多的时间
信息和理解的准确程度	在双向沟通中,接受者理解信息和发送者意图的准确程度大大提高
接收者和发送者的置信程度	在双向沟通中,接收者和发送者都比较相信自己对信息的理解
满意	接受者比较满意双向沟通,发送者比较满意单项沟通
噪声	由于与问题无关的信息较易进入沟通过程,双向沟通的噪声比单项沟通要大得多

(四)按信息沟通的过程是否需要第三者加入,可分为直接沟通和间接沟通

1. 直接沟通

直接沟通是指信息发送者与接收者直接进行信息交流,无须第三者传递的沟通方式,如面对面的交谈、电话交谈等。直接沟通的优点是沟通迅速,双方可以充分交换意见、交流信息,迅速取得相互了解;其缺点是信息的有效传递需要时间和空间的一致性,有时直接沟通存在一定困难。

2. 间接沟通

间接沟通是指信息发送者必须经过第三者的中转才能把信息传递给接收者。间接沟通的优点是不受时间和空间条件的限制;其缺点是较浪费人力和时间,且可能使信息失真。

(五)按信息沟通时所凭借的媒介,可分为口头沟通和书面沟通

1. 口头沟通

口头沟通是指以口头语言为媒介的沟通,如演讲、口头汇报等。口头沟通是人际关系中最常用的一种形式。人们借助口头语言的表达方式彼此传递着不同的信息、情感和思想。口头沟通的优点是信息发送和反馈快捷、及时;其缺点是信息传递经过的中间环节越多,信息被曲解的可能性就越大。

2. 书面沟通

书面沟通与口头沟通都属于语言沟通的过程,但书面沟通更加规范、正式和完整。书面沟通是以书面文字为媒介的沟通,如通知、文件、备忘录等。在组织和群体正式的、比较规范的沟通中通常用书面沟通。书面沟通的优点是沟通的内容具体化、直观化,沟通信息能够被永远保存,便于查询;其缺点是花费大量时间,缺乏及时的反馈,而且不能保证接收者完全正确地理解信息。

五、沟通的网络

沟通的网络是指组织的沟通信息纵横流动所形成的各种形态。常见的沟通网络一般有五种形态,即链式、环式、Y式、轮式和全通道式,如图5-1所示。

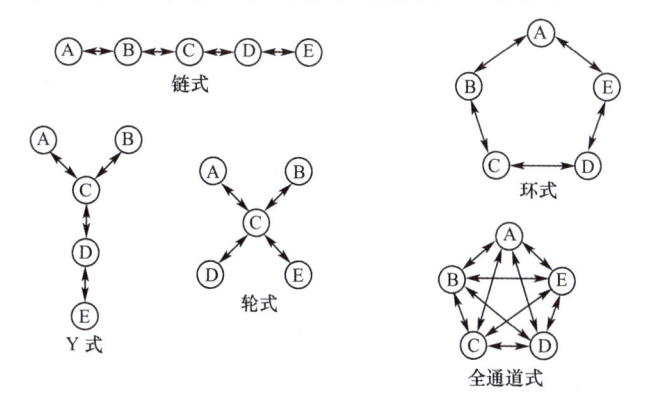

图 5-1 五种沟通网络

(一)链式沟通

这是一个线性的网络,其中,居于两端的人只能与内侧的一个成员联系,居中的人则可分别与两人沟通信息。在一个组织系统中,它相当于一个纵向沟通网络,代表一个五级层次,逐渐传递,信息可自上而下或自下而上进行传递。在这个网络中,信息经层层传递、筛选,容易失真,各个信息传递者所接收的信息差异很大,平均满意程度有较大差距。

(二)环式沟通

此种形态可以看成是链式形态的一个封闭式结构,表示五个人之间依次联络和沟通。其中,每个人都可同时与两侧的人沟通信息。在这个网络中,组织的集中化程度较低,组织中成员具有比较一致的满意度。

(三)Y式沟通

这是一个纵向沟通网络,其中只有一个成员位于沟通的中心,成为沟通的媒介。在组织中,这一网络大体相当于组织的高层领导者通过秘书班子再到下级主管人员的这种纵向关系。这种网络集中化程度较高,除中心人员(C)外,组织成员的平均满意程度较低。

(四)轮式沟通

轮式沟通属于控制型网络,其中只有一个成员是各种信息的汇集点与传递中心。在组织中,大体相当于一个主管领导直接管理几个部门的权威控制系统。此网络集中化程度高,解决问题的速度快,组织成员的满意程度较低。

(五)全通道式沟通

这是一个开放式的网络系统,每个成员之间都有一定的联系。此种网络中的集中化程度较低。由于沟通渠道多,组织成员的平均满意程度高且差异小,因此士气高昂,合作气氛浓厚。但是,由于这种网络渠道太多,易造成混乱,且又费时,影响工作效率。

五种沟通网络的特点比较见表 5-2。

表 5-2　　　　五种沟通网络的特点比较

评价标准	网络形态				
	链式	环式	Y式	轮式	全通道式
集中性	适中	低	较高	较低	
速度	适中	慢	快	快	快
正确性	高	低	较高	速度快	适中
领导能力	适中	低	高	很低	
全体成员满足	适中	高	较低	低	很高
示例	命令链锁	工作任务小组	领导任务繁重	主管对四个部属	非正式沟通(秘密消息)

六、常见的沟通障碍

在现实的管理情景中,存在着各种沟通的障碍,这些障碍影响着沟通的效果,阻碍着沟通的成功。常见的沟通障碍有语义、过滤、选择性知觉、情绪、文化等。

(一)语义

同一个词语对于不同的人来说会有不同的理解。年龄、教育程度和文化背景等因素极大地影响着人们的语言风格,影响着人们对于词语的理解和界定。即使是同一个组织中的不同部门,甚至也会有其独特的"行话"。技术人员惯用的某一个术语,在销售人员听来或许就是完全不相干的其他含义。

(二)过滤

过滤指的是人们对于信息的故意操纵。比如我们经常见到的,下级对上级的汇报会经常"报喜不报忧",他未必编谎话,但是把很多信息给过滤掉了。组织的层次越多,信息被过滤的可能性就越大。另外,组织的奖励制度对于信息过滤行为会有很大的影响。奖励越注重形式和外表,人们就越会有意识地按照上级的偏好来调整和改变信息。

(三)选择性知觉

过滤是指信息的发出者会过滤掉信息,而选择性知觉是指信息的接收者会有选择性地听或看。在沟通过程中,接收者会根据自己的需要、动机、经验、背景及其他个人特质,去选择性地看或听所传达给他的信息。人们常说,"你听到的并不是对方说的话,而是你想听的话",这就是选择性知觉。

(四)情绪

情绪对于信息的发出和接收均具有很大的影响。极端的情绪使人们无法进行客观而理性的思维,从而会口不择言、语无伦次,自己都不知道自己所言何物。就信息的接收者而言,情绪也会影响他对信息的解释。一个人在高兴或痛苦的时候,会对同一信息做出截然不同的理解。因此,最好避免在很沮丧的时候对某一信息做出反应。

(五)文化

文化差异会影响管理者的沟通方式,如西方的管理者更偏重于正式的沟通,而在东方文化中,非正式的、私下的沟通可能就会占较高的比重。这些差异要是不能得到很好的认识和认真的考虑,就极有可能成为有效沟通的障碍。

七、有效沟通的原则

(一)运用反馈

有许多的沟通问题都是由于理解不准确或者误解造成的,通过反馈可以有效改善这些问题。因此,管理者在沟通时不要唱独角戏,不要以为你说的话别人就能听懂听全。说完之后,可以问一问对方,让他描述或复述一下,这就是反馈。反馈可以有效地促进理解的准确性。

(二)简化语言

有效的沟通不仅意味着要让人们听到,还要让人们听懂。很长的话、过多的术语和行话、过多的书面语等,常常会让人听上去不知所云。所以要注意说话的措辞和逻辑,力求使欲发送的信息清楚、明确,要努力用最简单、对方能够听得懂的话来表达想表达的意思。

(三)抑制情绪

显然,人在过分激动、焦虑或哀伤的时候,既不利于说,也不利于听。情绪会使信息的传递严重受阻或失真。所以要使沟通有效,就要善于调节和控制情绪,力求使之保持在一个平和的状态。当不管由于何种原因而处于大悲或大喜之中时,可以暂时停止沟通,直到自己平静下来。

(四)积极倾听

很多人把沟通等同于说,这其实是个误解。有的人很能说,但常常说了半天人们都不知道他究竟想表达什么。管理者在沟通时不仅要说,而且还要会听。单纯地听还不够,还要能够倾听。单纯地听是被动的,而倾听则是对含义的一种积极主动的搜寻,因此它要求听者全神贯注。

关于听,有以下几方面的忠告:

(1)耐心。适当以点头或应声之类的举动来表示你的注意和兴趣,虽然不必表示你对别人所说的都赞同。

(2)不仅要听对方所说的事实内容或话语本身,还要留意和捕捉从他的情绪中所反映出的信息。

(3)必要时,将对方所说的予以重述,以表示你在注意听,也鼓励对方继续说下去。语调要尽量保持客观和中立,以免影响或引导说的方向。

(4)安排较充分而完整的交谈时间,不要因其他事而打断。

(5)在谈话中间避免直接的质疑或反驳,让对方畅所欲言。重在获知对方的真实想法。

(6)针对你确实想多了解的事情,不妨重复对方所说的要点,鼓励他进一步解释或澄清。

(7)注意对方避而不谈的有哪些方面,这些方面可能正是问题的症结所在。

(8)如果对方确实想要知道你的观点,不妨诚实告之。

(9)避免在情绪上过于激动。

(10)注意你的体态语言。

"听的艺术"注意事项见表5-3。

表 5-3　　　　　　　　　　　　　　听的艺术

要	不要
显出兴趣	争辩
全神贯注	打断
该沉默时必须沉默	用心不专
挑选安静的地方	急于发言
在适当的时间进行辩论,注意采取非语言性暗示	厌倦情绪
没听清时,用疑问的方式重复一遍	草率地得出结论
发觉遗漏时,直截了当地问	让别人的情绪直接影响你
注意整理出一些关键点和细节	消极的身体语言
克服习惯性思维	思维狭窄
重复听到的信息	固执己见
运用适宜的身体语言予以回应	缺乏诚意

案例链接

我还要回来

一天,美国知名主持人林克莱特采访一名小朋友,问他:"你长大后想要当什么呀?"小朋友天真地回答:"我要当飞机的驾驶员!"林克莱特接着问:"如果有一天,你的飞机飞到太平洋上空时所有引擎都熄火了,你会怎么办?"小朋友想了想后说:"我会先告诉坐在飞机上的人绑好安全带,然后我挂上我的降落伞跳出去。"当在现场的观众笑得东倒西歪时,林克莱特继续注视这孩子,想看他是不是个自作聪明的家伙。没想到,接着孩子的两行热泪夺眶而出,这才使得林克莱特发觉这孩子的悲悯之情远非笔墨所能形容。于是,林克莱特问他:"为什么要这么做?"小孩的答案透露出一个孩子真挚的想法:"我要去拿燃料,我还要回来!"

你真的听懂了下属的话了吗?你是不是也习惯性地用自己的权威打断手下的语言?我们经常犯这样的错误:在下属还没有来得及讲完自己的事情前,就按照我们的经验大加评论和指挥。反过头来想一下,如果你不是领导,你还会这么做吗?打断下属的语言,一方面容易做出片面的决策,另一方面容易使下属缺乏被尊重的感觉。时间久了,下属将再也没有兴趣向上级反馈真实的信息。反馈信息系统被切断,领导就成了"孤家寡人",在决策上就成了"睁眼瞎"。与下属保持畅通的信息交流,将会使你的管理如鱼得水,以便及时纠正管理中的错误,制订更加切实可行的方案和制度。

第二节　协　调

情景模拟

如何协调作息时间?

小莉、陈丹、萌萌和丫丫是某大学同一寝室中的大一新生。小莉来自北方,是个大大咧咧、性格直率的女孩,嗓门大,精力充沛,有熬夜上网的习惯,喜欢追剧,常常弄到很晚。陈丹来自南方某城市,是个文静内敛的女孩,生活习惯很有规律,习惯早睡早起,只是有点敏感,晚上开着灯就睡不着,且很容易被吵醒,因而晚上的睡眠经常被小莉打扰。她曾委婉地请求小莉早点关灯睡觉,但小莉难以改变自己的生活习惯。陈丹心里虽然不满,但也不想和小莉翻脸,毕竟以后还要相处很长时间。久而久之,陈丹渐渐觉得压抑,很不开心。

萌萌来自偏远的农村,个性比较独立,初中便开始的住宿生活教会了她如何在一个集体中跟不同性格的人一起快乐生活。由于家境不是很好,为补贴家用,开学后没多久她就在附近的超市找了一份兼职。因工作需要,萌萌经常天不亮就要起来。虽然她每次起床的时候都很注意,尽量轻手轻脚,但还是不免会发出一些声音,这些声音常常吵醒敏感的陈丹,陈丹看着萌萌在下面极力避免发出声音的举动,又不好说什么,毕竟萌萌已经尽力了。

丫丫是本地人,家境不错,从小就被家人宠着,很任性,做事情很少顾及别人的感受。她每个星期只在寝室里住两三天,作息极其规律,睡眠质量也比较好,不容易受到影响。但每次睡觉的时候,不管别人在做什么,就"啪"的一下自作主张地把灯关了,而且还不允许别人在熄灯后讲话。每当这个时候,陈丹就会暗自庆幸,因为有这个厉害的丫丫,自己也可以睡得安稳一点了。而小莉就不高兴了,不情愿地开起了台灯。但最让小莉忍无可忍的是丫丫起得很早,更糟糕的是她起来后也不管其他人还在睡觉,就把盆、杯子等器物撞得乒乓作响,甚至还把房间的灯打开。刺眼的灯光加上"洗漱进行曲",让才睡没几个小时的小莉心里老大不乐意,刚开始的时候还想着与一个寝室的同学不能闹得太僵,还用建议的语气让丫丫轻点,早上尽量开自己的台灯之类的话。但是,丫丫满不在乎,"那怎么行啊!台灯在上面,我下来哪看得见啊,你总不能叫我摸黑吧!"

"可是,你一开灯我们都醒了,睡不了了!"

"那是你们的习惯问题,那个时候本来就该起床了,谁让你们这么懒!"

"但是你晚上要睡觉不是也关灯的吗?那个时候我们还没睡呢,你怎么一点也不考虑别人的感受啊?"面对丫丫的霸道,小莉也强硬了起来。

"那可不关我的事,你们都开着台灯我不也没要求关嘛!"

两个人就这样吵了起来。从此之后,只要有她俩在寝室里,就没有安静的时候,这可苦了陈丹和萌萌。最近,两个人都向辅导员老师提出希望换个寝室。但老师说,在每个寝室里都会有性格、生活习惯各异的人,换寝室并不一定能够解决问题,希望她们能够与寝室里的同学坐下来好好谈谈,以协调解决寝室中的作息问题。

陈丹和萌萌想想也确实如此,但应该怎样沟通才能使大家在作息时间上达成共识呢?

学生思考:

1. 如果你是辅导员,你会怎样做?
2. 你认为她们之间的问题主要是什么?
3. 根据她们的具体情况,帮助她们设计一个沟通场景,来解决作息问题。

一、协调的含义

所谓协调,就是协商问题和调节关系。管理中的协调,是指管理者通过一定的手段和方法,对管理活动中各个要素之间的问题和关系进行协商和调节,使之互相配合,从而高效、步调一致地实现管理目标的活动。协调所包含的内容是相当广泛的,既有人与人之间的协调,也有物与物之间的协调,还有人与物之间的协调。但最关键的是人与人之间的协调,因为物与物之间的协调和人与物之间的协调,从根本上看也是人与人之间的协调。

二、协调的类型

(一)按协调的对象分类,可以分为对事的协调和对人的协调

1. 对事的协调

对事的协调就是谋求事与事之间的合理匹配,明确计划执行过程中各项事务的地位和作用,以及它们之间的相互承接关系,区分事务的轻重缓急,保证组织计划有条不紊地进行。

2. 对人的协调

对人的协调就是人际协调,是谋求人和人之间的心理沟通,追求统一行为的过程。协调工作的重点实际上就是对人的协调,其核心是处理好领导集体内部之间的关系,同时协调领导者与被领导者之间的关系以及组织内其他成员的关系。

(二)按协调的范围分类,可分为内部协调和外部协调

1. 内部协调

(1)垂直方向。协调的一般内容:组织授权不合理,上下权责不清;下级不尊重上级的职权,有越权行事、不服从行为;上级擅自干涉和干扰下级工作;上下级缺乏有效的沟通和理解;上级的不当指挥等。

协调的一般方法:组织协调,理顺组织关系,合理分工授权,明确上下权责范围;加强信息交流,广泛开展各种形式的交流、访谈、座谈;提高上下级的素质;上级的指挥要减少失误;建立明确的管理制度和责任制度。

(2)水平方向。协调的一般内容:机构不健全,职能上存在漏洞;分工不明,职责不清;机构臃肿,职能、职位重叠;任务苦乐不均,奖惩不明;部门利益冲突,本位主义;缺乏信息沟通,各行其是。

协调的一般方法:组织调整——队伍精干、精兵简政、健全机构、明确权责;制度协调——健全各项管理制度、落实责任制度;加强教育,提高素质;加强信息沟通;营造团结一致、相互协作的工作气氛。

2. 外部协调

(1)垂直方向。即企业与上级(主管部门)及下属单位之间的关系。协调的一般内容:政策和规划上的不一致;政企没有真正分开;行政命令、人事制度、干部任免等信息沟通不畅;利益冲突等问题。

协调的一般方法:切实做到政企分开是解决这一问题的根本措施;重点是要规范政府及企业主管部门的职能,真正落实企业自主权;沟通信息,增进理解;改善上下级领导的工

作方式、工作作风。

(2)水平方向。即企业与用户、协作单位、竞争对手、公众等对象的关系。协调的一般内容：与用户在产品、服务方面发生纠纷；经济往来、协作中的经济纠纷；同行之间由于竞争产生摩擦；企业在经营过程中触犯社会利益及公众利益。

协调的一般方法：企业首先应规范自身行为（包括产品、服务质量保证、守法经营等）；利用法律武器解决；通过上级主管部门协调，充分协商、沟通信息、增进理解、互谅互让，加强企业公共关系活动。

三、协调的原则

(一)统筹全局原则

组织协调的目的在于实现组织的整体功能和总体目标，而要有效地实现这种整体功能与总体目标，就必须首先形成全局的、系统的观念，遵循统筹全局的原则。这一原则要求管理者在进行协调活动和工作时，必须从全局出发，从总体目标、总体部署上来认识协调工作的重要性。局部服从全局，部分服从整体。

(二)综合平衡原则

组织的系统、整体功能是建立在组织要素之间的相互联系、相互依存、相互作用的基础之上的，任何组织要素在结构和功能上的残缺，都必然导致组织整体在结构和功能上的不健全。因此，组织管理者要有效地对组织活动进行协调管理，还必须确立并遵循综合平衡的原则。

(三)主次有序原则

综合平衡要求我们在对组织进行协调管理时，要注意每一要素在结构和功能上的完整和健全，并不是要我们在任何时候、任何条件下都必须"均衡"地对待。这一原则要求我们在对组织进行协调管理时，必须做到有主有次、有轻有重、有先有后、抓住重点、照顾一般。

(四)互相尊重原则

协调工作要坚持互相尊重、理解，不论是上级、下级还是同级，都要力戒骄傲和冷漠。要避免因为态度不好，恶语伤人使关系疏远，问题恶化，力求态度诚恳，互相尊重、理解，在友好的气氛中将矛盾淡化。

(五)民主协商原则

协调工作要坚持发扬民主，提倡平等协商。这样做，一方面有利于矛盾双方在感情上的靠拢，为协调创造一个和谐的气氛；另一方面，双方在民主协商中畅所欲言，有利于管理者全面了解情况，做到"兼听则明"，这样双方的感情距离缩小，加上管理者情况明了，措施正确，就更易于接受调解，协调工作就能真正见效。

(六)求大同存小异原则

在管理系统中，由于各个层次、各类人员所处的地位不同、责权不同，加之各人的经历、知识、个性心理特征上的差异，矛盾的存在是必然的、普遍的。管理者的协调艺术在于既坚持原则,又善于妥协,大事不糊涂,小事不计较,把坚持原则和必要的妥协巧妙地结合起来。

四、协调的方法

(一)疏导

疏导就是疏通和引导。概括地说,就是"疏通言路、化解矛盾、稳定情绪、正面引导"。

(二)化解

矛盾和冲突是客观存在的,化解矛盾和冲突、实现协调是领导者的一项很重要的经常性工作。

(三)平衡

平衡意味着协调,失去平衡必然导致不协调。领导者要善于在变化发展中找到平衡点,调节各方的关系。

(四)强制

协调主体要依靠自己的权力,运用命令、规定、批示等行政手段直接对协调客体产生影响。

五、协调的艺术

在日常的领导工作中,协调是一项十分重要的工作。协调是讲方法的,也就是要有协调的艺术。协调的艺术是指在矛盾冲突中,坚持原则性与灵活性的统一处理、协调矛盾的方法与技巧。

(一)上行协调艺术

1.与上级领导者的交往要适度

主要体现在三方面:

(1)尊重而不恭维。下级尊重领导、维护领导权威是基本的组织原则,希望得到下级的尊重是领导者的普遍心理,但尊重不等于恭维,正常的上下级关系是建立在尊重领导、支持工作和维护威信的基础上的。

(2)服从而不盲从。下级服从上级是领导者实现领导的基本条件,是上下级关系的基本原则。即使领导的决策、做法有错误或个人与领导有不同意见,下级也应该服从上级,但在具体操作过程中应该采取适当的方式向领导者阐明问题的严重性或在实际行动上有所保留、修正和变通。

(3)亲近而不庸俗。上下级之间既保持经常接触,又要保持一定距离,做到组织上服从,工作上支持,态度上尊重。下级只有通过垂直的人格和工作业绩才能赢得领导的好感,建立友谊。

2.要尽职尽责尽力而不越位

下级要明确自己的特定角色,努力按标准做好工作,又不越位。越位现象主要有四种:

(1)决策越位：不该自己决定的事情拍板决定。
(2)表态越位：表了不该表的态。
(3)工作越位：做了不该自己做的事。
(4)场合越位：不按场合要求摆正自己的位置。

3. 创造性地执行上级领导者的指示

由于领导所制订的工作方针、计划、要求一般都是比较笼统的，因此下级必须在领会这些方针、计划的基础上，结合本组织的实际情况创造地开展工作，这也是下级工作水平、能力的主要体现。

4. 善于将自己的意见变成领导者的意见

下级只有善于使自己的意见被领导者采纳，意见才会有实现的价值。在如何说服领导者采纳自己的意见上，有几点是要注意的：

(1)要掌握不同领导者听取意见的特点，并采取相应的方法反映意见。
(2)要使自己的意见有科学性、可行性，容易被领导者采纳。
(3)要选择适当的时间、地点和场合提出意见。
(4)建议中要有几种方案，留给领导者选择的余地。
(5)指出问题的成败利害，使领导者有紧迫感。

(二)对下协调艺术

上级对下级协调工作要遵循公正、平等、民主、信任的原则，主要体现在以下几个方面：

1. 对"亲者"应保持距离

"亲者"是指与领导观点相近，接触较多者。开明的领导应与"亲者"保持一定距离，这样做有几点好处：

(1)有利于团结大多数。
(2)有利于客观地观察问题，冷静处理内部关系。
(3)避免因容易迁就"亲者"而陷入泥潭。
(4)有利于与下属保持深沉、持久、真挚的关系。成功的领导者都是以一种超然的、不受感情影响的方式来看待同下属的关系。领导者应与下属打成一片、赤诚相见，对下属不分亲疏、爱护团结、一视同仁。

2. 对"疏者"当正确对待

"疏者"是指反对自己或有不同意见者。领导应该看到"疏者"往往是自己避免犯错和使自己工作取得成功的重要因素，因此要客观、公正地对待"疏者"，应有将"疏者"当作治疗自己各种弱点、缺点的良药的气魄。

3. 对下级须尊重以礼

主要体现在要尊重下属的人格尊严，以礼相待，尊重下级的进取精神，维护下级的积极性、创造性和关心信任下属。

4. 对纠纷要公平、公正地处理，即"一碗水端平"

平等地对待每一个下属，公正地处理每一件事情。下属间有了纠纷，应实事求是公平处理，而不应偏袒一方，压制另一方。

(三)平行关系协调

同级之间的关系即平行关系协调应遵循以下几点原则:
(1)互相尊重,平等相待。
(2)相互信任,坦诚相待。
(3)为人正直,光明正大。
(4)相互学习,彼此宽容。

第三节 激 励

情景模拟

我为什么没有学习兴趣?

高中的时候,刘明是个刻苦努力的好学生,脑子里每天想的就是要争取考上一所名牌大学。为了实现这个目标,刘明每天都把计划排得满满的,就连吃饭的时候也不忘背几个单词。这样的生活虽然单调,但却很充实。日子一天一天过去,功夫不负有心人,刘明最终考取了梦寐以求的某名牌大学计算机系。

刚进入大学的时候,刘明对大学的一切都感到新奇,只要是自己喜欢的活动都去参加,同时还保留着高中时的学习习惯。除了参加一些活动外,每天教室、寝室、食堂,过着简单的"三点一线"的生活。刘明的勤奋学习和积极主动换来了丰硕的成果:第一学年结束的时候,刘明获得了一等奖学金,在学生会里的表现也使他得到了部长的认可和器重,有望在大二换届选举的时候接替原来的部长。

大二的时候,专业课逐渐多了起来,在开学几个星期后,刘明觉得某些专业课枯燥无味,自己一点兴趣也没有,上课时常常打瞌睡。在一次与学长的闲聊过程中,刘明得知,学校学的很多东西是与社会脱节的,现在学的东西到工作的时候能用到的很少。比如,现在社会上比较流行的编程语言是Java,而学校却还在开设4个学分的C语言,Java只是选修课。后来与各方面交往多了,听到了很多类似的说法。刘明开始对刻苦学习书本知识产生了怀疑:学习的东西到工作的时候又派不上用场,那自己这么辛苦干什么?

每每想到这些,刘明心中就不免有些失落。看着寝室的同学每天上上网,打打游戏,有空参加一些课外的活动,十分轻松自由,刘明的学业也渐渐松弛了下来。一次偶然的机会,经朋友介绍,他玩上了网络游戏,逐渐地,网络游戏成了他生活的重心,上课反而成了"调剂",偶尔去听听课,也根本听不进老师的讲课内容。随着在网络游戏里级别的升高,刘明有了成就感,渐渐地,网络游戏成了他每天都离不开的精神食粮,而对学习的兴趣则越来越小,抄作业和逃课成了家常便饭,学习成绩开始直线下滑。大二结束时,竟然有几门课还亮起了红灯。

看到这个结果,刘明心里特别不是滋味,他知道这并不是自己想要的结果。细心的辅导员觉察到了刘明的变化,在学期末与刘明进行了一次语重心长的谈话。谈话之后,刘明自己也好好地进行了一次反省,觉得自己过去一年里沉迷于网络游戏确实不应该,在大三自己应该振作起来,认真学习,把成绩追上去。

于是刘明重新拾起课本,返回课堂。这时,刘明才发现书上的知识是那么陌生,自己竟然连一个小程序都编不出来,而自己的学习兴趣也大不如前,常常看不了几页书就看不下去了。看到周围曾经站在同一起跑线上的很多同学都在如饥似渴地学习着各种计算机知识,有些甚至已经成了编程高手,刘明不免心中着急。为什么以前自己能够潜心学习,现在学习反而成了一种负担?怎样才能重新引发自己的学习兴趣?刘明陷入了迷茫之中。

学生思考:
1. 为什么以前刘明能够潜心学习,现在学习反而成为他的一种负担了呢?
2. 怎样才能重新引发刘明的学习兴趣呢?

一、激励概述

(一)激励的含义

激励字面上的意思为激发和鼓励。在管理工作中,将激励定义为管理者通过各种手段和方式刺激、激发人的动机,使其产生内在的动力,从而调动其积极性,努力朝着有利于组织期望的目标前进的一种管理活动。激励的实质就是通过目标导向,人们产生有利于组织目标的优势动机并按组织所需要的方向行动。

对激励这一概念内涵可以从以下几个方面来理解:

(1)激励必须有激励对象,激励对象有某种或某些尚未得到满足的需要;

(2)激励对象的需要是多方面的,要满足这些需要就必须采取多种激励措施;

(3)激励的出发点是实现组织特定目标;

(4)激励的最终目的是调动组织成员的工作积极性;

(5)激励作为一种领导手段,最明显的特点是内在驱动性和自觉自愿性。

(二)激励的过程

激励的过程首先从需要或动机出发。人的行为产生于人的动机,而人的动机起源于人的需要。在日常生活中,任何人都有一种不满足于现状的心理状态,任何人都愿意创造条件去提高或满足自己的需要。一般而言,当人产生某种需要而未得到满足时会产生一种不安、紧张的心理状态,这就是激励的起点。在遇到能够满足的目标时,这种紧张的心理状态就转化为动机,推动人们去从事某种活动,向目标前进。当人达到目标时,紧张的心理状态就会消除,需要得到了满足。从需要产生到指向目标的整个过程就是激励的过程。当一种需要满足时,又会产生新的需要,又要经过指向目标的行为,如此循环往复,人们不断为满足自己的需要而驱使自己的行为,这种心理过程如图5-2所示。激励就是对人的各种需要予以不同程度的满足或限制,以引起人们心理状态的变化,达到激发动机、引起行为的目的,并通过对动机的强化,对行为加以控制和调节。

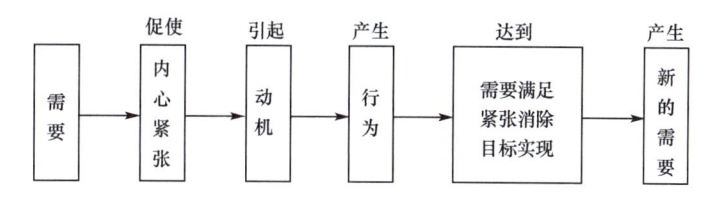

图 5-2　激励的过程

(三)激励的作用

首先,激励有利于调动人的积极性,这是激励的目的。人的积极性总受到各种因素的影响,通过激励了解调动人的积极性的因素,刺激员工。

其次,激励有利于实现组织目标,并使员工为完成组织目标而贡献力量。

最后,激励有利于提高组织绩效。员工的激励与组织的绩效密切相关。

二、激励理论

迄今为止,主要的激励理论有三大类,分别为内容型激励理论、过程型激励理论和行为改造型激励理论。

(一)内容型激励理论

内容型激励理论重点研究激发动机的诱因,主要包括马斯洛的需要层次论、赫茨伯格的双因素理论和麦克利兰的成就需要理论等。

1. 马斯洛的需要层次论

这是由心理学家马斯洛提出的动机理论。该理论认为,人的需要可以分为五个层次,如图 5-3 所示。

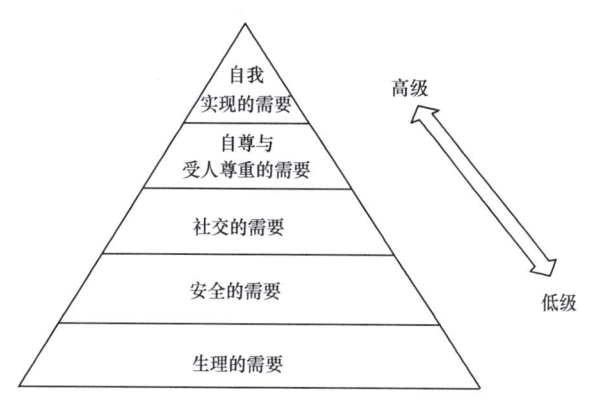

图 5-3　马斯洛的需要层次论示意图

(1)生理的需要——维持人类生存所必需的身体需要。
(2)安全的需要——保证身心免受伤害。
(3)社交的需要——包括感情、归属、被接纳、友谊等需要。

(4) 自尊与受人尊重的需要——包括内在的尊重,如自尊心、自主权、成就感等需要和外在的尊重,如地位、认同、受重视等需要。

(5) 自我实现的需要——包括个人成长、发挥个人潜能、实现个人理想的需要。

马斯洛认为,人们一般按照这个梯级从低级到高级来追求各项需要的满足,但这并不是说不同级别的需要不能在同一时间发挥作用。在某一特定时期,总有某一级别的需要发挥主导作用,其他需要处于从属地位。需要是人的本性,但每个人的需要并不都是严格地按上述顺序发展的。人们需要的满足是相对的,在正常情况下,大多数人的基本需要只能部分得到满足,不能得到全部满足。

2. 赫茨伯格的双因素理论

20世纪50年代后期,美国心理学家赫茨伯格和他在匹兹堡的心理学研究所的研究人员通过一项研究提出了"双因素理论"。

他们进行的是这样一项研究:访问了匹兹堡地区的11个工商事业机构的200多位工程师和会计人员,请他们列举在其工作中哪些是使他们愉快的项目、哪些是使他们不愉快的项目。经过分析调查所获得的资料,结果发现,受访人员觉得未能得到满足的项目多数与他们的工作环境有关,而他们觉得满意的项目一般属于与工作本身相关的因素。

研究表明,一方面是组织的政策与管理、监督、工作条件、人际关系、薪金、职业安定等因素,如果得到满足就没有不满,得不到满足则会产生不满,赫茨伯格把这类因素统称为保健因素;另一方面是成就、赏识(认可)、工作本身的意义及挑战、晋升、成长与发展、责任感等因素,如果得到满足则感到满意,得不到满足则没有满意感(但不是不满),他把这类因素统称为激励因素。具体见表5-4。赫茨伯格认为,只有靠激励因素来调动员工的积极性,才能提高生产效率。

表5-4　　　　　　　　保健因素与激励因素

保健因素(环境)	激励因素(工作本身)
政策与管理	成就
监督	赏识(认可)
工作条件	工作本身的意义及挑战
人际关系	晋升
薪金	成长与发展
职业安定	责任感

这个理论对我们的启示在于,领导者在激励下属的过程中,需认识到保健因素不可缺少,以免引起员工对工作产生不满。而要想真正激励员工努力工作,就必须注重激励因素,只有这些因素才会增加员工的工作满意感。

双因素理论与马斯洛的需要层次理论之间存在着一定的对应关系。可以认为,保健因素对应着马斯洛需要层次中的低层次需要,而激励因素则对应着需要层次理论中的高层次需要。

双因素理论提出后,也有人表示质疑,认为人是复杂的,若是调查仅以满意或不满意作为指标,而且没有进一步证实满意感与生产率之间的关系,则这种调查结果的可信度是值得怀疑的。

3. 麦克利兰的成就需要理论

美国哈佛大学教授麦克利兰把人的高级需要分为三类,即权力、交往和成就需要。

在实际生活中,一个组织有时因配备了具有高成就动机需要的人员使得组织成为高成就的组织,但有时是由于把人员安置在具有高度竞争性的岗位上才使组织产生了高成就的行为。麦克利兰认为前者比后者更重要。这说明高成就需要是可以培养出来的,并且目前已经建立了一整套激励员工成就需要的培训方法来提高生产率以及为出现高成就需要的工作培养合适的人才。

(二)过程型激励理论

过程型激励理论重点研究从动机的产生到采取行动的心理过程,主要包括弗鲁姆的期望理论、海德的归因理论和亚当斯的公平理论等。

1. 弗鲁姆的期望理论

期望理论是由美国心理学家弗鲁姆于1964年在《工作与激励》一书中提出来的。他通过研究人们的努力行为与期望值、效价之间的因果关系来研究激励的过程。他认为,当人们有了某种强烈的需要,就会促使自己以行动去实现这一目标,当目标还没有实现时,这种需要就会转化成为一种期望,即激励力量。但要激发人们去实现目标,就目标本身来讲必须是有价值的且通过人自身的努力能够实现的。

激励水平取决于效价和期望值的乘积,其公式如下:

$$激励力量 = 效价 \times 期望值$$

该公式中,激励力量是指受激励动机的强度,即激励作用的大小;效价是指目标对于满足个人需要的价值;期望值是指采取某种行动实现目标的可能性的大小,即概率。

作为组织的领导者,在选择激励手段时,一方面要考虑效价,另一方面要考虑期望值。只有这样,才能最大限度地激发员工工作的积极性;同时,领导者设立目标的标准不宜过高也不宜过低,应该是让员工通过一定的努力能够实现的。

2. 海德的归因理论

归因理论是美国心理学家海德于1958年提出的,后由美国心理学家韦纳及其同事的研究而再次活跃起来。

在管理领域,归因理论主要研究两个方面的问题:一是对引发人们某一行为的因素做分析,看它应归结于内部原因还是外部原因;二是研究人们获得成功或遭受失败的归因倾向。

归因理论从三个方面进行了阐述:

(1)归结的原因可以分为内部原因和外部原因。其中,努力程度和能力属于内部原因,而任务难度和机遇属于外部原因。

(2)稳定性。能力和任务难度属于稳定因素,而努力程度与机遇则属于不稳定因素。

(3)可控性。努力程度是可以控制的,而任务难度和机遇等是不可以控制的。能力虽然在一定条件下不可控,但是在后天可以通过人们的努力得到提升,所以从这个方面讲,能力是可控的。

归因理论认为,人们把成功与失败归结于何种因素会决定其工作积极性,影响其工作态度,进而影响工作绩效。例如,把成功归结于内部原因,会使一个人感到满意和自豪,归于外部因素则会让人感到幸运和感激;把失败归于稳定因素后,会降低其工作积极性,形成懒惰思想。

3. 亚当斯的公平理论

这是美国心理学家亚当斯于1976年提出的理论。亚当斯通过大量的研究发现:员工对自己是否受到公平合理的待遇十分敏感。他们会首先思考自己收入与付出的比率,然后将自己的收入-付出比与其他人的收入-付出比进行比较,见表5-5。他们的工作积极性不仅受到其所得报酬的绝对值的影响,更受到相对值的影响。公平理论为管理中提高员工的满意度和工作积极性提供了一种新的思路,一个人所得的相对值比绝对值更能影响人的工作积极性。

表 5-5　　　　员工比较与评价表

觉察到的比率比较	员工的评价
（所得 A/付出 A）＜（所得 B/付出 B）	不公平（报酬太低）
（所得 A/付出 A）＝（所得 B/付出 B）	公平
（所得 A/付出 A）＞（所得 B/付出 B）	不公平（报酬太高）

注:A 代表某员工;B 代表参照对象。

案例链接

薪酬管理

某房地产集团下属的一家物业经营管理公司,在其成立初期非常注重管理的规范化和充分调动员工积极性,制定了一套较科学完善的薪酬管理制度,使公司得到了较快的发展,短短的两年多时间,公司的业务增长了110%。随着公司业务的增加和规模的扩大,员工也增加了很多,人数达到了220人,但公司的薪酬管理制度没有随业务发展和人才市场的变化而适时调整。公司领导原以为公司的发展已有了一定的规模,经营业绩理应超过以前,但事实上,整个公司的经营业绩不断滑坡,客户的投诉也不断增加,员工的工作失去了往日的热情,部分技术骨干和中层管理人员离职,其他人员也出现不稳定的预兆。其中,公司工程部经理在得知自己的收入与后勤部经理的收入相差很少时感到不公平,他认为工程部经理这一岗位相对后勤部经理工作难度大、责任重,应该在薪酬上体现出这种差别,所以工作起来没有了以前那种干劲,后来辞职而去。员工的流失、员工工作缺乏积极性,致使该公司的经营一度出现困难。在这种情况下,该公司的领导意识到问题的严重性,经过对公司内部管理的深入了解和诊断,发现问题出在公司的薪酬管理制度上:关键的技术骨干力量的薪酬水平较市场明显偏低,对外缺乏竞争力;公司的薪酬结构也不尽合理,对内缺乏公平,从而导致技术骨干和部分中层管理人员流失。针对这一具体问题,该公司就薪酬水平进行了市场调查和分析,并对公司原有薪酬管理制度进行调整,制订了新的与企业战略和组织架构相匹配的薪资方案,激发了员工的积极性和创造性,公司发展又开始恢复良好的势头。

(三)行为改造型激励理论

行为改造型激励理论重点研究激励的目的(即改造、修正行为),主要包括斯金纳的强化理论和亚当斯的挫折理论等。

1.斯金纳的强化理论

强化理论是美国心理学家和行为科学家斯金纳等人提出的一种理论。强化理论是以学习的强化原则为基础的关于理解和修正人的行为的一种学说。根据强化的性质和目的,可把强化分为正强化和负强化。在管理上,正强化就是奖励那些组织上需要的行为,从而加强这种行为;负强化就是惩罚那些与组织不相容的行为,从而削弱这种行为。正强化的方法包括奖金、对成绩的认可、表扬、改善工作环境和人际关系、晋升、安排担任挑战性的工作、给予学习和成长的机会等。负强化的方法包括批评、处分、降级等,有时不给予奖励或少给奖励也是一种负强化。

所谓强化,从其最基本的形式来讲,指的是当一种行为得到了肯定的结果,如报酬等,那么这种行为在今后有可能会重复发生;而当一种行为得到了否定的后果,如惩罚等,那么这种行为在今后有可能不会再重复发生了。

2.亚当斯的挫折理论

挫折理论是由美国心理学家亚当斯提出的。挫折是指人类个体在从事有目的的活动过程中,指向目标的行为受到障碍或干扰,致使其动机不能实现、需要无法满足时所产生的情绪状态。挫折理论主要揭示人的动机行为受阻而未能满足需要时的心理状态,并由此而导致的行为表现,力求采取措施将消极性行为转化为积极性、建设性行为。

案例链接

卧薪尝胆

公元前496年,吴王阖闾派兵攻打越国,但被越国击败,阖闾也伤重身亡。两年后,阖闾的儿子夫差率兵击败越国,越王勾践被俘并押送到吴国做奴隶,勾践忍辱负重伺候吴王三年后,夫差才对他消除戒心并把他送回越国。其实,勾践并没有放弃复仇之心,他表面上对吴王服从,但暗中训练精兵、强政励治,并等待时机反击吴国。艰苦能锻炼意志,安逸反而会消磨意志。勾践害怕自己会贪图眼前的安逸,消磨报仇雪耻的意志,所以他为自己安排了艰苦的生活环境。他晚上睡觉不用褥子,只铺些柴草(古时叫薪);又在屋里挂了一只苦胆,不时尝尝苦胆的味道,为的就是不忘过去的耻辱。

勾践为鼓励民众,就和王后与人民一起参加劳动,在越人同心协力之下使越国强大起来,最后找到时机消灭吴国。这就是著名的卧薪尝胆。

三、激励的原则与方法

(一)激励的原则

1.目标结合原则

在激励机制中,设置目标是一个关键环节。目标设置必须同时体现组织目标和员工需要的要求。

2. 物质激励和精神激励相结合的原则

物质激励是基础,精神激励是根本。在两者结合的基础上,逐步过渡到以精神激励为主。

3. 引导性原则

激励措施只有转化为被激励者的自觉意愿,才能取得激励效果。因此,引导性原则是激励过程的内在要求。

4. 合理性原则

激励的合理性原则包括两层含义:第一,激励的措施要适度。要根据所实现目标本身的价值大小确定适当的激励量。第二,奖惩要公平。

5. 明确性原则

激励的明确性原则包括三层含义:第一,明确。激励的目的是需要做什么和必须怎么做。第二,公开。特别是分配奖金等大量员工关注的问题时,更为重要。第三,直观。实施物质奖励和精神奖励时都需要直观地表达它们的指标。直观性与激励影响的心理效应成正比。

6. 时效性原则

要把握激励的时机,"雪中送炭"和"雨后送伞"的效果是不一样的。激励越及时,越有利于将人们的激情推向高潮,使其创造力连续有效地发挥出来。

7. 正激励与负激励相结合的原则

所谓正激励,就是对员工符合组织目标的期望行为进行奖励。所谓负激励,就是对员工违背组织目的的非期望行为进行惩罚。正负激励都是必要而有效的,不仅作用于当事人,而且会间接地影响周围其他人。

8. 按需激励原则

激励的起点是满足员工的需要,但员工的需要因人而异、因时而异,并且只有满足最迫切需要(主导需要)的措施,其效价才高,其激励强度才大。因此,领导者必须深入地进行调查研究,不断了解员工需要层次和需要结构的变化趋势,有针对性地采取激励措施,才能收到实效。

(二)激励的方法

有效的激励,必须通过适当的激励方式与手段来实现。按照激励中诱因的内容和性质,可将激励的方式与手段大致划分为三类:物质利益激励、社会心理激励和工作激励。

1. 物质利益激励

物质利益激励是指以物质利益为诱因,通过调节被管理者的物质利益来刺激其物质需要,以激发其动机的方式与手段。主要包括以下具体形式:

(1)奖酬激励。奖酬包括工资、奖金、各种形式的津贴及实物奖励等。

(2)关心照顾。管理者对下级在生活上给予关心照顾,是激励的有效形式。它不但使下级获得物质上的利益和帮助,而且能获得尊重和归属感上的满足,从而可以产生巨大的激励作用。

(3)处罚。在经济上对员工进行处罚是一种管理上的负强化,属于一种特殊形式的激励。

2.社会心理激励

社会心理激励,是指管理者运用各种社会心理学方法,刺激被管理者的社会心理需要,以激发其动机的方式与手段。这种激励方式是以人的社会心理因素作为激励的诱因的。主要包括以下一些具体形式:

(1)目标激励。目标激励即以目标为诱因,通过设置适当的目标,激发动机、调动积极性的方式。可用以激励的目标主要有三类:工作目标、个人成长目标和个人生活目标。管理者可通过对这三类目标的恰当选择与合理设置有效地调动员工的积极性。

(2)教育激励。这是指通过教育的方式与手段,激发动机、调动下级积极性的形式。具体包括政治教育和思想工作。

(3)表扬与批评。表扬与批评是管理者经常运用的激励手段。要讲究表扬与批评的艺术,因为它将直接关系到表扬与批评的效果。

(4)感情激励。感情激励即以感情作为激励的诱因,调动人的积极性。感情激励主要包括以下几方面内容:在上下级之间建立融洽和谐的关系;促进下级之间关系的协调与融合;营造健康、愉悦的团体氛围,满足组织成员的归属感。

(5)尊重激励。随着人类文明的发展,人们越来越重视尊重的需要。管理者应利用各种机会信任、鼓励、支持下级,努力满足其尊重的需要,以激励其工作的积极性。

(6)参与激励。参与激励即以让下级参与管理为诱因,调动下级的积极性和创造性。下级参与管理,有利于集中群众意见,以防决策的失误;有利于满足下级受尊重的心理需要,从而受到激励;有利于下级对决策的认同,从而激励他们积极自觉地去推进决策的实施。

(7)榜样激励。"榜样的力量是无穷的",管理者应注意用先进典型来激发下级的积极性。榜样激励主要包括以下两方面:先进典型的榜样激励、管理者自身的模范作用。

(8)竞赛激励。人们普遍存在着争强好胜的心理,这是由于人谋求实现自我价值、重视自我实现需要所决定的。管理者结合工作任务,组织各种形式的竞赛,鼓励各种形式的竞争,就会极大地激发员工的热情、工作兴趣和克服困难的勇气与力量。

3.工作激励

按照赫茨伯格的双因素理论,对人最有效的激励因素来自于工作本身,即满意于自己的工作是最大的激励。因此,管理者必须善于调整和调动各种工作因素,搞好工作设计,千方百计地使下级满意自己的工作,以实现最有效的激励。在实践中,一般有以下几种途径:

(1)工作适应性。即工作的性质和特点与从事工作的员工的条件与特长相吻合,能充分发挥其优势,引起其工作兴趣,从而使员工高度满意于工作。

(2)工作的意义与工作的挑战性。员工怎样看待自己所从事的工作,直接关系到其对工作的兴趣与热情,进而决定其工作积极性的高低。

(3)工作的完整性。人们愿意在工作实践中承担完整的工作。从一项工作的开始到结束都是由自己完成的,工作的成果就是自己努力与贡献的结晶,从而可获得一种强烈的成就感。

(4)工作的自主性。人们出于自尊和自我实现的需要心理,期望独立自主地完成工作,而自觉不自觉地排斥外来干预,不愿意在别人的指使或强制下被迫工作。这就要求管理者能尊重下级的这种心理,通过目标管理等方式,明确目标与任务,提出规范与标准,然后,大胆授权,放手使用,让下级进行独立运作,自我控制。

(5)工作扩大化。影响工作积极性的最突出原因是员工厌烦自己所从事的工作,而造成这种现象的基本原因之一就是工作的单调乏味或简单重复。工作扩大化旨在消除单调乏味的状况,增加员工工作的种类,令其同时承担几项工作或周期更长的工作。具体形式有:兼职作业、工作延伸、工作轮换。

(6)工作丰富化。工作丰富化指让员工参与一些具有较高技术或管理含量的工作,即提高其工作的层次,从而使职工获得一种成就感,使其渴望得到尊重的需要得到满足。具体形式包括:将部分管理工作交给员工,使员工也成为管理者;吸收员工参与决策和计划,提升其工作层次;对员工进行业务培训,全面提高其技能;让员工承担一些较高技术的工作,提高其工作的技术含量等。

工作扩大化是指从横向上增加工作的种类,而工作丰富化则是指从纵向上提高工作的层次,两者的作用都在于克服工作的单调乏味,拓展工作的内涵或外延,增加员工的工作兴趣。

(7)及时获得工作成果反馈。管理者在工作过程中,应注意及时测量并评定、公布员工的工作成果,尽可能早地使员工得到工作的反馈。员工们及时看到他们的工作成果,这就会有效地激发其工作积极性,促使其努力扩大战果。

分析与研讨

1. 简述沟通的特点和重要性。
2. 简述沟通的类型。
3. 简述沟通网络的五种形式。
4. 有效沟通的原则有哪些?
5. 协调的类型有哪些?
6. 简述协调的方法。
7. 举例说明协调的艺术。
8. 简述激励的过程。
9. 简述需要层次论、双因素理论的内容。
10. 简述期望理论、公平理论的内容。

11. 简述强化理论的内容。
12. 简述激励的原则、方法。

案例训练

【实训内容与方法】

1. 阅读下面案例,并分析下列问题:
(1)本案例沟通失败的原因是什么?
(2)沟通是一个互动的过程,实现建设性沟通需要沟通双方共同努力。你认为沟通双方应在哪几个方面做出改进?
2. 由个人先写出发言提纲,再以模拟公司或班级为单位进行讨论。

林琳的困境

林琳是一个典型的北方姑娘,在她身上可以明显地感觉到北方人的热情和直率。她喜欢坦诚,有什么说什么,总是愿意把自己的想法说出来和大家一起讨论,正是因为这个特点,她在上学期间很受老师和同学的欢迎。今年,林琳从西安某大学的人力资源管理专业毕业。她认为,经过四年的学习,自己不但掌握了扎实的人力资源管理专业知识,而且具备了较强的人际沟通技能,因此,她对自己的未来期望很高。为了实现自己的梦想,她毅然只身去广州求职。

经过将近一个月的反复投简历和面试,在权衡了多种因素的情况下,林琳最终选定了东莞市的一家研究生产食品添加剂的公司。她之所以选择这家公司是因为该公司规模适中、发展速度很快,最重要的是该公司的人力资源管理工作还处于尝试阶段,如果林琳加入,她将是人力资源部的第一个人,因此,她认为自己施展能力的空间很大。

但是,到公司实习一个星期后,林琳就陷入了困境中。

原来该公司是一个典型的小型家族企业,企业中的关键职位基本上都由老板的亲属担任,其中充满了各种裙带关系。尤其是老板安排了他的大儿子做林琳的临时上级,而这个人主要负责公司的研发工作,根本没有管理理念,更不用说人力资源管理理念了,在他的眼里,只有技术最重要。但是,林琳认为,越是这样就越有自己发挥能力的空间,因此,在到公司的第五天,林琳拿着自己的建议书走向了直接上级的办公室。

"王经理,我到公司已经快一个星期了,我有一些想法想和您谈谈,您有时间吗?"林琳走到王经理办公桌前说。

"来来来,小林,本来早就应该和你谈谈了,只是最近一直扎在实验室里就把这件事忘了。"

"王经理,对于一个企业尤其是处于上升阶段的企业来说,要持续企业的发展必须在管理上狠下功夫。我来公司已经快一个星期了,据我目前对公司的了解,我认为公司主要的问题在于职责界定不清;员工的自主权力太小,致使员工觉得公司对他们缺乏信任;员工薪酬结构和水平的制定随意性较强,缺乏科学合理的基础,因此薪酬的公平性和激励性都较低。"

林琳按照自己事先所列的提纲开始逐条向王经理叙述。

王经理微微皱了一下眉头说:"你说的这些问题我们公司也确实存在,但是你必须承认一个事实——我们公司在盈利,这就说明我们公司目前实行的体制有它的合理性。"

"可是,眼前的发展并不等于将来也可以发展,许多家族企业都是败在管理上。"

"好了,那你有具体方案吗?"

"目前还没有,这些还只是我的一点想法而已,但是如果得到了您的支持,我想方案只是时间的问题。"

"那你先回去做方案,把你的材料放这儿,我先看看然后给你答复。"说完王经理的注意力又回到了研究报告上。

林琳此时真切地感受到了不被认可的失落,她似乎已经预测到了自己第一次提建议的结局。

果然,林琳的建议书石沉大海,王经理好像完全不记得建议书的事。林琳陷入了困惑之中,她不知道自己是应该继续和上级沟通还是干脆放弃这份工作,另寻发展空间。

重点内容网络图

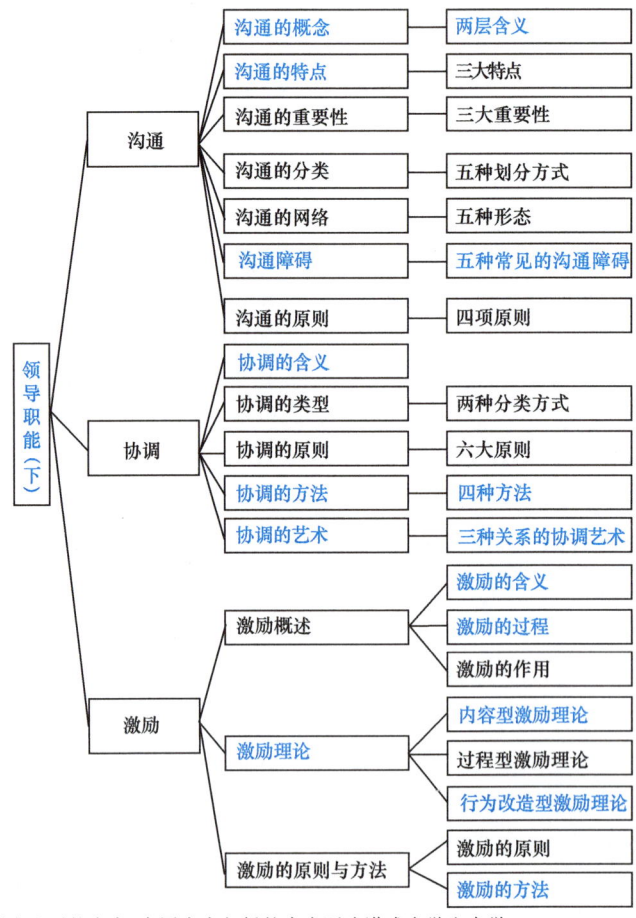

```
                    ┌─ 沟通的概念 ── 两层含义
                    ├─ 沟通的特点 ── 三大特点
                    ├─ 沟通的重要性 ── 三大重要性
              沟通 ─┼─ 沟通的分类 ── 五种划分方式
                    ├─ 沟通的网络 ── 五种形态
                    ├─ 沟通障碍 ── 五种常见的沟通障碍
                    └─ 沟通的原则 ── 四项原则

                    ┌─ 协调的含义
                    ├─ 协调的类型 ── 两种分类方式
领导职能(下) ─ 协调 ─┼─ 协调的原则 ── 六大原则
                    ├─ 协调的方法 ── 四种方法
                    └─ 协调的艺术 ── 三种关系的协调艺术

                    ┌─ 激励概述 ┬─ 激励的含义
                    │           ├─ 激励的过程
                    │           └─ 激励的作用
              激励 ─┤
                    ├─ 激励理论 ┬─ 内容型激励理论
                    │           ├─ 过程型激励理论
                    │           └─ 行为改造型激励理论
                    └─ 激励的原则与方法 ┬─ 激励的原则
                                        └─ 激励的方法
```

注:蓝色字表示更为重要的内容;本图中未包括的内容可略讲或由学生自学。

推荐书目

1.《26个策略留住核心员工》——作者:贝弗利·凯,沙伦·乔丹·埃文斯

核心员工是企业最宝贵的财富,正是他们对公司的忠诚和奉献,构筑了成功的脊梁,打造了财富的大厦。留住他们的唯一方式,就是爱他们。那么,怎样去"爱"?如何更好地发挥核心员工的作用,让他们为工作而兴奋,直达巅峰状态?在其他企业试图"挖墙脚"的时候,你又怎么能让他们心甘情愿地留下来?这本书就是要告诉你该怎么去做。它直接切入主题,提出了26个行之有效的留住核心员工的策略。实践这26条策略,你不必花费太多的时间和金钱,也不必浪费大量的人力和物力,但却可以轻松地留住核心员工。选择打动你的方法,去实践它,看看会发生什么……

2.《影响力》——作者:罗伯特·B·西奥迪尼

在这本书中,著名的心理学家罗伯特·B·西奥迪尼博士为我们解释了为什么有些人极具说服力,而我们总是容易上当受骗。隐藏在冲动地顺从他人行为背后的6大心理秘籍,正是这一切的根源。那些劝说高手们,总是熟练地运用它们,让我们就范。在这本书中,罗伯特·B·西奥迪尼博士为我们一一拆解他们的招数,学会保护自己以及让这6大秘籍为我们所用。读过此书之后,定能使你做到以下两件事:一是当你真正的意图是要说"不"时,你不会再说"是";二是可以令你自己变得比以前更具影响力。

第六章 控制职能

情景导入

为什么又没有做好?

陈立君是大三学生,一年前与几个同学在学校创办了创业者社团。适逢社会掀起创业热,社团规模得以不断扩大。但是,由于社团在运作和管理方面主要是凭经验,所以在社团活动开展过程中经常出现一些意想不到的问题。这在一定程度上影响了社团成员的士气,社团发展有走下坡路的趋势。

为此,陈立君和几个负责人商量一定要办好几次活动以振士气。经过陈立君的努力,社团终于争取到了校学生工作部举办的创业策划大赛的承办权。这是一次宣传社团的绝佳机会,陈立君与社团的几个主要负责人踌躇满志、摩拳擦掌,准备好好地大干一番。

经过了一周多的讨论,社团制订了详细的活动计划并上交给校方审核,学工部对该活动计划非常满意,并表示一定全力支持社团把活动办好。于是,陈立君按照活动计划,组织了社团各部门负责人参加会议,落实了各部门的任务:实践部负责活动的组织和与各参赛队联络;外联部负责邀请知名教授和企业家担任大赛评委;宣传部负责海报设计和网络宣传;办公室负责财务预算与支出管理。陈立君要求各位部长千方百计调动部属的积极性,全力完成各自部门的任务,并许诺:如果能够圆满完成这次活动,会有大惊喜。会上,各部门负责人也士气高昂,纷纷表示一定要办好这次活动。

就在陈立君认为一切都已经安排就绪,一定能很好地完成大赛,从而大大提高社团的影响力时,各种问题开始不断出现:实践部部长是个急性子,办事风风火火,在许多具体的比赛规则还没有通过集体讨论、向学工部汇报的情况下,就擅自拍板将比赛规则发送给了各参赛队;外联部邀请企业家遇到了困难,却一直没有及时反映,导致宣传海报迟迟不能定稿;而办公室对各部门费用根本没加以控制,预算完全成了一张废纸。

当陈立君发现这些问题的时候,已经到了活动计划的开始时间。尽管他对具体比赛规则的制定十分不满,但是由于已经对外发布,也只能自己向学工部老师检讨,最终说服了老师就按照这些规则把比赛办下去。企业家请不到预定的数量,就只好减少评委数量,否则宣传海报迟迟不能展出。

活动在校方的支持下还是办了起来,但是不少参赛队对比赛规则提出了异议,最后决赛的评委数量、知名度和宣传效果也不尽如人意,支出与预算相比严重不符,而且整个活动由于组织不力延长了近半个月才收尾。

在社团活动总结会上,陈立君认为这次活动组织不理想是由于实践部擅自确定比赛规则,外联部没有及时汇报情况。至于超支问题,主要是办公室主任没有履行好监管职责。对此,各部门负责人提出了异议。实践部部长认为,社里明确由实践部负责比赛的具体组织,事先又没有说比赛规则需要经学工部审批,自己是一心想办好活动,现在却成了"罪魁祸首";外联部部长也认为,社长又没有事先明确什么事情在什么时候要汇报,自己一直在与企业家联系,对方当初也没有明确拒绝,最终对方不能来也不能责怪外联部;办公室主任也觉得很委屈,认为各个部门不事先申报,在花销时以"自己部门买的东西是比赛用品,办公室应予以报销,否则影响比赛效果要由办公室承担责任"为由要挟,加上原来的计划中也只是列出了大致费用类型,社长也没有具体明确哪些该报、哪些不该报,只说要保证会议的资金使用,自己也自然只能给予报销。

陈立君想不通:为什么这次活动事先制订了计划,明确了各部门的分工,而且大家也确实比较投入,但最终还是出了这么多问题呢?问题到底出在哪里?

学习目标

1. 掌握控制的概念、作用和类型。
2. 掌握控制的三个基本步骤,掌握标准的含义及其种类。
3. 明确如何进行关键控制点的选择。
4. 了解衡量工作成效的方法。
5. 了解产生偏差的原因,掌握恰当的纠偏措施。
6. 明确预算的分类,掌握预算控制的基本步骤,了解非预算控制的方法。
7. 掌握管理绩效评价的含义与内容,明确管理绩效评价的作用及指标体系的构成。
8. 了解管理绩效评价的程序、方法,明确管理绩效改进的方法。

思政目标

1. 通过控制职能相关知识的学习,学生掌握控制的基本原理,了解自己执行计划的能力和工作效率,了解自身的管理能力和水平,从而不断总结经验、吸取教训,在控制实践中提高自身的管理素质和能力。
2. 通过控制过程和控制方法的学习,学生学会从整体的角度思考问题,树立大局意识,遵纪守法,遵章守则,讲究信誉,养成良好的职业素养。
3. 通过绩效考核与评价的学习,学生学会运用科学的指标体系和系统化的方法进行考核与评价,缘事析理,明辨是非。

第一节 控制职能概述

情景模拟

救火与防火

有个人到朋友家去做客,见主人家的烟囱是直的,灶边又堆了不少柴薪,觉得这样很危险,便向主人建议说:"你这烟囱要改成弯曲的,柴薪要搬到远处去,不然容易发生火灾啊"。主人不以为然,没有作声。不久,主人家果然失火,亏得邻居及时赶来把火扑灭,才没有造成更大的损失。事后,主人杀牛摆酒,酬谢前来救火的邻居,并按照出力大小安排座次,偏偏没有请不久前建议他改砌烟囱、搬走柴薪的那位客人。席间,有人对主人说:"如果当时你听从那位客人的话,把烟囱改砌成弯曲的,并把柴薪搬到远处,那么就不会失火,也就不必杀牛摆酒了。今天论功请客,却把你那位客人忘了,这是不应该的!"主人听了这番话,顿时省悟过来,马上把那位客人请来,并奉他为上宾。

学生思考:
1. 你认为主人哪里做得不对?
2. "救火"与"防火"的关键各是什么?

一、控制的概念

控制就是引导一个动态系统达到预定状态。这里的控制指管理控制。

控制是管理的基本职能之一,是对组织内部的管理活动及其效果进行衡量和矫正,以确保组织目标以及对此拟定的计划得以顺利实现的管理活动。它包含以下四层含义:

首先,控制是组织的一项重要管理活动;

其次,控制是一个检验计划执行成效和计划正确性的过程;

再次,控制要遵循一套科学的程序;

最后,控制具有明确的目标。

二、管理控制与一般控制的异同

(一)管理控制与一般控制的共同之处

(1)同是一个信息反馈过程。通过信息反馈,发现管理活动中存在的不足,促进系统进行不断的调整和改革,使其逐渐趋于稳定、完善直至达到优化状态。

(2)都拥有两个前提条件:计划指标在控制工作中转化为控制标准;有相应的监督机构和人员。

(3)都包含三个基本步骤：拟订标准、衡量成效和纠正偏差。
(4)都是一个有组织的系统。

(二)管理控制与一般控制的不同之处

(1)一般控制所面对的往往是非社会系统，如机械系统。其衡量成效和纠正偏差过程往往可以按照给定程序而自动进行。其纠正措施往往是在接收到反馈信息后即刻就付诸实施的。而在管理控制中，主管人员面临的是一个社会系统，其信息反馈、识别偏差原因、制定和纠正措施的过程比较复杂。

(2)一般控制的目的在于使系统运行的偏差不超出允许范围，维持系统活动在某一平衡点上。管理控制活动不仅要维持系统活动的平衡，而且还力求使组织活动有所前进、有所创新，使组织活动达到新的高度和状态，或者实现更高的目标。

三、控制的作用

在现代管理活动中，控制的作用主要有以下方面：

(一)控制是完成计划任务、实现组织目标的保证

计划是对未来的设想，是组织要执行的行动规划。由于受到各种内外环境变化的影响，一些意想不到的因素往往会出现在计划的执行过程中，这会使曾经一度近于完美的计划失去价值，影响计划目标的实现。为了使计划及时适应变化的环境和条件，推动组织目标实现，任何组织都需要构建有效的控制系统，帮助管理人员预测和把握内外环境的变化，对这些变化带来的机会和威胁做出正确、有力的反应，并据此对计划目标和计划过程做出适当的调整，使计划更加符合实际。

(二)控制使管理的其他职能顺利实施

控制工作通过纠正偏差的行动与其他三个职能紧密地结合在一起，使管理过程形成一个相对封闭的系统。在这个系统中，计划职能进行选择和确定组织的目标、战略、政策和方案及其实践程序的工作。然后，通过组织工作、人员配备、指导与领导等职能去实现这些计划。为了保证计划目标能正确实现，就必须在计划实施的不同阶段，根据由计划产生的控制标准，检查计划的执行情况。

因此，虽然计划工作是先导，但是，控制和其他各项工作同时进行，并且贯穿管理的全过程。计划、组织、领导等职能是控制的基础，控制在各项职能的基础上对组织的行为活动进行检查、监督，控制是各项管理职能得以顺利完成的保证。

(三)控制是及时改正缺点、提高组织效率的重要手段

控制过程是一个纠正偏差的过程，这一过程不仅能够使计划执行者回到计划已确定的路线和目标上来，还有助于提高人们的工作责任心，防止再度出现类似的偏差，这就有助于提高人们执行计划的效果。控制过程中对计划的调整和修正，既可以使执行中的计划更加符合实际情况，又可以通过发现和分析制订的计划所存在的缺陷以及产生缺陷的原因，发现计划制订工作中的不足，从而使计划工作得以不断改进。

在控制过程中,控制者可以及时了解受控制者执行计划的能力和工作效率,也可以及时了解自身的管理能力和水平,有助于控制者不断总结经验、吸取教训,在控制实践中提高自身的管理素养和能力。

案例链接

我等着

故事发生在苏俄国内战争时期。一天,一封从察里津前线发来的加急电报送到了列宁手中。其内容是:"冬天就要到了,士兵还缺少棉衣,弹药也将尽。速!总部机关迟迟未予答复。"列宁让人把电报送到军需部。一小时后,列宁打电话给部长:"你好,我是列宁,送去的电报你收到了吗?""没有收到。""请去查一下。""是,我这就去,回头给您回电话。""不、不,我等着。"很快,部长汇报:"电报找到了。现在我与同志们研究一下,再给您汇报。""不、不,我等着。"一会儿,部长说:"一切都说好了,现在我和军械服装管理处联系,然后把结果告诉您。""不、不,我等着。"又一会,部长汇报:"前线所需明天就发车。""谢谢。"列宁放下了电话。数天后,列宁遇到军需部长时说:"你们部的办事效率真高!"从此以后,这个部的办事效率明显提高了,下面的意见也少了。

列宁连续三句"我等着"有如高高扬起的鞭子,不断鞭策着军需部那些敷衍懒惰的人们,而后面的一句"你们部的办事效率真高",像是赞许,更多的却是对他们渎职怠职的告诫和批评,促其反省,尽快改正不良的工作作风。列宁用强有力的控制来鞭策机关提高办事效率,提高为基层服务的质量。

(资料来源:栗俊岭,薛桂坤.我等着.党建文汇:下半月,2002)

微课:从列宁的"我等着"谈控制的作用

四、控制的原理

(一)反映计划要求原理

控制的最终目标是实现计划,控制是实现计划的保证,因此计划越明确、全面、完整,控制系统越能反映计划,控制越有效。要根据计划的特点确定控制标准、衡量方法和纠偏措施。

(二)控制关键点原理

主管人员需要特别注意在根据计划来衡量工作成效时有关键意义的那些因素。

(三)控制趋势原理

对于控制全局的人来说,至关重要的是控制现状所预示的趋势,而不是现状本身。

(四)组织适宜性原理

有效的控制系统必须适应特定的组织结构和主管人员的特点,控制标准的设计必须符合组织结构的要求。

(五)控制的例外原理

为实现有效的控制,主管人员必须对超出一般情况的特殊点,也就是对那些特别好或特别坏的情况给予足够的关注。

（六）直接控制原理

主管人员及其下属的素质越高,越能在事前觉察出计划的偏差,并及时采取措施预防偏差的发生,控制的效果也就越好。

五、控制的类型

在组织中,控制工作按不同标准可以划分为不同的类型,见表6-1。

表 6-1　　　　　控制的类型

序号	分类标准	具体类型
1	按控制信息获取的时间划分	前馈控制
		同期控制
		反馈控制
2	按控制的手段划分	直接控制
		间接控制
3	按控制工作的专业划分	库存控制
		进度控制
		质量控制
		预算控制
4	按控制力量的来源划分	正式组织控制
		群体控制
		自我控制

（一）按控制信息获取的时间划分

管理中最基本的控制有三种类型,即前馈控制、同期控制和反馈控制,如图6-1所示。

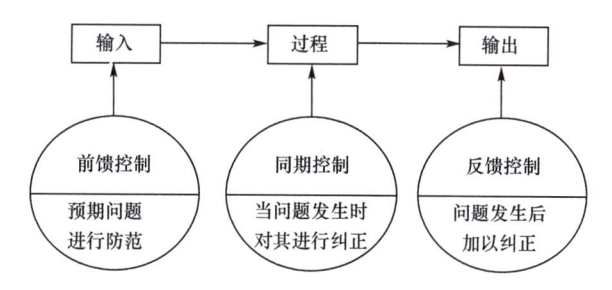

图 6-1　最基本的三种控制类型

1.前馈控制

前馈控制,又称为预先控制、事前控制,是指在计划实施之前,为保证未来实际与计划目标一致,通过情况观察、规律掌握、信息收集整理、趋势预测等活动,正确预计未来可能出现的问题,在其发生之前采取措施及时纠正,将可能发生的偏差消除在萌芽状态,又称为指导将来的控制。前馈控制的中心问题是防止企业所使用的资源在数量与质量上可能产生的偏差,其基本形式是合理配置资源,主要包括以下内容:①人员的挑选与配备;②物资、技术设备等在数量、质量、时间、空间上要与未来工作需要相适应;③资金数量、来源、经费开支的合理预算。因为前馈控制能避免预期出现的问题,所以它是管理者最渴望采取的控制类型。

2. 同期控制

同期控制,又称事中控制、过程控制、现场控制等,是指在某项经济活动或者工作过程中,管理者在现场对正在进行的活动或者行为给予指导、监督,以保证活动和行为按照规定的程序和要求进行而实施的控制。同期控制所控制的中心问题是执行计划的实际状况与计划目标之间的偏差。

同期控制的关键是要有适时的信息。因为同期控制系统基本上是一种个人联系的过程,所以适度的、清晰度较高的信息数量极为重要。一方面,下属必须收到并且理解他们所收到的足够的信息才能执行任务;另一方面,过量的信息和细节也可能使人无所适从,影响任务的执行。

3. 反馈控制

反馈控制,又称偏差控制,是指把计划执行最终结果的考核分析作为纠正未来行为依据的一种控制方式。反馈控制是在计划执行后进行的,其目的不是对既成事实的纠正,而是为即将开始的下一个过程提供控制的依据。其控制的中心问题是防止下一个过程在资源配置等问题上出现偏差,其控制的基本形式是通过对最终结果的分析,吸取经验教训,调整与改进下一阶段的资源配置与过程指导、监督,主要包括财务报告分析、成本费用分析、质量分析、绩效分析等。

反馈控制最大的弊端在于实施纠正措施之前,偏差就已经产生。虽然反馈控制并不是最好的控制,但目前它仍被广泛地使用着。这是因为有许多工作现在还没有有效的预测方法,而且受主、客观条件的限制,人们往往会在执行计划的过程中出现失误。人们在反馈控制的基础上,对管理活动状况及其规律性有一定的认识,从而为运用前馈控制和同期控制创造了条件。在实行前馈控制和同期控制时,反馈控制仍不能取消,因为新情况和新规律的发现要依靠它的帮助。

以上三种类型的比较见表 6-2。

表 6-2　　　　　　　　　　三种控制类型比较

类型	优　点	缺　点
前馈控制	①可防患于未然;②适用于一切领域中的所有工作;③不针对具体人员,不会造成心理冲突,易于被职工接受并付诸实施	①前提条件较多,要掌握大量准确可靠的信息;②计划行动过程要清楚;③要清楚了解计划行动本身的客观规律,并要随着行动的进展及时了解新情况和新问题
同期控制	具有指导职能,有助于提高工作人员的工作能力和自我控制能力	①容易受管理者的时间\、精力\、业务水平的制约;②应用范围较窄;③容易形成心理上的对立,损害被控制者的工作积极性和主动精神
反馈控制	为进一步实施前馈控制和同期控制创造条件,从而实现良性循环	在实施矫正措施之前,偏差已产生

> **案例链接**

查克停车公司

如果你在好莱坞举办一个晚会,肯定会有这样一些名人参加:切尔、麦当娜、克鲁斯、查克。

"查克?""自然!"

没有停车服务员,你不能成功地在南加州举办晚会。停车业内响当当的名字就属查克了。

查克停车公司虽是一家小企业,但每年的营业额却有几百万美元。公司拥有雇员100多人,其中大部分为兼职人员。每个星期,查克停车公司至少要为几十个晚会料理停车业务。在最忙的周六晚上,公司可能同时要为6~7个晚会提供停车服务,每个可能需要3~15名服务员。

查克停车公司经营的业务包含两项:一是为晚会料理停车事务;二是为一个乡村俱乐部办理停车业务经营特权合同。在这个乡村俱乐部的主通道中,需要2~3名服务员来处理停车问题,每周七天都这样。但查克的主要业务还是来自于私人晚会,他每天的工作就是拜访那些富人或名人,评价道路和停车设施,并告诉他们需要多少服务员来处理停车问题。一个小型的晚会可能需要三四个服务员,花费约四百美元;而一个特大型晚会的停车费用可达两千美元。

尽管私人晚会和乡村俱乐部的合同都涉及停车业务,但它们为查克提供收入的方式却很不同。私人晚会是以按时出价的方式进行的。查克首先估计大约需要多少服务员为晚会服务,然后按每人每小时多少钱给出一个总价格,因此,在私人晚会上他绝对禁止服务员收取小费。如果顾客愿意买他的服务,查克就会在晚会结束后寄出一份账单。在乡村俱乐部,查克根据合同规定,每个月要付给俱乐部一定数量的租金来换取停车场的经营权。他收入的唯一来源就是服务员为顾客服务所获得的小费。

查克停车公司的控制问题在两种场合是不同的,在前馈、同期和反馈三种类型的控制中,查克应该选用前馈控制对乡村俱乐部的停车业务进行控制,因为是长期租赁的,按月交费是可以预知成本的。他还应该选择反馈控制对私人晚会停车业务进行控制,因为事先无法预料需要多少小时的服务,只能事后统计。

(二)按控制的手段划分

按控制的手段可以把控制划分为直接控制和间接控制两种类型。

1. 直接控制

直接控制也称预防性控制,是指管理者通过行政命令的手段对被控制对象直接进行控制的形式。它着眼于培养更好的管理人员,使他们能熟练地应用管理的概念、技术和原理,能以系统的观点来进行和改善他们的管理工作,从而防止出现因管理不善而造成的不良后果。

直接控制是建立在以下假设基础上的：

(1)合格的管理人员所犯的错误最少。所谓"合格"就是指他们能熟练地运用相关的管理概念、原理和技术，能以系统的观点来进行管理工作。

(2)管理工作的成效是可以计量的。

(3)在计量管理工作成效时，管理的概念、原理、方法是一些有用的判断标准。

(4)管理的基本原理的应用情况是可以评价的。

但值得注意的是，采用直接控制方法是有条件的，管理者必须对管理的原理、方法、职能以及管理的哲理有较为充分的理解，这就需要管理人员通过各种途径进行学习，不断提高自己的管理水平。

2. 间接控制

间接控制是相对于直接控制而言的，间接控制是控制者与被控制对象之间并不直接接触，而是通过中间手段进行控制的形式，如考评、升降职务、税收、奖励惩罚等措施。它着眼于发现工作偏差，分析产生的原因，并追究个人责任使之改进未来工作的一种控制。间接控制是基于这样一些事实的：

(1)人们常常会犯错误，或常常没有察觉到那些将要出现的问题，因而未能及时采取适当的纠正或预防措施。

(2)在实际工作中，管理人员往往是根据计划和标准对比或考核实际的结果，研究造成偏差的原因和责任，然后才去纠正。

间接控制方法对于那些由于不可控因素所造成的工作上的失误不起作用，但对于由管理人员主观原因所造成的管理上的失误和工作上的偏差，运用间接控制方法可加以纠正。同时，间接控制可以帮助管理人员总结吸取经验教训，增加他们的经验和知识，提高他们的判断力和管理水平，减少管理工作中的失误。

(三)按控制工作的专业划分

控制可以按其所发生的专业领域进行分类，但在不同类型的组织中，由于具体专业活动的内容不尽相同，所以控制对象也不同。以企业组织为例，其专业控制的类型主要有以下几种：

1. 库存控制

主要是对生产经营所需的原材料、燃料、配件、在制品、半成品和产成品等存货数量的控制。库存增加，不仅需要占用生产面积，还会造成保管费用上升、资金周转减慢、材料耗损等；但库存过少，又容易造成生产因待料而中断，产成品因储备不足而造成脱销损失。因此，库存应当保持在适当的水平，以保证生产和销售的需要。常用的原材料库存控制复合系统如图6-2所示。

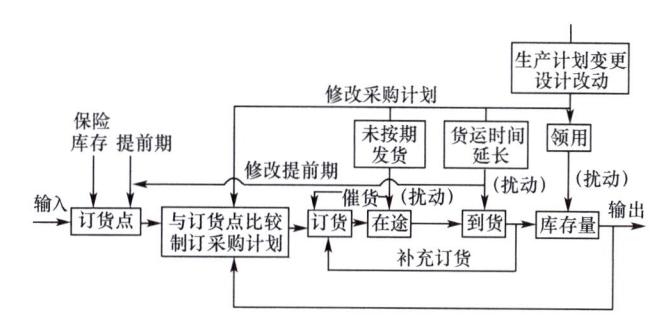

图 6-2　原材料库存控制复合系统

2. 进度控制

这是根据产品生产或项目建设的进度计划要求,对各阶段活动开始和结束的时间所进行的控制。在进度控制中,要特别注意挑选那些在相互关联的活动中富余时间小的关键性活动的控制,以免因某一关键活动的延误而影响整个工程。

3. 质量控制

根据产品的质量特性,按照一定的尺度、技术参数或技术经济指标规定必须达到的水平,这就形成了质量标准,它是检验产品是否合格的技术依据。质量控制就是以这些技术依据为衡量标准来检验产品质量的。为保证产品质量符合规定的标准要求和满足用户的使用目的,企业需要在产品设计试制、生产制造直至使用的全过程中,进行全员参加的预先控制和事后检验相结合的、从最终产品的质量到产品赖以形成的工作质量全方位的质量管理活动。

4. 预算控制

预算是用财务数字或非财务数字来表明预期的结果,以此为标准来控制执行工作中的偏差的一种计划和控制的手段。企业中的预算包括销售预算、生产预算、费用预算、投资预算以及反映现金收支、资金融通、预计损益和资产负债情况的财务预算等内容。预算控制的好处是,它能把整个组织内所有部门的活动用可考核的数量化方式表现出来,以便查明其偏离标准的程度并采取纠正的措施。

(四)按控制力量的来源划分

按控制力量的来源可把控制分为正式组织控制、群体控制和自我控制。

1. 正式组织控制

正式组织控制,又称社群控制,是由管理人员设计和建立起来的一些机构或规定来进行控制。例如,组织可以通过规划来指导组织成员的活动,通过预算来控制消费,通过审计来检查各部门或各成员是否按照规定进行活动,对违反规定或操作规程者给予处分等,都属于正式组织控制。在多数组织中,普遍实行的正式组织控制有以下内容:

(1)实施标准化,即制定统一的规章、制度,制订出标准的工作程序以及生产作业计划等。

(2)保护组织的财产不受侵犯,如防止偷盗、浪费等,这包括设备使用的记录、审计作业程序以及责任的分派等。

(3)质量标准化,包括产品质量及服务质量。主要采取的措施有职工培训、工作检查、质量控制以及激励政策。

(4)防止滥用权力,这可以通过制定明确的权责制度、工作说明、指导性政策、规划以及严格的财务制度来完成。

(5)对员工的工作进行指导和考核,这可通过评价系统、产品报告、直接观察和指导等方式来完成。

2. 群体控制

群体控制是基于非正式组织成员之间的不成文的价值观念和行为准则进行的控制。非正式组织尽管没有明文规定的行为规范,但组织中的成员都十分清楚这些规范的内容,都知道如果自己遵守这些规范,就会得到其他成员的认可,可能会强化自己在非正式组织中的地位;如果违反这些行为规范就会遭到惩罚,这种惩罚可能是遭受排挤、讽刺,甚至被驱逐出该组织。群体控制在某种程度上左右着职工的行为,处理得好有利于组织目标的实现,如果处理不好会给组织带来很大危害。

3. 自我控制

自我控制是指个人有意识地按某一规范进行活动。自我控制能力取决于个人本身的素质。据统计,需求层次较高的人比需求层次较低的人有更强的自我控制能力。自我控制得以实现有以下前提:首先,人们都是靠内部激励的,能够自我控制和自我监督;其次,人们在执行任务时,能为组织的利益而努力,能自动地把个人目标与组织目标统一起来;最后,组织的结构和领导作风最好采取参与式领导的方法,这样比较利于开展内部控制。

第二节　控制过程

情景模拟

UPS 的管理风格

联合邮包服务公司(UPS)雇用了 15 万员工,平均每天将 900 万个包裹发送到美国各地和 180 多个国家。为了实现他们的宗旨——在邮运业中办理最快捷的运送,UPS 的管理当局系统地培训他们的员工,使他们以尽可能高的效率从事工作。让我们以送货司机的工作为例,介绍一下他们的管理风格。

UPS 的工业工程师们对每一位司机的行驶路线进行了时间研究,并对每种送货、暂停和取货活动都设立了标准。这些工程师们记录了红灯、通行、按门铃、穿院子、上楼梯、中间休息喝咖啡的时间,甚至上厕所的时间,将这些数据输入计算机中,从而给出每一位司机每天工作的详细时间标准。

为了完成每天取送 130 件包裹的目标,司机们必须严格遵循工程师设定的程序。当接近发送站时,他们松开安全带、按喇叭、关发动机、拉起紧急制动、把变速器推到 1 挡上,为送货完毕的启动离开做好准备,这一系列动作严丝合缝。然后,司机从驾驶室出来,右臂夹着文件夹,左手拿着包裹,右手拿着车钥匙。他们看一眼包裹上的地址并把它记在脑子里,然后以每秒 3 英尺的速度快步跑到顾客的门前,先敲一下门以免浪费时间找门铃。送完货后,他们在回到卡车的路途中完成登录工作。

学生思考:

1. 这种刻板的时间表看起来是不是有点烦琐?它能带来高效率吗?
2. 从这个案例中你得到了什么启示?

法约尔曾在《工业管理和一般管理》一书中指出:"在一个企业里,控制就是核实所发生的每一件事是否符合所规定的计划、所发布的指示以及所确定的原则。其目的就是要指出计划实施过程中的缺点和错误,以便加以纠正和防止重犯。控制在每件事、每个人、每个行动上都起作用。"管理的成败在于能否实施有效的控制。有效的控制除了以正确的目标计划为前提,还必须遵循管理控制的步骤。

管理控制的程序至少包括三个基本步骤,即:①确定控制标准,设立若干标准的类型或指标;②测定实际工作,即将实际工作与上述标准相对照,检查与衡量标准的执行情况;③纠正已有偏差。如图 6-3 所示。

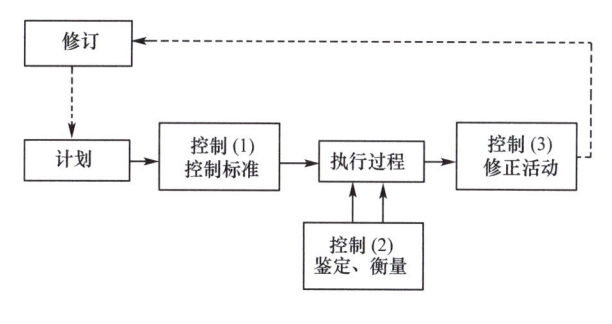

图 6-3 控制的程序

一、确定控制标准

这是控制过程的起点。计划是控制的依据,但由于计划只是对工作目标及行动方案的总体规划和安排,不可能十分详尽具体,因此,在进行管理控制时,要按照计划的要求,建立起一套科学的控制标准。这些标准是衡量工作成果的规范,是在一个完整的计划中选出的计量工作成果的"控制点"。

(一)控制标准及其种类

1.标准的含义

"标准"一词包括两个概念:①标准是测量的一种尺度(或单位)。人们试图把它作为一种模式或规范;②标准是权威建立起来的,具有权威性。因此,可以给标准下个这样的定义:标准是作为一种模式或规范而建立起来的测量单位。

标准的建立取决于所需衡量的绩效和成果领域,如每场高尔夫球赛规定18穴打72杆的标准,即是一个最好的例子。这里的标准杆数是由权威(习惯和许多高尔夫球联合会)建立的,并是公认的有关成绩水平的衡量标准,但是标准并不表示臻善臻美。多数职业高尔夫球运动员都可超过或打破标准杆数,标准杆数也不是所有高尔夫球运动员的平均水平,实际上标准杆数是一个难以取得但又可以达到的成绩水平。它是一种客观测量单位,用以衡量运动员的熟练程度与水平。

2.控制标准的种类

一个较好的控制标准体系,在内容上一般包括数量标准(实物数量和货币数量)、质量标准(实物质量和工作质量)、综合标准和时间标准等。如对一个企业而言,常用的标准有以下几种:①时间标准:是指完成一定数量的产品,或做好某项服务工作所限定的时间。②生产力标准:是指在规定的时间内完成合格产品和满意服务的数量。③消耗标准:是根据生产产品或服务计算出来的有关消耗。④质量标准:是指保证产品符合各种质量因素的要求,或是服务方面需达到的工作标准。⑤行为标准:是对职工规定的行为准则。

3.控制标准的单位

一般而言,确定控制标准的单位,就是为了使"标准"便于计量,提高控制的精确度和可行性。控制标准的单位有:①货币单位。如销售额、利润额、费用额等都属此类,财务控制主要采用这种单位。②实体数量单位。指货币之外的计量单位。如千克、升、米等,这类单位在作业过程控制上使用较多。③质量单位。主要指资金的周转速度、利润水平、工作差错等。④时间单位。任务完成情况同时间的关系十分紧密,时间单位主要用来表达效率要求。

(二)"关键控制点"的选择

"关键控制点",亦称战略控制点、控制的焦点。在组织系统的运营过程中,选择的最为关键的控制要点被称作"关键控制点"。对于简单的经营活动,管理人员可以通过亲自对工作过程做细致的观察来实行控制。然而,随着部门的扩大,要确定该部门绩效的各种定量与定性的标准数就大大增加,当经营活动更为复杂及部门的职能不断增多时,主管人员要对每一笔资源、每一个行为过程和产出都给予检查,并对照各预定的标准,不仅耗时耗钱,而且也不切实际。再说,主管人员所做的工作不只是亲自观察业绩而已,因此,管理人员应集中于某些关键控制点来检查绩效,以确保整个运作过程符合计划要求。

所谓关键控制点主要是指在经营活动中受限制的那些因素,或是对计划的完成更显有利的那些因素。有了这些标准,主管人员就能掌管更多的下属,从而扩大管理幅度,这样不仅节约了成本,还增进了沟通。

选择"关键控制点"原则是一条较为重要的控制原则。由于各单位各部门都有其特殊性,所以不存在关于如何选择关键控制点的特定规则可循。因此,只能提出一些一般的指导原则:

1. 关键点的建立是为了使主要的工作和事务得到正确的管理

如有的管理人员,自己不了解计算机的性能,却盲目购进并不适用的计算机,结果不仅增加了成本,还增加了许多不必要的文案工作。由于输入的信息不正确和不及时,反而影响了正常的业务工作,即使所配备的文字处理的职员和电脑操作人员都是高水平的,也无济于事。

2. 选择的关键点应能及时反映并发现问题

关键控制点应能在严重损害发生前就能看到问题的迹象。由于时间在控制中是十分关键的,因此,偏差总是越早发现越好。关键控制点的位置选择恰当,则能在尚未造成严重损失前就可停止工作或改变原有的工作程序。

3. 关键控制点应能全面反映并说明绩效的水平

有时顾及了范围的全面往往会与时间的限制产生矛盾。如净利润指标是一个全面的战略控制点,能反映整个企业的进步,但是等正规的会计程序得出利润数字后再采取行动,往往会失去眼前的机会,所以,把企业的财务状况作为要点,并实施预先控制显然是有益的。

4. 选择关键控制点应考虑经济实用

由于计算机和管理信息系统的普及应用,有的企业通过自动化系统或程控系统来实施控制,这些现代化设施的安装、使用与保养都是十分昂贵的。管理人员能获得的各种信息越来越多,但真正具有实用价值的并不太多。为了避免盲目地求多求全,致使次要的信息掩盖重要的信息,管理者应处处以经济观点考虑问题。

5. 关键控制点的选择应注意平衡

一个关键控制点的选择往往会对另一个标准产生负面影响。例如,如果把控制放在过分强调增加产量上,有时则会影响产品的质量;如把开支选作一个关键控制点,那么又可能使产品的质量和数量等受到影响。医院的洗衣房决不能为了节省开支而牺牲消毒卫生的高标准。所以,关键控制点的选择在一定程度上取决于该部门工作的性质。目前,在有些企业中,对实质性的职能如生产和销售控制很严,而对一些隐性的职能如人力资源开发和对职工的服务则较为松弛,这种不平衡最终也会对组织的总体绩效造成损害。

二、测定实际工作

这一步是依据标准衡量执行情况,把实际与标准进行比较,对工作做出客观评价以便从中发现偏差,并分析偏差产生的原因。当然,按照标准衡量实际成效,最理想的是在偏差尚未出现之前就有所察觉,并采取措施加以避免。一般而言,工作情况的测定方式主要有三种:一是管理者定期分析固定信息反馈形式,如统计报表、业务报表;二是管理者听取执行者的口头或书面汇报;三是管理者进行实地检查。

为了能够及时、准确地提供能够反映偏差的信息,同时又符合控制工作在其他方面的要求,管理者在衡量工作成绩的过程中应注意以下几个问题:

(一)通过衡量成绩,检验标准的客观性和有效性

衡量工作成效是以预定的标准为依据的,但利用预先制定的标准去检查各部门在各个阶段的工作,这本身也是对标准的客观性和有效性进行检验的过程。

检验标准的客观性和有效性,是要分析通过对标准执行情况的测量能否取得符合控制需要的信息。在衡量过程中对标准本身进行检验,就是指出能够反映被控制对象的本质特征的最适宜的标准。要评价员工的工作热情,可以考核他们提供有关经营或技术改造合理化建议的次数;评价他们的工作效率,可以计量他们提供的产品数量和质量;分析企业的盈利程度,可以统计和分析企业的利润额及其与资金、成本或销售额的相对百分比;衡量推销人员的工作绩效,可以检查他们的销售额是否比上年或平均水平高出一定数量等。

衡量的方法主要有:

(1)定性衡量和定量衡量。定性衡量是反映和评价工作的创造性和主动性等内容,而定量衡量较多的是反映和评价与管理控制标准相对应的实际工作成绩和效果。

(2)连续衡量和间断衡量。连续衡量和间断衡量所反映的工作实绩时域和状况是不同的,对控制效果的影响也不同。衡量绩效的间隔时间要定得合理,如果间隔太短,会增加控制费用,但间隔太长,会使问题发现太迟,从而造成不必要的损失。

(3)执行过程中衡量和执行后衡量。这主要取决于采用哪一种控制方式,但无论是在执行过程中还是在执行后衡量,都要切实搞好组织活动的日常统计记录、现场观测和技术测定工作,以便掌握真实可靠的被控量实际值,便于对工作绩效做出及时、正确的评价。

(二)确定适宜的衡量频度

要进行有效的控制,就要避免出现控制过多或控制不足的现象。这里的"过多"或"不足",不仅体现在标准数目的选择上,还表现在对同一标准的衡量次数或频度上。对影响某种结果的要素或活动过于频繁的衡量,不仅会增加控制的费用,还可能会引起有关人员的不满,从而影响他们的工作态度;而检查和衡量的次数过少,则可能使许多重大的偏差不能及时发现,从而不能及时采取措施。

以什么样的频度、在什么时候对某种活动的绩效进行衡量,这取决于被控制活动的性质。例如,对产品的质量控制常常需要以小时或以日为单位进行;而对新产品开发的控制则可能只需以月为单位进行。需要控制的对象可能发生重大变化的时间间隔是确定适宜的衡量频度所需考虑的主要因素。

(三)建立信息反馈系统

负有控制责任的管理人员只有及时掌握了反映实际工作与预期工作绩效之间偏差的信息,才能迅速采取有效的纠正措施。然而,并不是所有衡量绩效的工作都是由主管直接进行的,有时需要借助于专职的检测人员。因此,应该建立有效的信息反馈网络,使反映实际工作情况的信息适时地传递给相关的管理人员,使之能与预定标准相比较,及时发现问题。这个网络还应能及时将偏差信息传递给与被控制活动有关的部门和个人,使他们及时知道自己的工作状况、为什么错了以及需要怎样做才能更有效地完成工作。建立这样的信息反馈系统,不仅更有利于保证预定计划的实施,还能防止基层工作人员把衡量和控制视作上级检查工作、进行惩罚的手段,从而避免产生抵触情绪。

三、纠正已有偏差

这一步是在衡量工作成效的基础上,针对被控制对象的状态相对于标准的偏离程度,及时采取措施予以纠正,使其恢复到正常状态上来。为保证纠偏措施的针对性和有效性,必须在制定和实施纠偏措施的过程中注意下述问题:

(一)找出偏差产生的主要原因

并非所有的偏差都可能影响企业的最终成果。有些偏差可能反映了计划制订和执行工作中的严重问题,而另一些偏差则可能是一些偶然的、短暂的、区域性因素引起的,不一定会对组织活动的最终结果产生重要影响。因此,在采取任何纠正措施以前必须首先对反映偏差的信息进行评估和分析。首先要判断偏差的严重程度,是否构成对组织行动效率的威胁,从而值得去分析原因,采取纠正措施;其次要探寻导致偏差产生的主要原因。

通常产生偏差的原因主要有:

(1)因标准本身是基于错误的假设和预测上,从而使该标准无法达成。

(2)从事该项工作的职工不能胜任此项工作,或是由于没有给予适当的指令。

(3)与该项工作有关的其他工作发生了问题。

(4)从事该项工作的职工玩忽职守。

◤ 案例链接

蝴蝶效应

蝴蝶效应是指在一个动力系统中,初始条件下微小的变化能带动整个系统长期的巨大的连锁反应。这是一种混沌现象。蝴蝶在热带轻轻扇动一下翅膀,就可能给遥远的国家带来一场飓风。

美国气象学家爱德华·罗伦兹于1963年在一篇提交给纽约科学院的论文中分析了这个效应。他制作了一个电脑程序,可以模拟气候的变化,并用图像来表示。最后他发现,图像是混沌的,而且十分像一只张开双翅的蝴蝶,因而他形象地将这一图形以"蝴蝶扇动翅膀"的方式进行阐释,于是便有了上述说法。

蝴蝶效应通常用于天气、股票市场等在一定时段难以预测的比较复杂的系统中。此效应说明,事物发展的结果对初始条件具有极为敏感的依赖性,初始条件的极小偏差将会引起结果的极大差异。

蝴蝶效应在社会学界用来说明:一个坏的微小的机制,如果不及时加以地引导、调节,会给社会带来非常大的危害,戏称为"龙卷风"或"风暴";一个好的微小的机制,只要正确指引,经过一段时间的努力,将会产生轰动效应,或称为"革命"。

"蝴蝶效应"之所以令人着迷、令人激动、发人深省,不但在于其大胆的想象力和迷人的美学色彩,更在于其深刻的科学内涵和内在的哲学魅力。混沌理论认为,在混沌系统中,初始条件十分微小的变化经过不断放大,对其未来状态会造成极其巨大的影响。我们可以用一首在西方流传的民谣对此做形象的说明。

这首民谣说:

> 丢失一个钉子,坏了一只蹄铁;
> 坏了一只蹄铁,折了一匹战马;
> 折了一匹战马,伤了一位骑士;
> 伤了一位骑士,输了一场战斗;
> 输了一场战斗,亡了一个帝国。

马蹄铁上的一个钉子是否会丢失,本是初始条件十分微小的变化,但其"长期"效应却是一个帝国存与亡的根本差别。这就是军事和政治领域中所谓的"蝴蝶效应",有点不可思议,但是确实能够造成这样的恶果。一个明智的领导人一定要防微杜渐,看似一些极微小的事情却有可能造成集体内部的分崩离析,那时岂不是悔之晚矣?

(二)确定纠偏措施的实施对象

需要纠正的既可能是企业的实际活动,也可能是组织这些活动的计划或衡量这些活动的标准。

预定计划或标准的调整是由两种原因决定的:一是原先制订的计划或标准不科学,在执行中发现了问题;二是原来正确的标准和计划,由于客观环境发生了预料不到的变化,不再适应形势的需要。管理者应该认识到,外界环境发生变化以后,如果不对预先制订的计划和行动准则进行及时调整,那么,即使内部活动组织得非常完善,企业也不可能实现预定的目标。这时,企业的产品质量再好,功能再完善,生产成本和价格再低,仍然不可能找到销路,不会给企业带来期望利润。

(三)选择恰当的纠偏措施

针对产生偏差的主要原因,就可能制订改进工作或调整计划与标准的纠偏方案。在纠偏措施的选择和实施过程中应注意:

1. 使纠偏方案双重优化

纠正偏差，不仅在实施对象上可以进行选择，而且对同一对象的纠偏也可采取多种不同的措施。采取这些措施总要优于不采取任何行动，使偏差任其发展可能给组织造成的损失，但如果行动的费用超过偏差带来的损失的话，此时最好的方案也许是不采取任何行动。这是纠偏方案选择过程中的第一重优化。第二重优化是在此基础上，通过对各种经济可行方案的比较，找出其中追加投入最少、解决偏差效果最好的方案来组织实施。

2. 充分考虑原先计划实施的影响

由于客观环境的认识能力提高，或者由于客观环境本身发生了重要变化而引起的纠偏需要，可能会导致原先计划与决策的局部甚至全局的否定，从而要求企业活动的方向和内容进行重大的调整。这种调整有时被称为"追踪决策"，即当原有决策的实施表明将危及决策目标的实现时，对目标或决策方案所进行的一种根本性修正。

追踪决策是相对于初始决策而言的。初始决策是所选定的方案尚未付诸实施，没有投入任何资源，客观对象与环境尚未受到人的决策的影响和干扰，因此是以零为起点的决策。进行重大战略调整的追踪决策则不然，企业外部的经营环境或内部的经营条件已经由于初始决策的执行而有所改变，是"非零起点"。因此，在制订和选择追踪决策的方案时，要充分考虑伴随着初始决策的实施已经消耗的资源以及这种消耗对客观环境造成的种种影响。

3. 注意消除人们对纠偏措施的疑虑

任何纠偏措施都会在不同程度上引起组织的结构、关系和活动的调整，从而涉及某些组织成员的利益。不同的组织成员会因此对纠偏措施持不同的态度，特别是纠偏措施属于对原先决策和活动进行重大调整的追踪决策时。虽然一些原先反对初始决策的人会幸灾乐祸，甚至夸大原先决策的失误，反对保留其中任何合理的成分，但更多的人对纠偏措施持怀疑和反对的态度：原先决策的制定者和支持者害怕改变决策，因为这标志着自己的失败，他们会公开或暗地里反对纠偏措施的实施；执行原决策、从事具体活动的基层工作人员则会对自己参与的已经形成的或开始形成的活动结果怀有感情，或者担心调整会使自己失去某种工作机会、影响自己的既得利益而极力抵制任何重要的纠偏措施的制定和执行。因此，控制人员要充分考虑到组织成员对纠偏措施的不同态度，特别是要注意消除执行者的疑虑，争取更多的人理解、赞同和支持纠偏措施，以避免在纠偏方案的实施过程中可能出现的人为障碍。

第三节　控制方法

情景模拟

电子监控系统

某家公司办公室安装了电子监控系统，目的是管理者可以更好地进行直接管理和监控。安装之后有一定的成效,但是并没有激发员工更多的热情。有些员工认为,系统固有的电子报告只是不必要的例行公事。还有一些员工花费了很多时间了解客户,这种被称为"电子警察"的系统让他们感到很不高兴,管理者可以对他们所有的行动进行监视,并通过"遥控"来威胁他们。管理得力的管理者通常是那些在员工和他们自己之间创造信任的人,但是电子监控系统破坏了信任关系。

学生思考:

1. 电子监控系统有什么缺点?
2. 管理者是否有权监管员工的工作细节?

针对控制对象的不同,控制的方法可以有很多种划分,但一般可分为预算控制和非预算控制。前者主要以事先编制的较为系统的数字计划为控制提供依据,后者则多依靠观察、报告等传统手段进行控制。

一、预算控制

预算是以数字表述计划,并把这些计划分解成与组织相一致的各个部分,使预算与计划工作相联系,并授权给各部门而不致失去控制。换言之,预算就是把计划紧缩成一些数字以实现条理化,使主管清楚地看到,哪些资本将由谁来使用,将在哪些地方使用,并由此涉及哪些费用计划、收入计划或实物投入量和产出量计划。预算在形式上是一整套预计的财务报表和其他附表。按照其针对对象的不同,可以将预算分为:

(1)收入预算。收入预算是收入预测的一种特殊形式,是对组织未来收入的预测与规划。例如,对于企业而言表现为销售收入预算,而对于政府则表现为各种税收预算。收入预算为组织从事各项活动提供了基本的框架。

(2)费用预算。费用预算是将组织单位从事的各项活动列出,并将费用额度对应分配。对于一定数量和质量的产出,较低的费用意味着较高的效率。费用预算为组织活动的成本控制提供了依据。

(3)利润预算。利润预算将收入预算与费用预算合二为一,常常应用于整个组织或是大型组织的"利润中心",是考虑组织投入与产出的综合型控制手段。

(4)现金预算。现金预算用于预测组织还有多少库存现金,以及在不同时间点上对现金支出的需要量。不管是否可以称之为预算,这都是企业最重要的一项控制,因为把可用的现金去偿付到期的债务乃是企业生存的首要条件。现金预算编制还能表明可使用的超额现金量,因此,可以为盈余资金制订盈利性投资计划,从而为优化配置组织的现金资源提供了帮助。

(5)投资预算。投资预算是对企业固定资产的购置、扩建、改造、更新等在可行性研究的基础上编制的预算。它具体反映在何时进行投资、投资多少、资金从何处取得、何时可获得收益、每年的现金净流量为多少、需要多少时间回收全部投资等。该预算使管理者可以预测未来的资本需求，区分出最重要的投资项目以及保证有适当数量的库存现金可以满足到期由投资引发的现金支出。

与一般控制程序相类似，预算控制的基本步骤包括：

(1) 编制预算。编制预算从确定预算方针开始，接着编制部门预算和综合预算。

(2) 执行预算。执行预算就是要根据预算，及时或定期地检查预算的执行情况，观察其实际工作效果是否在预算范围内。

(3) 衡量预算差异，并采取一些措施纠正偏差。

(4) 对预算控制结果进行分析总结，评价和考核预算控制的绩效。

预算作为一种控制手段，其最大的价值在于它对改进协调和控制的贡献。当为组织的各个职能部门编制了预算时，就为协调组织的活动提供了基础。同时，由于对预期结果的偏离将更容易被查明和评定，预算也为控制工作中的纠偏措施奠定了基础。当然，由于预算控制一方面需要投入相当的人力、物力和财力，另一方面它的实施往往会影响组织内部一些既得利益者的权利，招致他们的反对和阻碍，所以是否实行预算控制往往需要管理者(尤其是高层管理者)的谨慎、决心和魄力。

二、非预算控制

非预算控制，顾名思义，是指并不利用预算进行控制的控制手段。其中较重要的一些方法是：

(一)程序控制

程序是对操作或事务处理流程的一种描述、计划和规定。它通过文字说明、格式说明和流程图等方式，把每一项业务的处理方法规定得一清二楚，这也就是我们常说的标准化，从而既便于执行者遵守，也便于管理人员进行检查和控制。组织中常见的程序很多，例如决策程序、投资审批程序、主要管理活动的计划与控制程序、会计核算程序、操作程序、工作程序等。凡是连续进行的、由多道工序组成的管理活动或生产技术活动，只要它具有重复发生的性质，就都应当为其制定程序。

(二)专题报告和分析

如果说程序控制是对常规例行的作业或活动的控制，那么专题报告则恰恰相反，它更着眼于非常规的具体问题。例行的会计和统计报表虽能提供不少必要的信息，但有关某些业务的信息往往还是不足的。一名从事复杂的业务经营且富有成就的主管，聘用数名训练有素的分析人员组成一个参谋小组，只让他们在自己的控制下从事调查研究和分析，而不委派其他任务，这个小组就能培养出一种令人惊奇的辨别力，可辨别不正常的工作情况。

(三) 统计数据资料

当组织规模逐渐扩大,组织外部环境的不确定性和复杂性日益增加,各种因素相互交织在一起时,仅仅凭借管理者的经验有时很难发现导致偏差的原因。如果能使用一些统计学知识,建立分析模型,对把握控制关键点会有很大帮助。例如,当月的销售有所下降,可能是受季节的变化、新的竞争对手的出现、消费者偏好的变化等各种因素的影响,如果能够对相应的数据资料采用统计上的相关分析、假设检验技术等,就能较快地发现哪些因素是显著影响销售的、各因素与销售之间的数量关系如何等,这显然对管理者的经营决策有很大帮助。因此,对企业经营管理的各个方面所做的统计分析和明确提出的统计数据资料(无论是历史的还是预测的),对于控制来说都是十分重要的。

(四) 亲自观察

有人把这种方式称为"走动管理"。无论凭借上述哪一种方式,管理者面临的一个最大的问题是信息的真实性。因为有可能下属人员投其所好,将管理者不愿意见到的信息加以过滤,或者在采集信息时,由于采集人员的主观判断而误解了信息,从而产生记录上的偏差。因此,管理者决不应忽视通过亲自观察进行控制的重要性。预算、图解、报表、比率、审计人员的建议以及其他计划方法对控制都是重要的,但是管理者如果完全依赖这些控制方法,比如说,只是坐在办公室里看看报表和打打电话,往往就很难做好控制工作。对于员工的态度、士气、工作环境等一些难以量化的信息,管理者有时只有通过自己的现场观察才能得到丰富、准确的信息。因此,即使在目前信息技术应用已相当普遍的时代,很多公司也依然很强调这种管理方式。

第四节 绩效考核与评价

情景模拟

有缺陷的绩效考核方案

某集团公司业务部派李湘萧到一个下属单位了解绩效情况。单位的负责人向李湘萧介绍了本单位业绩考核情况。可是,当李湘萧深入群众了解情况后,发现考核结果与实际出入很大,而且员工对部门领导的考核与评价很反感。李湘萧也感到现行的考核方案有明显的缺陷。他经过大量的调研,并广泛听取员工的意见,正在酝酿向这个单位负责人提出改善考核方案与控制的建议。

学生思考:

1. 你估计该单位的考核可能出现了哪些问题?
2. 你认为应怎样进行绩效的考核、评价与改进?

一、管理绩效评价概述

(一)管理绩效评价的含义与内容

管理绩效评价,是指管理者采用科学的指标体系与系统化方法对组织的整体运营效果和管理者业绩所进行的概括性考核与评价。管理绩效评价的基本内容有两个:一是对组织运营成果的考核与评价;二是对组织领导者的业绩进行考核与评价。

(二)管理绩效评价的作用

科学的管理绩效评价的作用主要表现为:

(1)为以出资人为中心的组织相关权益主体提供真实、准确的组织运营信息。

(2)为出资人选择、监管、激励组织经营者提供重要依据。

(3)有利于正确引导组织经营行为,把提高组织绩效作为决策的核心标准,促进组织的长远、健康发展。

(4)有利于促使组织投入产出比率的最优化,强化科学管理,有利于建立以高绩效为追求目标的现代组织管理制度。

(三)管理绩效评价的指标

管理绩效评价指标体系是由基本指标、修正指标和评议指标三个层次构成的。

1. 基本指标

基本指标反映的是组织绩效评价内容的基本情况,可以形成组织绩效评价的基本结论。

2. 修正指标

修正指标是依据组织有关实际情况对基本指标评价结果进行逐一修正,以形成组织绩效评价的基本定量分析结论。

3. 评议指标

评议指标是对影响组织经营绩效的非定量因素进行判断,以形成组织绩效评价的定性分析结论。

二、管理绩效评价的程序与方法

(一)管理绩效评价的程序

首先,确定评价对象,下达评价通知书,组织成立评价工作组及专家咨询组;其次,拟定评价工作方案,搜集基础资料;再次,评价工作组实施评价,征求专家意见并反馈给组织,撰写评价报告;最后,评价工作组将评价报告送专家咨询组复核,向评价组织机构(委托人)送达评价报告并公布评价结果,建立评价项目档案。

(二)管理绩效评价的方法

1. 组织目标法

即以组织最终完成其目标的结果来衡量其效果的评价方法。根据目标数目的不同,又可以将该评价方法分为单一目标评价法和多元目标评价法两种。

2. 系统方法

即集中考虑那些对组织长期生存和发展有影响的重要因素并进行评价的方法。

3. 战略伙伴法

即假定一个有效的组织能够满足利益相关群体的各种要求,并获得他们的支持,从而使组织得以持续生存下去的评价方法。

4. 环境评价法

即通过委托专门的咨询公司或专人或社会职能部门来了解外部环境对组织的地位及形象评价的一种方法。

5. 个人绩效评价方法

即由组织的人力资源部门对组织员工的工作绩效进行评价的一种方法。具体包括关键事件法、书面描述法、评分表法、多人比较法、目标管理法等。

三、管理绩效的改进

当管理绩效的评价结果与理想的标准有较大的距离时,就发生了绩效不良。绩效不良严重影响了组织活动的效率与效果,因此,寻找绩效改进的方法自然成为管理学研究的一项重要内容。

有效的绩效改进方法应是针对各种绩效不良的成因而采取的具体方法。从实际运行情况看,导致组织管理绩效不良的原因有很多,归纳起来主要有外部环境的剧烈变化、组织内部的制度问题、组织观念落后等。因此,从早期的科学管理到现在流行的 JIT 生产方式、战略管理等都是改进作业绩效或经营绩效的有效方法。这些方法的一个共性前提是"创新精神",当创新精神落实到组织管理之中时就成为一种理论,即"管理创新"。

管理创新为我们提供了以下几种绩效改进的实施方法:

(1)提出一种新的经营思路。

(2)创设一个新的组织机构。

(3)提出一个新的管理方法。

(4)设计一种新的管理模式。

(5)进行一项制度创新。

目前,流程再造、组织修炼、以人为本、超越竞争、新型价值链、第五代管理、知识联盟、柔性组织等管理理论与方法,从不同角度详尽阐述了管理绩效改进的途径。

分析与研讨

1. 什么是控制？控制的作用有哪些？
2. 试述控制的类型。
3. 简答一般控制与管理控制的异同。
4. 试述控制的三个基本步骤。
5. 控制标准的种类有哪些？
6. 什么是关键控制点？如何进行关键控制点的选择？
7. 衡量工作成效的方法有哪些？
8. 实际工作中产生偏差的原因有哪些？如何进行纠偏？
9. 预算是如何进行分类的？
10. 简述预算控制的基本步骤。
11. 简述管理绩效评价的内容。
12. 管理绩效评价的作用是什么？
13. 管理绩效评价指标体系是由哪几个层次构成的？
14. 简述管理绩效评价的方法。
15. 管理绩效改进的实施方法有哪些？

案例训练

【实训内容与方法】

1. 阅读下面案例,并分析下列问题：

(1) 你如何评价这位 MBA 毕业生将所学的管理理论应用于实践的能力？他的做法有何不妥之处？认为妥或者不妥,你是从哪个角度分析的？

(2) 如果你是倪正秋,你会怎么做以避免类似情形的发生？

(3) 依你之见,在组织中处理好人际关系是否有必要使用政治(或权术)手段？

(4) 坦诚相处与精明为人,两者在工作中哪个更重要？

(5) 你怎么看待工作中的伦理问题？

2. 由个人先写出发言提纲,再以模拟公司或班级为单位进行讨论。

倪正秋的教训

如果有人能给公司节约 1 000 万元，大多数管理人员会对此给予赞赏，除非这意味着要砍掉一个他们所喜爱的项目。但是，一个刚走出校门的年轻人却从此举中得到了深刻的教训。

从表面上看，情况似乎一清二楚。这家拥有 700 个床位的医院门前有一个停车场，在高峰期常常拥挤不堪，给病人及其家属带来了诸多的不便。即便医院的管理人员并没有那么强的道德感，光从财务方面考虑，鉴于最近有越来越多的患者另寻他处就医，从而给医院带来了很大的损失这一点也迫使医院的院长助理周红军得想法解决这个问题。

周红军吩咐刚从大学拿到工商管理硕士学位的倪正秋对这种情况做一个调查，并提出改进意见。要是问题尚不严重，医院可能会设法将楼前的一块地方腾出作为停车场；要是问题非常严重，就要考虑建一个新的多层停车场，为此得投资 1 000 万元。周红军在对倪正秋做了这次交代以后，便到外地休假三个星期。

这位希望自己能一显身手的年轻人，在接受任务后进行了两周的调查，分析了停车场发出的印有停车时间标记的票据，最后发现一个不曾预料的事实：停车场之所以拥挤，完全是因为医院的职工不顾院规将车停放在这里，而不是停在靠近高速公路的一个较不方便的宽敞的停车场。医院并不需要做 1 000 万元的投资，需要的只是强化已颁布的职工停车规定。

因为院长助理仍在休假中，这位年轻人便把他的发现直接在一次大型的会议上报告给了医院高层经理人员。听到这条令人振奋的消息后，这些高层经理人员对倪正秋说了一番鼓励和感激的话，然后要求他的部门做进一步的研究。

在院长助理返回前，一切都进展顺利。可是，这天周红军回来了，听说他提议的 1 000 万元的投资项目被取消了——这使他看起来像个低能者，而且更令他难受的是，在医院白领职工中很少得到遵守的停车条例，现在得到了三令五申。不幸的倪正秋，在上司的责备下不得不向院长助理道歉，并且又承担了寻找落实医院停车条例最有效方法的任务。

在思量了各种方案后，倪正秋最后向一个副总裁和几位部门负责人提议，下午 5 点钟在门前停车场会合，准备当面逮住那些违规停车的职工，并要求他们缴纳停车时间内的所有停车费。如此连续进行了两天后，医院门前的这块停车场在高峰期也有一半是空的。

至于那位年轻的毕业生倪正秋，他不久就离开医院，在一家私人公司找到了新的工作。他离开时对一些曾经同窗过的朋友们说，自己得到了一次深刻的教训，现在明白了过度坦诚与精明为人之间有何等的区别。

重点内容网络图

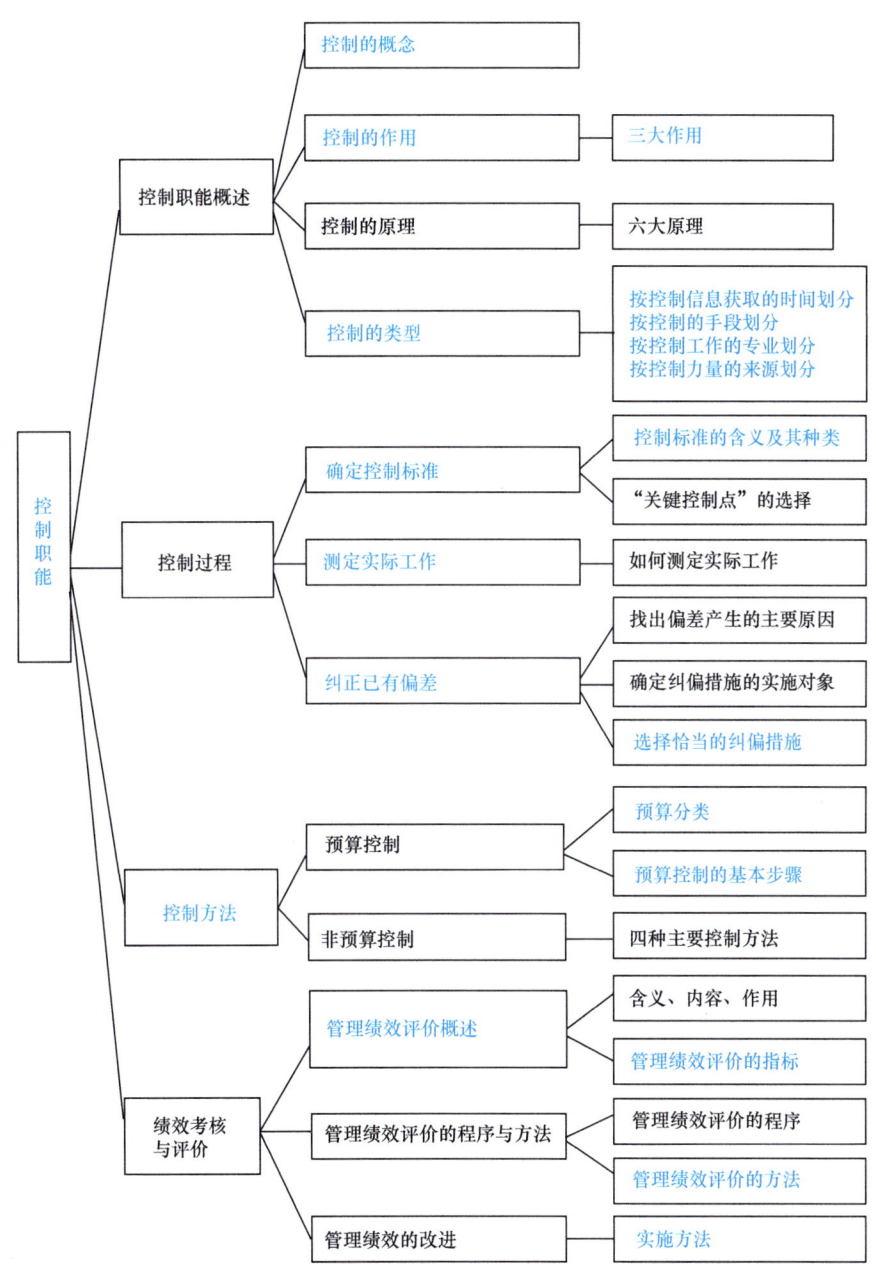

```
                          ┌─ 控制的概念
                          │
                          ├─ 控制的作用 ──── 三大作用
         控制职能概述 ─────┤
                          ├─ 控制的原理 ──── 六大原理
                          │
                          │                  按控制信息获取的时间划分
                          └─ 控制的类型 ──── 按控制的手段划分
                                             按控制工作的专业划分
                                             按控制力量的来源划分

                                             ┌─ 控制标准的含义及其种类
                          ┌─ 确定控制标准 ────┤
                          │                  └─ "关键控制点"的选择
         控制过程 ────────┤
                          ├─ 测定实际工作 ──── 如何测定实际工作
控制                      │
职能                      │                  ┌─ 找出偏差产生的主要原因
                          └─ 纠正已有偏差 ────┤ 确定纠偏措施的实施对象
                                             └─ 选择恰当的纠偏措施

                          ┌─ 预算控制 ─────┬─ 预算分类
         控制方法 ────────┤                └─ 预算控制的基本步骤
                          │
                          └─ 非预算控制 ──── 四种主要控制方法

                          ┌─ 管理绩效评价概述 ──┬─ 含义、内容、作用
                          │                    └─ 管理绩效评价的指标
         绩效考核         │
         与评价 ──────────┤ 管理绩效评价的程序与方法 ┬─ 管理绩效评价的程序
                          │                          └─ 管理绩效评价的方法
                          │
                          └─ 管理绩效的改进 ──── 实施方法
```

注：蓝色字表示更为重要的内容；本图中未包括的内容可略讲或由学生自学。

推荐书目

1.《第五项修炼:学习型组织的艺术与实践》——作者:彼得·圣吉

15年前,《第五项修炼:学习型组织的艺术与实践》一书中的许多核心理念都显得很激进。但这些理念的许多应用方法,后来已经被融入人们观察世界的方式中,也被整合到人们的管理实践中;新版书中的领导力案例故事揭示了这些经历。

《第五项修炼:学习型组织的艺术与实践》描述了公司如何通过采用学习型组织的战略和行动对策,来排除威胁组织效率和事业成功的"学习障碍"。在学习型组织中,新型的、扩展性的思考模式得到培育,集体的热望得到释放,大家不断在学习如何开创自己真心向往的成就。

2.《水煮三国》——作者:成君忆

一部《水煮三国》,智者从中取功利,仁者从中看因果。何谓因果呢?在作者看来,就是管理和管理的绩效。修身、齐家、治国、平天下,从个人的心灵到组织(企业)的兴衰,无一不是管理的对象。融三国智慧与管理精义于一体,寓至理于谈笑之中,这部独特的"三国",借古讽今,既可做枕侧兵法、幕后镜鉴,助君纵横驰骋;又可做茶余谈资、饭后小品,博君开怀一笑。

第七章

组织文化

情景导入

沃尔玛十大成功法则

第一法则:全心经营,比别人更尽心尽力。你对工作的热情,可以让你尽可能把工作做得更好,你身边的人也会因此受你的影响。

第二法则:和同仁分享利润,视同仁为伙伴,你的行为要像一位为合伙人服务的领导者。

第三法则:树立远大目标,不断想出新点子来激励你的同伴。

第四法则:凡事和同仁沟通,他们知道得越多就越能理解,也就越关心事务。沟通就是力量,你的收获足以抵消泄密给竞争对手的风险。

第五法则:感激同仁对公司的贡献,任何东西都无法取代几句适时的真心感激话。

第六法则:成功要大肆庆祝,失败则不必丧志。别把事情看得太严肃,轻松行事,你周围的人也会跟着轻松,做事要有趣,表现你的热心。

第七法则:聆听公司内每个人的意见,并设法让他们畅所欲言,使下情可以上达,让员工将好的构想提出来。

第八法则:超越顾客的期望,顾客就会一再光临。对顾客做错了事要诚心道歉,不可以找借口。在第一代沃尔玛门店的牌子上就写着"保证满意",现在还是这么写着。

第九法则:控制成本,使之低于竞争对手,这就是你的竞争优势。如果你的经营有效率,即使你犯了错误,仍然可以复原;反之,即使你很聪明,仍然做不好事业。

第十法则:逆流而上,走不同的路,放弃传统观念。如果走同一条路,那么选择不同的方向,就可以找到自己的优势。

学习目标

1. 掌握组织文化的含义、特点、内容及表现形式。
2. 熟悉组织文化的构成及作用。

3.了解组织文化的类型,了解组织文化建设的阶段及过程。

3.掌握组织文化建设的基本内容、要求及方法。

4.了解组织文化建设的前沿理念。

思政目标

1.通过对组织文化内容和特点的学习,学生加强对社会主义核心价值观、中国梦、中华民族伟大复兴的基本内涵及主要内容的理解。

2.通过学习组织文化的作用,学生继承和发扬中华优秀传统文化和中华民族伟大精神,增强组织凝聚力,弘扬时代精神,坚持中国共产党的领导,树立国家意识。

第一节 组织文化概述

情景模拟

一家美国公司在英国的遭遇

在英国,一个人平均每天在喝茶休息上要花费半个小时的时间。这里的工人都喜欢按自己的口味沏茶,然后用1品脱的器皿慢慢品尝,如同在品尝葡萄酒一般。一家设立在英国的美国公司的领导者认为这样过于浪费时间,会影响工作效率。他建议工会用速溶咖啡代替茶,将品尝的时间改为10分钟……结果工会的行动失败了,习惯了品茶的员工拒绝饮用速溶咖啡。

公司再度进行改革,他们安装了一台饮茶机,并且在龙头下放置了一种5盎司的纸杯(这是这家公司在美国的做法),没想到这种做法遭到了工人们的坚决反对,劳工关系进一步恶化……最后管理者将饮茶机撤走了,但仍无法获得工人们的原谅,愤怒的工人们仍联合抵制这家公司直到它被迫关闭。

学生思考:

1.这个故事说明什么?

2.如果你是公司领导者,会如何处理这件事情?

一、组织文化的含义

组织文化,是指在一定的社会政治、经济、文化背景条件下,组织在生产与工作实践过程中所创造或逐步形成的价值观念、行为准则、作风和团体氛围的总和。培育与建设健康向上的组织文化,建立高激励性、高凝聚性的组织团队,是组织管理的核心内容。上述关于组织文化的概念是从狭义上讲的,即主要是指组织的精神形态的文化;而在广义上,文化则指由人类所创造的精神文化与物质文化的总和。即组织文化是指组织所创造的所有精神财富和物质财富的总和。

二、组织文化的特点

组织文化属于亚文化范畴,它是在不断的实践和总结中创造出来的,是一个组织历史文化的沉淀,是一种无形的管理方式,是组织管理的灵魂。归结起来,组织文化具有以下特征:

(一)独特性

每个组织都有自己的个性特征,组织的个性即组织文化,有些组织是正规、冷静、不愿冒险的,而有些则是松散、富有人情味、勇于创新的。

组织文化的形成受到不同国家和民族、不同地域、不同时代背景以及不同行业的特点的影响,因而尽管各个组织的组织文化不同,但它们往往具有一些共性的东西,即都带有国家和民族的烙印。例如,美国的组织文化强调能力主义、个人奋斗和不断进取;日本文化强调团队合作、家族精神等。

(二)相对稳定性和连续性

组织文化是组织在长期的发展中逐渐积累形成的,不会因组织结构的改变、战略的转移或产品与服务的调整而轻易发生变化,具有一定的稳定性和连续性,尤其是精神文化比物质文化具有更多的稳定性,能长期影响组织成员的行为。

(三)实践性与发展性

组织文化不是空洞的口号,它是在有目的的实践活动中发展起来的,能够用来指导组织的实践活动。只有能够指导组织实践、与组织的实际有机结合起来的组织文化,才是能够存续下来、有生命力的组织文化。

组织文化也并非是一成不变的,当组织内外环境发生重大变化时,组织文化必须做出相应调整,与时俱进,与社会环境及组织发展相适应。

(四)融合继承性

组织文化应具有包容性和融合性,它在承接了本民族文化传统和价值体系的同时,应注意吸收其他组织的好的文化要素,融合科技文明成果,不断充实和完善自我,形成历史性与时代性相统一的自身组织文化。

三、组织文化的内容

组织文化的内容很丰富,其中最能体现组织文化特征的内容包括组织目标、组织哲学、组织价值观、道德规范、组织精神、组织标志、工作环境、规章制度等。

(一)组织目标

组织要达到的目的和标准是组织观念形态的文化,具有对组织的全部经营管理活动和各种文化行为的导向作用。它体现了组织的执着追求,同时又是组织员工理想和信念的具体化。组织目标具有经营目标数量化、全部内容集中化、战略指向成果化、发展指标观念化的特点。

(二)组织哲学

组织哲学是组织在管理实践中形成的世界观和方法论及组织最高层次的管理理念,是组织中各种活动规律的正确反映,是指导组织生产、经营、管理等活动及处理人际关系的原则,并主导着组织文化其他内容的发展方向。

(三)组织价值观

组织价值观是组织领导者和全体员工对组织各项活动和组织中人的行为是否有价值以及价值大小的总的看法和根本观点,是组织全体成员所共同拥有的基本信念和最高目标,也是整个组织的信仰。它包括组织存在的意义和目的、各项规章制度的价值和作用、组织中人的各种行为和组织利益的关系等。组织价值观是组织文化的核心,为组织的生存和发展提供基本的方向和行动指南,为员工形成共同的行为准则奠定了基础。组织价值观的形成过程,实际上就是全体成员对组织所倡导的价值标准的认同过程,它常常是通过组织领导者的倡导、培植并以各种方式灌输到全体职工的日常行为中,日积月累而逐步形成的。

(四)道德规范

道德规范是组织在长期的活动中形成的、人们自觉遵守的道德风尚和习俗,包括善与恶、公正与偏私、诚实与虚伪、正义与非正义等的评价标准,是社会道德在组织行为中的具体体现。道德规范与各种规章制度一样,都是调节、规范人的行为的一种手段,但规章制度是硬性的,要靠约束力来保证实施,而道德规范是软性的,它的实现依靠人们的自觉行为,对它的监督需要依靠舆论的力量。

(五)组织精神

组织精神是一个组织经过长期的精心设计和培育而逐步形成的组织群体的共同心理定式和价值取向,是组织有意识培养的员工群体风貌。组织精神是组织哲学、组织价值观、道德规范的综合体现和高度概括,反映了全体职工的共同追求和共同认识,具有巨大的鼓舞作用和凝聚力。

(六)组织标志

组织标志是以标志性的外在形象来表示组织的文化特色,并将本组织与其他组织明显区别开来的内容,包括厂服、厂歌、商标、组织标识、图案造型、管理特色、员工素质等,是组织文化的重要表现形式。

(七)工作环境

工作环境是员工工作、休息的场所,包括办公楼、厂房、图书馆、健身房、俱乐部、食堂等。良好的工作环境能激发员工工作的积极性和主动性,体现组织关心爱护员工、以人为本的理念。

(八)规章制度

并不是所有的制度都是组织文化的内容,只有那些能够充分激发、调动员工自觉性、主动性的规章制度才是组织文化的内容,这些制度能促使员工进行自我管理。

四、组织文化的表现形式

组织文化以多种形式传递给员工,最常用的有故事、仪式、物质象征和语言。

(一)故事

许多组织中都流传着这样的小故事,它们的内容多半是与组织创建者、违反组织制度、从乞丐到富翁的发迹史、裁减劳动力、员工重新安置、反省过去的错误以及组织应急事件等有关。这些小故事能够起到借古喻今的作用,还可以为目前的组织政策提供解释和支持。

案例链接

让顾客满意

诺斯拉姆公司的员工喜欢谈论这样一个故事,它与公司的顾客退货制度密切相关。在这个零售连锁店初创时,有一天,一个顾客来到商店想退掉一副汽车轮胎,售货员不是很清楚自己应该怎样处理这个问题。就在顾客与售货员交谈时,诺斯拉姆先生路过此处,并听到了谈话内容。他立刻走过去,问顾客是花多少钱买下这副轮胎的,然后让售货员收回轮胎,把钱全数退给顾客。顾客拿着钱离开后,这位售货员困惑地看着老板说:"诺斯拉姆先生,我们没有卖过轮胎呀?"他的老板说:"我知道,但无论如何我们要让顾客满意。我说过,顾客退货时,我们不提任何问题,这是我们的退货制度,必须做到这一点。"然后,诺斯拉姆先生就打电话给一个在汽车配件厂的朋友,问他愿意花多少钱拿走那副轮胎。

(二)仪式

仪式是一系列活动的重复,这些活动能够表达并强化组织的核心价值观,即什么目标是最重要的?哪些人是重要的?哪些人是无足轻重的?

案例链接

玫琳凯公司的年会

最出名的公司仪式是玫琳凯化妆品公司的年终奖大会。年终奖大会既像马戏团表演,又像美国小姐大选。大会在一个大礼堂的舞台上举行,一般持续几天,与会者都身着漂亮的晚礼服。达到销售指标的女售货员将得到一些精美的奖品,如金饰针、钻石饰针、狐皮披肩等。这种年会公开地奖励销售业绩突出的员工,从而起到了激励员工的作用。另外,这种仪式强化了玫琳凯的个人坚强意志与乐观精神,而这两点正是她克服个人困难,创立自己的公司,获得巨大物质财富的力量来源。玫琳凯通过年会这种形式告诉她的员工,实现他们的销售指标很重要,通过努力工作和足够的勇气,他们也能获得成功。

(三)物质象征

坦德姆计算机公司的总部在加利福尼亚州的卡普蒂诺市,看起来不像人们通常想象中的总部。这儿有跑道、有篮球场、有舞厅和瑜伽教室,还有一个游泳池,这些都是供员工享用的。每个星期五下午4点30分,员工就可以参加公司出资举行的啤酒豪饮会。这种非正式的公司总部组织形式告诉员工,公司重视的是公开性与平等性。

公司总部的布局、公司提供给高级管理人员的车型、公司是否给他们提供私人飞机,这些都是物质象征的例子。物质象征物还包括办公室的大小和摆设、装饰物的档次、高级管理人员的额外津贴和衣着等,这些物质象征物告诉员工,谁是重要人物、高级管理人员的平等程度以及什么样的行为类型是恰当的。

(四)语言

许多组织以及组织内的许多单位都用语言作为识别组织文化或亚文化成员的标志。通过学会这种语言,组织成员可确证他们已经接受了这种文化,这样又有助于员工坚持这种文化的价值观。

▎案例链接

术 语

戴劳公司是一家以加利福尼亚为基地的数据分发公司。公司员工使用即位数目(分配数据库中每个个体记录的数字)、KWIC(文章中的关键词)、关系操作员(在数据库中按一定顺序搜索人名或关键词的人)等词语。图书馆管理学专家所用的术语大部分是外行人所不了解的,他们在谈话中会不时地使用一些缩略语,如ARL(图书馆研究协会)、CICLC(提供合作目录的俄亥俄中心)、OPAC(上机用户专用目录)等。

随着时间的推移,组织往往就形成了自己特有的名词,用来描绘与业务有关的设备、办公室、关键人物、供应商、顾客、公司产品等。一般来说,新员工经过6个月的工作之后,那些起初令他们困惑不已的新名词就成为他们语言的一部分。这些术语一旦为员工所掌握,就成了共同特征,把特定文化或亚文化中的成员联结在一起。

第二节 组织文化的构成及作用

▎情景模拟

组织文化的"力量"

科学家将四只猴子关在一个密闭房间里,每天喂食很少的食物,让猴子饿得吱吱叫。几天后,实验者从房间上面的小洞放下一串香蕉,一只饿得头昏眼花的大猴子一个箭步冲上去,可是还没等它拿到香蕉,就被预设机关所泼出的滚烫热水烫得全身是伤。当后面三只猴子依次爬上去拿香蕉时,一样都被热水烫伤,于是众猴只好望"蕉"兴叹。几天后,实验者换进一只新猴子进入房内,当新猴子饿得也想尝试爬上去吃香蕉时,立刻被其他三只老猴子制止。实验者再换一只猴子进入,当这只新猴子想吃香蕉时,有趣的事情发生了,这次不仅剩下的两只猴子制止它,连没被烫过的猴子也极力阻止它。实验继续,当所有猴子都已被更换过之后,没有一只猴子曾经被烫过,上面的热水机关也取消了,香蕉唾手可得,却没有一只猴子敢前去享用。

学生思考:
1. 这个故事说明什么?
2. 试验结束时为什么没有一只猴子敢去上前享用香蕉?
3. 请你运用组织文化的知识分析该案例?

一、组织文化的构成

组织文化主要由以下三层构成:

(一)精神文化层

这是组织文化的核心层,主要由作为组织指导思想与灵魂的各种价值观与组织精神所组成。

(二)制度文化层

这属于组织文化的中间层,具有将精神文化转化为物质文化的功能,主要由硬(显)制度和软(隐)制度两种类型的制度文化构成。前者如各种管理体制、组织准则、规章制度等组织的正式制度;后者如传统习惯、生活习俗、行为方式、传播网络等非正式的潜规则。

(三)物质(行为)文化层

这是组织文化的表层,具有表达精神文化的功能,主要由动态的行为文化和静态的物质文化构成。前者是指组织成员的行为和生产与工作的各种活动,如生产过程、管理行为、向顾客提供的各种服务;后者是指反映这些行为与活动的各种物化形态,如产品、厂容厂貌、组织标识等。

这三层的关系是:精神文化决定制度文化,制度文化又决定物质(行为)文化。组织文化的构成如图 7-1 所示。

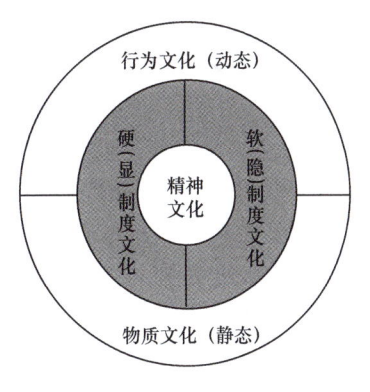

图 7-1 组织文化的构成

二、组织文化的类型

依据不同的标准,可以把组织文化分为许多类型。

(一)根据组织的状态和作风进行分类

日本学者河野丰弘从这一角度出发把组织文化分为三种类型:

1. 有活力的组织文化

这种组织文化的特点是重视团体,追求创新,有明确目标,面向外部,有良好的沟通,能自发地提出设想,责任心强。

2. 停滞的组织文化

其特点是急功近利,无远大的目标,带有利己倾向,自我保全,面向内部,行动迟缓,不负责任。

3. 官僚的组织文化

其特点是例行公事,不讲情面,刻板拘谨。

(二)根据组织的价值取向或行为标准进行划分

美国著名组织行为学教授卜斯洛坎和卜凯尔在对美国多家公司进行调查研究之后,把组织文化分为民族文化与市场文化两种:

1. 民族文化

即由民族意识主宰的文化。其特点是重亲情关系,尊重历史传统,具有等级制的结构关系,存在着广泛的同事联系网,强调集体的首创精神,领导者对文化有较大的影响等。

2. 市场文化

其特点是重合同关系,按成员与组织的交换条件形成相互关系,讲究功利主义,对同事保持独立性,强调个体的首创精神,对公司文化适应性的社会化程度低等。

(三)根据组织所在国别或民族进行划分

这种划分主要是从对东西方文化进行比较分析的角度区分的,并以此为基础对东西方区域不同国家的文化进行比较分析。目前,研究比较多的是美、日组织文化的比较。在我国,也重视进行美、日、中之间的比较研究。

1. 美国的组织文化

美国的文化以欧洲文化为基础,并融合了世界其他民族的文化。美国文化最主要的特征是:崇尚个人主义、英雄主义和理性主义。反映在组织文化上的主要特点是:偏重管理的科学性,注重量化分析和事实依据;强调对个人的尊重和自我实现;鼓励竞争,乐于冒险;亲情关系观念比较淡漠,更注重的是平等的契约关系。

2. 日本的组织文化

日本文化以东方文化为基础,同时凸现了本民族自身的特点。日本文化的主要特点是:既受中国儒家思想的影响,偏重强调"诚"和"忠",同时又大胆吸收西方的文明成果,即形成所谓的"和魂洋才",实现了家族主义管理与现代管理思想的融合;在技术上实行"拿来主义",在管理上注重实用主义,管理规范线条粗;注重血缘关系,成员对组织的归属感强,信奉团队精神,强调团队奋斗。

3. 中国的组织文化

中国文化是典型的东方文化。中国文化主要受儒家思想的影响,注重"仁""礼""中庸之道",有崇高的爱国主义,重礼仪文明,但观念守旧,创新精神不强;勤劳俭朴,肯于奋斗,但冒险精神不足;长期受封建思想影响,集权观念较重,民主意识不强,对个性尊重不够,鼓励个人奋斗不足;血缘关系强,重人际关系,但缺乏团队精神。

三、组织文化的作用

(一)导向作用

组织文化决定着组织的价值取向,规定着组织所追求的目标,对员工的价值观念与行为取向具有引导作用。健康良好的组织文化可以引导组织成员采取组织所期望的行为,自觉为实现组织目标而努力;落后的组织文化会将组织成员导入歧途,阻碍组织目标的实现与发展。

(二)激励作用

根据马斯洛的需要层次理论,人的需求是分层次、呈阶梯式自下而上逐级上升的,而需求的存在是促使人产生某种行为的基础。组织文化的激励功能,就是通过满足员工的需求,激发、调动员工的积极性,使之为实现组织的目标而努力奋斗。健康向上的组织文化在满足员工工资、福利、职业保障等基本需求的基础上,更加强调尊重和信任员工,能使组织内每个员工得到尊重、感受到家庭般的温暖、获得较高的心理满足,进而使员工从内心产生一种高昂的情绪和进取精神,更愿意为组织努力工作、贡献自己的力量。

案例链接

生日贺卡

今天是张工的 40 岁生日,想到已进入不惑之年,张工感慨万分。

昨晚与妻子闲聊时,妻子埋怨他多年来忙于工作,忽视了家人及自己的健康,建议他进入不惑之年以后改变生活方式,调整工作与休闲的时间比例。看着眼角已有细细皱纹的妻子和不知不觉间已与自己同等身高的儿子,张工暗下决心:今后一定要多抽出时间陪陪家人,将生活的重心转到家庭上。

8:00,张工准时走入办公室,办公桌上摆放着一盒心形的生日蛋糕,上面插着一张生日贺卡。带着疑问,张工打开了贺卡:亲爱的张工,感谢您一直以来对公司做出的巨大贡献。今天是您的生日,我谨代表公司全体员工向您呈上最真诚的祝福——祝您生日快乐,生活美满幸福……下面是公司总经理的亲笔签名。合上贺卡,望着眼前的生日蛋糕和周围同声祝贺的同事,张工激动万分。真诚地道谢之后,充满干劲的张工一头扎入了公司 SP 计划的开发研制工作。

12:00,困扰多天的问题仍未解决,项目研制工作因此无法进入下一阶段。张工切下一块蛋糕,"狼吞虎咽"之后,又开始寻找解决问题的方案。

18:00,一阵刺耳的铃声将张工从思考中惊醒,拿起电话,妻子不满的声音传来:"几点了,还不回来,我和儿子等着为你庆贺生日呢!"看着办公桌上剩下的蛋糕,张工轻声对妻子说:"对不起,我一忙起来就忘了时间。这样吧,你和儿子先吃饭,我忙完这点事就回去。"

21:00,终于把这个难题攻克了,张工长长舒了一口气,收拾好资料笑盈盈地走出公司。望着满天的星斗,他想:能在今天解决这个难题,这个生日过得真有意义。攻克了这个难关,下一步的研制工作就简单多了,得赶紧把这个好消息告诉妻子。想到这里,他不由得加快了脚步……

(三)约束作用

组织文化的约束功能不仅体现为其通过物质层和制度层的各种物质形式及规章制度来约束员工的行为,更主要的是组织文化所包含的多方面的价值理念和行为规范是一种无声的号令,会对员工和管理者产生无形的群体压力,包括舆论压力、理智压力和感情压力,使成员能够协调和控制自己的行为,自觉遵守组织的行为规则,使自己的思想感情和行为与组织整体保持一致。

(四)凝聚作用

优秀的组织文化是连接组织成员的感情纽带,能把员工团结在本组织周围,使员工对组织产生强烈的认同感、归属感和向心力,这样就形成了强大的凝聚力,使组织成为紧密团结的整体。组织文化的规范性是一股潜移默化的力量,它从各个层次、各个方面把千差万别的员工融合团结起来,使得员工将个人价值观念同组织价值观体系结合起来,形成强烈的整体意识,乐于将自己的聪明才智贡献给组织。

组织文化的凝聚功能还反映在组织文化的排外性上,对外排斥可使个体产生对群体的依赖,对外竞争又可以使个体凝聚在群体之中,形成命运的共同体。

案例链接

海尔姑娘

"海尔姑娘"王俊成,19岁就进入海尔集团工作,受到海尔文化的熏陶,在冰箱一厂流水线上工作了三年,后来不幸患了白血病。弥留之际,她最后的一个要求是:"我要最后看一眼我的岗位!"家长为满足这一要求,让送葬的队伍在冰箱一厂大门口停留了一刻钟!一个年轻的女孩,在世的最后一刻还念念不忘她工作过的岗位,这是一种多么真挚深厚的感情!

(五)辐射作用

组织文化最集中地概括和体现了组织的宗旨、价值观和行为规范,不仅会在组织内部发挥作用,而且有利于提高组织的声誉、塑造组织的形象、扩大组织的社会影响,对组织外部乃至整个社会都会产生巨大的辐射作用,使组织文化成为社会文化的一部分。

第三节　组织文化的建设

情景模拟

贵州茅台集团的组织文化

贵州茅台集团在弥漫着国酒玉液之浓郁、芳香、悠长而经历史酿造的国酒文化中,结合茅台酒的品牌优势,精心提炼、严肃确立、努力建设以"爱我茅台,为国争光"为企业精神;以"以质求存,以人为本,恪守诚信,团结拼搏,继承创新"为核心价值观;以"酿造高品位生活"为经营理念;以"顾客求生存,以质量求发展,以创新求完美"为质量方针;以"品质、环境、工艺、品牌、文化"为核心竞争力的企业文化。

学生思考:
1. 你认为组织文化建设包括哪些方面?
2. 你能针对组织文化建设提出哪些要求?

一、组织文化建设的基本内容

(一)精神文化建设

组织的精神文化建设主要包括:

(1)形成组织全体成员共同信奉与追求的价值观。这是精神文化乃至整个组织文化的核心。

(2)培育组织精神。这是价值观的集中体现,是组织文化的灵魂与最显著的标志。

(3)养成良好的职业道德。这是价值观、组织精神与岗位工作实际的结合。

(4)营造健康向上的团体氛围。包括非正式组织形成的积极向上的风气。

(二)制度文化建设

组织的制度文化建设主要包括:

(1)按照现代组织要求推进组织基本制度的改革与建设,包括建设现代产权制度,特别是先进的法人治理结构等。

(2)建设体现现代企业制度要求的组织结构与体系。

(3)建立健全各项规章制度,包括各种管理制度和技术规范等。

(4)改造与完善组织与成员中现存的传统习惯、习俗、交际准则、传播网络等制度。

(三)物质(行为)文化建设

物质(行为)文化建设主要包括:

(1)用组织共同的价值观与组织精神,教育与激励组织成员,使全体成员为实现组织的目标而共同努力。

(2)塑造产品与服务形象。组织要通过向社会提供优质产品与服务,在社会广大公众心目中建立良好的形象。

(3)美化优化组织的外观形象。组织的标识、建筑、环境等不断美化优化,为内部成员和外部公众带来美好的印象。

(4)形成组织的技术优势、设备优势、队伍形象优势等。

二、组织文化建设的基本要求

(一)要坚持以人本主义为指导,与社会精神文明相协调

组织文化的灵魂是必须以先进的思想与理念作指导。社会的各类组织建设组织文

化,都必须以人本主义为指导思想,并且要同整个社会的精神文明相协调。

(二)要立足国情,把传统的文化精华与先进的时代特征紧密结合

我国社会组织的文化建设必须立足于我国的国情,植根于东方文化的土壤,并努力吸收我国传统文化的精华,同时还要对世界最先进的文化兼容并蓄,反映时代特征。

(三)要服务于组织的宗旨和战略目标,并形成自身特色

建设组织文化,必须从组织的宗旨和战略目标出发,抓住重要矛盾,解决主要问题,形成促进组织目标实现的先进文化。文化建设必须充分体现本组织的特殊性,并运用简洁生动的语言进行提炼概括,形成特色鲜明、易读易记的口号、信条、格言、警句等概括形式。

案例链接

万科的一克拉文化

万科的文化一直坚持简单、规范、透明。万科绝不会要求员工在公司内外采用不同的价值标准和行为准则。万科秉承"人才是万科的资本"的用人理念,使员工和公司、客户、合作伙伴之间一直保持平等、双赢的关系。二十多年来,万科一直保持行业领跑者的地位,实现了企业的稳定发展,而其中,起到有力支持因素的就是万科的一克拉文化。

万科一克拉文化所体现的以人为本的管理思想逐步渗透到日常的管理工作中,万科一贯主张"健康丰盛的人生",重视工作与生活的平衡;为员工提供可持续发展的空间和机会;倡导简单人际关系,致力于营造能充分发挥员工才干的工作氛围。通过不断的探索和努力,万科建立了一支富有激情、忠于职守、精于专业、勤于工作的职业经理团队,形成了追求创新、不断进取、蓬勃向上的公司氛围以及有自我特色的用人之道。实践证明,万科的一克拉文化所展现的用人原则是万科多年来稳步发展的动因。

(四)要形成以组织精神为核心的文化体系

组织文化建设是一个系统工程,既要以共同价值观为支撑培育组织精神,又要注意整个文化体系的建设。从理念、宗旨、价值准则到制度体系、行为规范、活动取向,从群体规范、团体氛围到产品、服务、厂区环境,都要进行全方位的培育与建设。

(五)要有科学的程序和方法,并注重实效

组织文化建设要有明确的目标与规划,要采取科学的程序与方法按步骤实施。既要发挥组织领导人的关键作用,又要充分发动广大员工参与,形成全员建设的局面。组织文化建设不能一蹴而就,要进行长期建设,潜移默化,百炼成钢。

三、组织文化建设的阶段

组织文化建设主要有以下几个阶段:

(一)识别与规划阶段

要在对组织现有文化正确分析识别的基础上,根据企业的宗旨与总目标确定本组织

文化建设的目标,特别是要选择与设计富有特色的组织精神与本组织文化建设的主要内容,并制定建设规划。

(二)培育与强化阶段

要按照建设规划,通过各种有效渠道与手段,分步骤、全方位地进行组织文化的培养与强化。这是文化建设的主体阶段,是一个长期的过程。

(三)确立与巩固阶段

经过不断的调整、充实与培育,特别是长时间的实践,对本企业的组织文化加以确立,并不断巩固完善。

(四)变革与发展阶段

组织文化不会是绝对完美的,也不是一成不变的,应随着组织目标与自身目标的变化,适时地进行变革,不断发展与完善。

四、组织文化建设的过程

组织文化的塑造是组织发展过程中的一项艰巨、细致的系统工程,需要经历反复、漫长的过程。

(一)选择合适的价值观标准

价值观是整个组织文化的核心,选择正确的组织价值观是塑造良好组织文化的首要战略问题。

选择组织价值观要立足于本组织的具体情况,要在调查研究组织的历史和现状、对组织现有文化进行正确分析识别的基础上,选择正确、明晰、科学、具有鲜明特点的、能够被本组织员工认可和接纳的、与本组织员工的基本素质相匹配的价值观标准,形成能够体现组织的宗旨、管理战略和发展方向的组织文化模式。

(二)强化职工的认同感

在确立了组织价值观和组织文化模式之后,就应采取各种手段进行宣传、灌输和强化,使之成为被员工接纳认可的、约定俗成的文化理念。

应按照组织文化建设规划,通过各种有效渠道与手段,分步骤、全方位地进行组织文化的培养与强化。有目的地进行培训与教育,使组织成员系统地接受组织的价值观并强化员工的认同感;利用人们崇拜英雄、效仿榜样人物行为的心理特点,培养和树立具有组织文化精神的人格化身与形象缩影,为员工树立学习和效仿的典型;通过各种媒介,对组织文化的内容和精神进行密集宣传和推介,创造出浓厚的环境氛围等。

(三)提炼"定格"

组织价值观的形成不是一蹴而就的,必须经过分析、归纳和提炼方能"定格"。组织文化在培养发展的过程中,会经常暴露出一些问题,这就需要组织领导者不断地分析研究、加以改进,用新的价值观去指导实践活动。在活动中应注意归纳总结,把感性的东西上升为理性的东西,把实践的东西变成理论的东西,将最初少数人的看法通过逐渐的梳理引导变为多数人的统一理念。

这一阶段的工作主要包括两方面：一是摒弃那些不受欢迎的、违背时代精神的内容；二是肯定那些行之有效的、符合时代精神的内容，并加工成通俗易懂的、有激励作用的文字形式，以便于进一步推广，形成组织文化。

（四）巩固落实

组织文化经提炼形成之后，重在巩固落实，使其成为员工自觉遵守的行为规范。这一阶段有两方面工作尤显重要：一是组织领导者要身体力行，起表率作用；二是要建立必要的规章制度作为保障，奖优惩劣，确保组织文化尽快落实发扬。

（五）在发展中不断丰富和完善

任何一种组织文化都是特定历史条件下的产物，当组织外部环境和内部条件不断变化时，组织文化的内容也应该不断调整，淘汰落后的旧文化、吸纳新元素。只有在发展过程中不断优化，才能最终形成适应市场经济体制需要的、独具特色的组织文化。

五、组织文化建设的方法

（一）正面灌输法

这是指借助各种教育、宣传、组织学习、开会传达等形式，对组织文化的目标与内容进行正面灌输的方法。通过正面灌输的方法，全体成员树立正确的思想与价值观。

（二）规范法

这是指通过制定体现预期文化要求的一整套制度规范体系来促进与保证组织文化建设的途径与方式，如制定反映组织文化要求的组织制度、管理规范、员工的行为规范等。

（三）激励法

这是指运用各种激励手段激发员工动机，以营造良好氛围、塑造组织精神的各种途径与方法。如通过表扬、工作激励、关心和满足员工需要来增强组织凝聚力，培养员工热爱本职工作、敢于拼搏与勤奋努力的精神。

（四）示范法

即通过组织领导人的率先垂范和先进人物的榜样作用，促进与影响组织的文化建设的方式与方法。组织要充分发挥领导和先进人物的示范作用，引导与带动组织成员，培养组织精神，树立良好的组织风气。

（五）感染法

这是指通过各种人员交往，共同生活，形成互动，相互感染，以建设组织文化的途径与方式。如经过人员互动与感染，培养企业成员崇高的思想境界与健康的人格。

（六）暗示法

即组织或管理者通过暗示的方式将意愿传递给员工，示意或诱导员工认同组织的价值观,并以实际行动为实现组织的目标而努力。

(七)实践法

即在生产与工作实践的过程中培养组织文化的途径与方式。这是长期积淀的过程。如通过各种生产经营实践培养既敢于创新又从实际出发的科学精神。

六、组织文化建设的十大前沿理念

(1)可持续发展理念;
(2)诚信理念;
(3)危机理念;
(4)双赢理念;
(5)品牌建设理念;
(6)全球化理念;
(7)能动创新理念;
(8)人本管理理念;
(9)团队精神理念;
(10)学习型组织理念。

分析与研讨

1. 试述组织文化的含义。
2. 试述组织文化的特点。
3. 简述组织文化的内容。
4. 举例说明组织文化的表现形式。
5. 简述组织文化的构成。
6. 举例说明组织文化的激励与凝聚作用。
7. 试比较美国、日本、中国的组织文化。
8. 简述组织文化建设的基本内容及要求。
9. 试述组织文化建设的几个阶段及其过程。
10. 举例说明组织文化建设的基本方法。
11. 简述组织文化建设的十大前沿理念。

案例训练

【实训内容与方法】

1. 阅读下面案例,并分析下列问题:
(1)试运用管理的有关原理分析康利公司起落的原因。
(2)试总结米勒先生的管理思想及管理哲学。

(3) 从本案例中你能得到什么启示?

2. 先由个人阅读分析案例,并写出发言提纲。再以模拟公司或班级为单位进行讨论。

康利公司的"洋"经理

康利公司是一家中外合资的高科技专业涂料生产企业,总投资594万美元,其中固定资产324万美元,中方占有60%的股份,外方占有40%的股份,生产多彩花纹涂料等11大系列高档涂料产品。这些高档产品不含苯、铅和硝基等有害物质,无毒无味,在中国有广阔的潜在市场。

开业在即,谁出任公司总经理呢? 外方认为,康利公司引进的先进技术、设备和原材料均来自美国,必须由美国人来管理这个高新技术企业。中方也认为,由美国人来管理,可以学习借鉴国外企业的管理方法和经验,有利于消化吸收引进的技术和提高工作效率。因此,董事会形成决议:从美国聘请米勒先生任总经理,中方推荐两名副总经理参与管理。

米勒先生年近花甲,但身心爽健,充满自信,有18年管理涂料生产企业的经验,自称"血管里流淌的都是涂料",对振兴康利公司胸有成竹。公司员工也都为有这样一位"洋"经理而庆幸,都想憋足劲大干一场。

谁料事与愿违。公司开业9个月不但没有赚到一分钱,反而亏损70多万元。当一年的签证到期时,米勒先生被公司的董事会正式辞退了。1994年3月26日,米勒先生失望地返美。

来自太平洋彼岸的洋经理被"炒鱿鱼"的消息在康利公司内外引起了强烈的反响,这位曾经在日本、荷兰主持建立并成功地管理过涂料工厂的"洋"经理何以在中国败走麦城呢,这自然成了议论的焦点。

多数人认为,米勒先生是个好人,工作认真,技术管理上是内行,对搞好康利公司怀有良好的愿望,同时,在吸收和消化先进技术方面做了许多工作。他失败的主要原因是不了解中国的实际情况,完全照搬他过去惯用的企业管理模式,对中国的许多东西不能接受,在经营管理方面缺乏应有的弹性和适应性。中方管理人员曾建议参照我国有关合资企业现成的成功管理模式,结合国外先进的管理经验,制定一套切实可行的管理制度,并严格监督执行。对此,米勒先生不以为然。他的想法是"要让康利公司变成一个纯美国式的企业"。他对计划不信任,甚至忧虑,以致对正常的工作计划都持抵触态度,害怕别人会用计划经济的一套做法去干预他的管理工作。米勒先生煞费苦心地完全按照美国的模式设置了公司的组织结构,并建立了一整套规章制度,但最终还是使一个生产高新技术产品且有相当实力的企业缺乏活力,在起跑线上停滞不前,陷入十分被动的局面。

对于中国的市场,特别是中国的市场情况和推销方式,米勒先生也不甚了解。他将所有有关市场营销的事情都交给一位中方副总经理,但他和那位副总经理的关系并没有"铁"到使副总经理为他玩命去干的程度。

在管理体制上,米勒先生试图建立一套分层管理制度:总经理只管两个副总经理,下面再一层管一层。但他不知道,这套制度在中国,如果没有上下级间的心灵沟通与相互间的了解和信任,会出现什么样的状况和局面。最后的结果是造成管理混乱,人心涣散,员工普遍缺乏主动性,工作效率大大降低。

米勒先生还强调,我是总经理,我和你们不一样,你们要听我的。他甚至要求,工作进入正轨后,除副总经理外的其他员工不得进入总经理的办公室。米勒先生不知道,聪明的企业负责人尊重员工,强调平等。米勒先生走时扔下一句话:"如果这个企业出现奇迹的话,肯定是上帝帮忙的结果。"

然而,奇迹却出现了。康利公司在米勒先生走后,中方合资厂家选派了一位懂经营管理、富有开拓精神的年轻副厂长刘思才任总经理,并随之组成了平均年龄只有33岁的领导班子。新班子迅速制定了新的规章制度,调整了机构,调动了全体员工的积极性。在销售方面,基于这样一个现实:自己的产品虽好但尚未被人认识,因而采取了多种促销手段,并确定在1994年零利润的状态下,主动向消费者让利销售,使企业走上了良性循环。1994年5月,康利首次盈利3万元,宣告扭亏为盈。

重点内容网络图

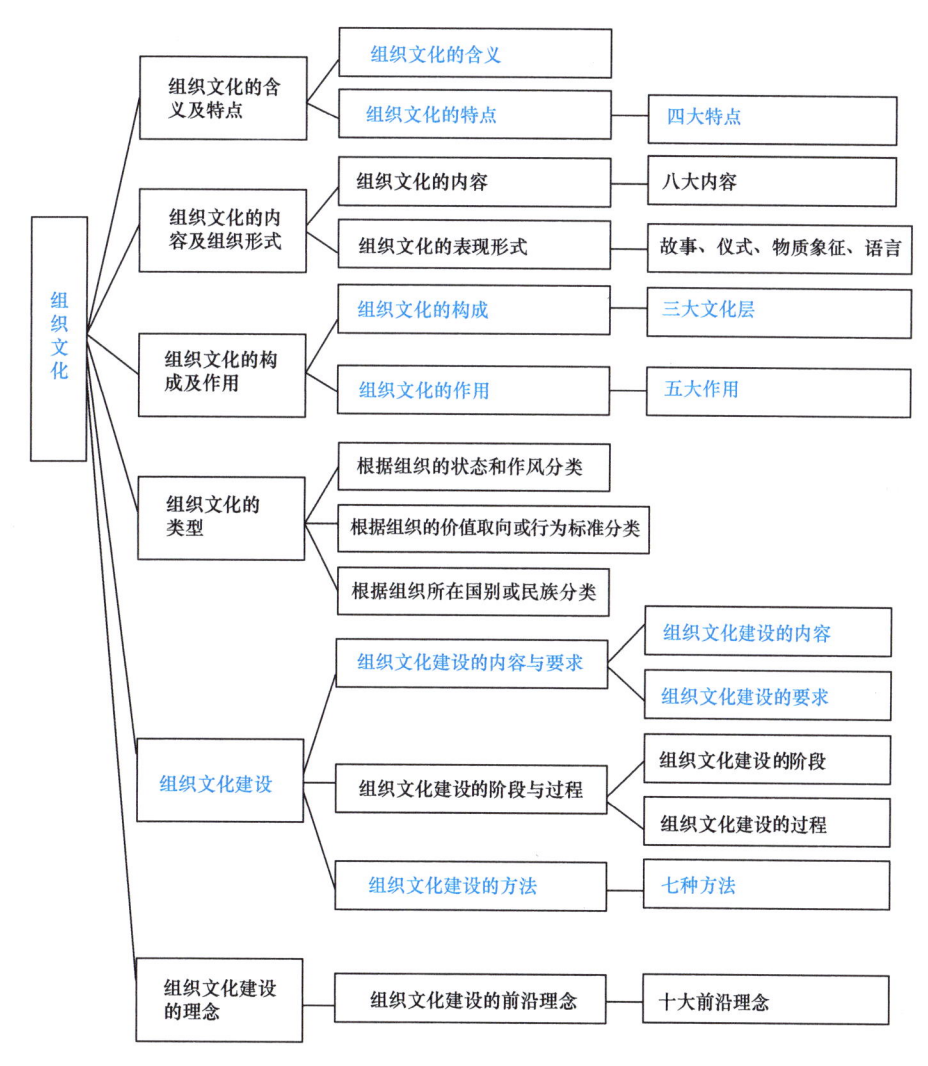

```
                    ┌─ 组织文化的含义及特点 ─┬─ 组织文化的含义
                    │                      └─ 组织文化的特点 ── 四大特点
                    │
                    ├─ 组织文化的内容及组织形式 ─┬─ 组织文化的内容 ── 八大内容
                    │                          └─ 组织文化的表现形式 ── 故事、仪式、物质象征、语言
                    │
                    ├─ 组织文化的构成及作用 ─┬─ 组织文化的构成 ── 三大文化层
   组织文化 ────────┤                      └─ 组织文化的作用 ── 五大作用
                    │
                    ├─ 组织文化的类型 ─┬─ 根据组织的状态和作风分类
                    │                  ├─ 根据组织的价值取向或行为标准分类
                    │                  └─ 根据组织所在国别或民族分类
                    │
                    ├─ 组织文化建设 ─┬─ 组织文化建设的内容与要求 ─┬─ 组织文化建设的内容
                    │                │                            └─ 组织文化建设的要求
                    │                ├─ 组织文化建设的阶段与过程 ─┬─ 组织文化建设的阶段
                    │                │                            └─ 组织文化建设的过程
                    │                └─ 组织文化建设的方法 ── 七种方法
                    │
                    └─ 组织文化建设的理念 ── 组织文化建设的前沿理念 ── 十大前沿理念
```

注:蓝色字表示更为重要的内容;本图中未包括的内容可略讲或由学生自学。

推荐书目

1.《卓有成效的管理者》——作者:彼得·德鲁克

在这本薄薄的书里,现代管理学之父彼得·德鲁克提出一个重要的定律:管理者的效率,往往是决定组织工作效率的最关键因素。因此,在管理别人之前,你必须学会管理自己。

彼得·德鲁克也给出了有效管理者必须养成的五种习惯:正确统筹时间;致力于对外界的贡献;重视发挥长处,把工作建立在优势上;集中精力在少数主要领域;做有效的决策。

2.《领导力21法则》——作者:约翰·麦克斯韦尔

"领导力就是领导力,不论你身在何处或从事怎样的工作。时代在改变,科技也在不断地进步,文化也因为地域不同而有差异。但是真正的领导原则却是恒定不变的……"美国著名领导力大师约翰·麦克斯韦尔如是说。

在本书中,约翰·麦克斯韦尔先生描述了影响力法则、过程法则、哈顿法则、根基法则在内的21项领导力法则,拥有非凡的洞察力、修炼所向披靡的实战能力,是领导力21法则训练的目标。

第八章

管理创新

情景导入

卖 鞋

两个皮鞋推销商,分别来自美国和英国。当英国推销商来到某非洲部落时,他感到很失望,因为这个部落成员没有穿鞋的习惯,人人都光着脚。于是,推销商马上给英国总部发了一个电报,请求返回英国,因为这里没有皮鞋生意可做。而美国推销商来到这个非洲部落以后,他很兴奋,仿佛发现了新大陆,他也马上给美国总部发回了电报,说这里市场潜力巨大,因为这里还没有人穿过鞋,只要启动了市场,生意会好得不得了。这两个推销商看到的现象是同一个,因为思维方式的不同,得出了完全相反的结论。经过努力,这个非洲部落的鞋子市场被启动了,美国推销商通过创造市场获得了巨大的市场收益。

由此可见,创新的思维对企业而言是多么的重要。

学习目标

1. 掌握管理创新的含义、特点与作用。
2. 明确管理创新与管理职能的关系。
3. 掌握管理创新的内容及方法。
4. 掌握克服管理创新阻力的对策。
5. 了解中国企业管理创新面临的形势与主要任务。
6. 了解中国企业管理创新的趋势和特征。

思政目标

1. 通过管理创新的学习,学生树立创新的意识,勇于开拓,积极进取。
2. 通过中国企业管理创新的学习,学生紧跟时代步伐,准确把握国家发展战略,了解并掌握中国企业管理创新的新进展,坚定"四个自信"。

第一节　管理创新的基本内涵

情景模拟

石头汤

在一个暴风雨的日子，一个穷人到富人家讨饭。"滚开！"仆人说，"不要来打搅我们"。

穷人说："只要让我进去，在你们的火炉上烤干衣服就行了。"仆人以为这不需要花费什么，就让他进去了。进屋后，他请求厨娘给他一个小锅，以便让他"煮点石头汤喝"。

"石头汤？"厨娘说，"我想看看你怎样能用石头做成汤。"于是她就答应了。穷人到路上拣了块石头，洗净后便放在锅里面煮。

"可是，你总得放点盐吧。"厨娘说着给了他一些盐，后来又给了他豌豆、薄荷、香菜，最后，又把能够收拾到的碎肉末都放在汤里。

当然，你也许能够猜到，这个可怜的穷人后来把石头捞出来扔在路上，自己美美地喝了一锅肉汤。这就是创新思维的力量！

如果这穷人对仆人说："行行好吧！请给我一锅肉汤。"会得到什么结果呢？因此，伊索在故事结尾处总结道："坚持下去，方法正确，你就能成功。"

学生思考：

1. 如果这个穷人对仆人说："行行好！请给我一锅汤。"会得到什么结果呢？
2. 穷人是怎样喝到一锅汤的？
3. 如何理解"坚持下去，方法正确，你就能成功"这句话。

微课：鸟笼效应

一、管理创新的含义

管理创新，是指一定的社会组织，从管理的基本职能出发，适应经济和社会发展的需要，在科学理论的指导下，运用恰当的方法，对各种管理资源进行创造性改革或重组，使组织管理工作处于动态协调和良性发展之中的活动。管理创新的含义包括以下五种情况：

(1) 提出一种新的经营思路并加以有效实施。
(2) 创新一个新的组织机构并使之有效运转。
(3) 提出一种新的管理方式方法。
(4) 设计一种新的管理模式。
(5) 进行一项制度的创新。

管理创新所包含的范围很广，涉及许多方面。比如，有的之所以被称为创新，是因为它提高了工作效率或巩固了企业的竞争地位；有的是因为它改善了人们的生活质量；有的是因为它对经济具有根本性的提高。但值得注意的是，管理创新并不一定是全新的东西，旧的东西以新的形式出现或与新的方式结合也是创新。

二、管理创新的特点

管理创新是企业在市场经济条件下生存发展的基本条件，它揭示了企业需要不断为适应和创造市场需求而优化生产要素的本质。它具有以下特点：

（一）职能性

企业家既是管理者，又是创新者。企业家不仅要维持企业的正常运转，还必须带领企业不断前进，创新是企业不断进步的动力。创新是企业家的素质和能力所必需的，更是企业家工作的一个重要的组成部分。因此，管理创新是企业家管理的主要职能。

（二）系统性

管理的系统性决定了管理创新的系统性，这主要表现为：管理创新的成功需要多方面的配合。管理观念的创新到实施，需要管理制度创新、战略创新、组织创新、企业文化创新等共同推进。不仅如此，管理创新的实施还需要企业内外条件的成熟做保证，否则，管理创新不会成功。

（三）创造性

管理创新与旧有的管理相区别，不仅是一种新的排列组合，还是一种"破坏性的创造"，即打破传统的、旧有的管理模式，建立新的、理想的管理模式。

（四）市场性

管理创新是面向市场的创新，管理创新的压力、动力、引力均来自市场，是为了企业在市场竞争中创造出新的生产力而进行的。所以，管理创新是时刻追随市场的，一刻也不能脱离。

（五）风险性

管理创新是有风险的，管理创新的风险来自于管理者认识的成熟性、设计的可行性、实施的可控性和环境的变动性等方面，它可能成功，也可能失败。若失败了，其管理创新的投入就没有效益、没有回报。

（六）动态性

由于管理创新是一个过程，从创新计划的制订到实施，需要各个环节的连接。管理创新的动态性还表现在创新过程中要时刻保持与外界的动态对应。

（七）效益性

创新行为都是在创新者预计创新投入会得到高的回报时才会发生的，否则，就不会实施创新。许多事实都证明了，只要管理创新成功，就会有创新回报。正是管理创新的效益性，才使得管理者不断地勇于创新，追求创新。

（八）全员性

管理创新必须以企业经营管理者为核心，全体员工共同参与，才能使管理创新取得成效,并得到持久的创新。没有员工的理解、合作和积极参加,管理创新难以有效和成功。

(九)变革性

该特性是指管理创新一般会涉及企业内权益关系的调整,因此,许多管理创新,尤其是程度大的管理创新实质上就是一场深刻的变革。从管理史上较为著名的管理创新来看,它们都具有变革性。比如,泰勒科学管理原理的应用需要劳资双方进行精神革命,协调利益关系;梅奥人群关系论的应用也需要企业管理者改变管理方式,尊重员工。由于企业本身就是一个利益聚合体,或者是一个政治实体,因此,不触及现有权益关系、皆大欢喜的管理创新是不存在的。

三、管理创新的作用

管理创新是企业生命的源泉,是企业竞争实力的发动机。创新在企业发展中的作用可以归纳为以下几点:

(一)提高企业的生存能力

企业首先要生存。在知识经济时代,随着市场竞争日趋激烈,企业的生存与活力是一个根本问题。研究表明,一个时期内新建立的企业五年后其生存能力可能只剩一半,十年后剩10%,20年后就所剩无几了,50年后就更少。美国著名管理学大师彼得·德鲁克说:"企业管理不是一种官僚的行政工作,它必须是创新性的,而不是适应性的工作。""不创新就死亡"——企业只有不断地进行创新才能够有实力面对竞争,才能够跟上时代发展的步伐。如果不进行创新,企业很可能遭到淘汰。

(二)提高企业的经济效益

管理创新的目标是提高企业有限资源的配置效率。这一效率虽然可以在众多指标中得到反映,如资金周转速度加快、资源消耗系数减小、劳动生产率提高等,但最终还要在经济效益指标上有所体现,即提高企业的经济效益。提高企业经济效益分为两个方面:一是提高目前的效益,二是提高未来的效益,即企业的长远发展。管理在诸多方面的创新,有的是提高前者,如生产组织优化创新;有的是提高后者,如战略创新与安排。无论是提高当前的效益还是未来的效益,都是在增强企业的实力和竞争力,从而有利于企业下一轮的发展。事实证明,管理创新活动是企业生机与活力的重要源泉,一个在管理上不断追求创新的企业在生存与发展的竞争中具有更多的取胜机会。

(三)降低交易成本

美国著名的企业史学家钱德勒曾认为:"在一个企业内,许多营业单位活动内部化所带来的利益,要等到建立起管理层级制以后才能实现。"即管理层级制的创新,使得现代企业可以将原本在企业之外的一些营业单位活动内部化,从而节约企业的交易费用,这就很明显地证明了管理及管理创新对促进企业发展和提高企业效益的重大作用。

(四)稳定企业,推动企业发展

企业管理的有序化、高度化是企业稳定与发展的重要力量。常有人说管理与技术是企业发展的两个轮子,倘若管理是如此的话,管理创新自然更是如此,因为管理创新的结果是为企业提供更有效的管理方式、方法和手段。管理创新对稳定企业、推动企业发展的作用可以从诸多方面来看。钱德勒从一个侧面做出了证明,他认为:"管理层级制一旦形成并有效地实现了它的协调功能后,层级制本身也就变成了持续成长的源泉。"因为"用来管理新型多单位企业的层级制具有持久性,它超越了工作于其间的个人或集团的限制。当一名经理去世、退休、升职或离职时,另一个人已做好准备,他已受过接管该职位的培训。因而,人员虽有进出,其机构和职能却保持不变"。因此,管理层级制的这一创新,不仅使层级制本身稳定下来,也使企业发展的支撑架构稳定下来,而这将有效地帮助企业的长远发展。"传统企业常是短命的,因为它们几乎全是合伙生意,其中,一合伙人退休或去世,就得重新结伙或解散。"

(五)提高企业的环境适应能力

企业是一个开放系统,每时每刻都要与外界环境之间保持能量、信息和物质的交换,才能在动态发展中求得平衡,保持有序性。随着我国改革开放进程的深入以及国内市场的进一步开放,企业与外界的联系更加密切,企业每时每刻都要受到各种外界力量的制衡。企业唯有在生存过程中不断创新与外界交互作用的方式,才能寻找到一个有利于自己的均衡点,赢得一个良好的外部环境。

(六)有助于企业家精神的形成

现代企业管理创新的直接成果之一,按照钱德勒的看法是形成了一个新的职业经理和职业企业家阶层。这一阶层的产生,一方面使企业的管理处于专家的手中,从而提高了企业资源的配置效率;另一方面使企业的所有权与经营管理权发生分离,推动了企业更健康地发展。有关调查表明:我国企业经营管理者对企业家精神的理解列为前三位的是"追求最大利润"、"勇于创新"和"乐于奉献"。而且大多数企业家已经意识到开拓创新能力的不足,他们会更进一步关心创新、关心管理创新,因为他们知道管理创新的功效。对于企业而言,创新是永恒的,因此,职业企业家们往往成为重要的管理创新主体。

以上六个方面只是管理创新对企业发展的诸多具体作用的一部分,但足以证明管理创新在企业生存与发展中的重要性。

四、管理创新与管理职能的关系

从更有效地实现目标这一目的出发,管理的四大职能与创新都是十分重要的。管理的四大职能是保证组织活动顺利进行的基本手段,也是组织中的大部分管理人员要花大部分精力从事的工作。没有计划、组织、领导、控制,每一个人都稀里糊涂、自行其是,就会造成资源的极大浪费,目标也难以有效实现,组织则会呈现出一片混乱的局面。因此,管理的四大职能对于资源的有效利用、目标的实现是至关重要的。但另一方面,仅仅靠管理的四大职能来维持组织按预定的方向和规则运行是不够的。组织的环境在不断地发生着变化,这些变化必然会对管理的活动内容、活动形式、各活动之间的关系和各种资源的利用产生不同的影响。我们若不及时地根据内外部环境的变化进行局部或全局性的调整和创新,就很可能因为不能适应环境的变化,而被变化着的环境所淘汰。因此,根据内外部环境的变化适时地进行局部或全局性的管理创新,对于组织的生存发展同样是十分重要的,如图8-1所示。

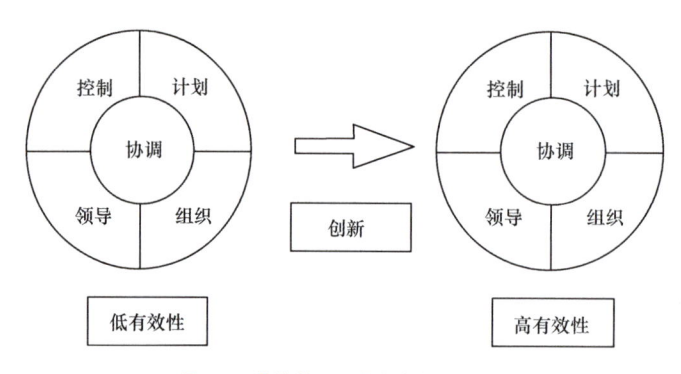

图8-1 传统管理职能与创新的关系

管理的四大职能与创新是相互联系、相互补充的。创新是管理四大职能在维持原有基础上的发展,而管理的四大职能则是创新的逻辑延续;创新为更好地履行管理基本职能、实现资源的更有效利用提供依托和框架,管理基本职能的履行则为有效的创新提供了保证。任何管理工作都应围绕着组织运转的维持和创新展开,只有创新,没有维持,组织就会陷入无时无刻不在变化之中的无序的混乱状态;而只有维持,没有创新,组织就会因为缺乏活力而成为一潭死水,因不能适应环境的变化而最终被淘汰。因此,卓越的管理应该是实现维持与创新相结合的管理,就这一点而言,创新也应成为管理的主要职能之一。

管理创新不仅不同于传统的管理职能,而且也不同于一般意义上的创新。一般的创新只强调创造性和新颖性,而管理创新不仅强调新,更强调成功的实际应用,即管理创新的目的并不只在于推动管理学进步,更主要的在于通过管理创新促进组织的发展,进一步提高管理的效率与效益,以更有效地实现组织目标。因此,衡量管理创新成功的标准不只在于其内容的新颖性,而更着重于它是否能在管理实践中取得比以前更高的效率和效益。

第二节 管理创新的内容

情景模拟

如何面对新的挑战?

大四上学期,管理学院的张萧楠选定了毕业论文的指导老师和题目。在快放寒假时,张萧楠已经从网上搜集了很多与毕业论文相关的文献和资料。放假回家前,张萧楠又到图书馆借了几本相关的书,准备随同这些文献带回家,好好研究一下该领域的研究进展情况,争取在寒假把文献综述写出来。

回家之后,张萧楠便潜心研究起这些文献来。刚开始读的时候,张萧楠觉得自己仿佛走进了知识的殿堂,这些学术领域中的前沿知识使他产生了强烈的求知欲望。接下来的几天他都沉浸在获取新知识的兴奋之中,做了很多的摘抄。但是读多了之后,他渐渐发现了一些问题:很多文献上的内容都是大同小异,在众多的信息中要寻找出一篇有价值的文章开始显得比较困难;还有些文章的质量很差,上面甚至有一些错误的东西。而且,在看完了所带的那么多文献和书之后,张萧楠依然觉得自己所掌握的信息还很不够。

春节期间,张萧楠参加了一次同学聚会。在聚会上,张萧楠和同学聊起了这个问题,发现原来苦恼的不只是他一个人,同学们也都遇到了同样的问题。张萧楠和他的同学在交流时,感叹随着信息网络的发展和普及,人们已经由信息匮乏变成信息超载,常常会发现自己被包围在信息的汪洋大海之中,区分有用的知识和无用的"垃圾"逐渐成为一大难题。

学生思考:

1. 如何组织和集成网上的数据?如何从海量的数据中高效地获取有用知识?
2. 如何从爆炸性增长的信息中及时获取最新信息?
3. 如果你是一个网站的负责人,你对"如何提高 Internet、数据库的主动服务能力"有何建议?你对如何满足各种用户不同的个性化需求,有何建议?

管理创新的内容是指现代组织在管理方面可以创新或应该创新的领域,具体包括五个方面:

一、管理理念创新

理念又称为观念,是指人们对客观事物所形成的看法。理念一旦形成,对人们的行为就具有驱动、指向和制约作用。如同人们的行为一样,组织行为也总是在一定的思想理念的支配下产生的,都是一定观念支配的结果。因此,不同的理念必然支配不同的行为,也自然会产生不同的结果。作为行为主体的组织,只有不断地更新理念,不断地产生适应时代发展的新思维、新观点,并落实在行动上,组织才能获得发展的机遇。否则,就会被市场所淘汰。从这个意义上说,理念创新是组织成功的导向,是其他各项创新的前提。

现代的理念创新是由一系列新观念和新观点组成的,以企业组织为例,主要有以下几点:

(一)研究市场、以变应变的理念

在市场经济条件下,企业生产经营必须以市场需要为取向,通过市场调研,清楚地知道用户的需求和竞争对手的竞争策略在变化。因此,研究市场要用开放、超前的眼光把握市场的变化。在满足市场需求和超越竞争品牌的原动力驱动下,快速准确地策划出市场、技术及发展战略,树立瞄准市场、以变应变的理念。这种理念体现在三个方面:市场创新,引导需求的观念;服务创新,赢得顾客的观念;包装创新,以精取胜的观念。

(二)顾客第一、用户至上的理念

随着市场经济的发展和人们收入水平、文化生活水平的提高,消费者的需求日益朝着追求便利、时尚和多样化的方向发展。企业面临的市场竞争会日趋激烈,谁拥有顾客,谁就拥有了生存的基础,"顾客是上帝""顾客是衣食父母"的观念已日渐成为企业的座右铭。这种观念就是要求企业以顾客至上为目标,千方百计去满足顾客的各种需求,为顾客提供更新、更好、更多、更合适的产品和服务。

(三)可借鉴的、具有时代特色的创新理念

西方发达国家尤其是美国的企业家、管理学家提出了具有鲜明特色的创新理念,如美国著名的管理顾问莫尔斯提出了"可持续竞争的唯一优势来自于超过竞争对手的创新能力"的观点,充分地彰显了外国企业深厚的创新文化氛围。依靠这种创新精神,英特尔公司始终掌握着市场的主动权。被认为具有创新精神的3M公司提出的创新理论是"创新=新思想+能够带来改进或创新利润的行动";未来学家托夫勒提出:生存的第一定律是"没有什么比昨天的成功更加危险",这种创新理念是说企业必须有一种强烈的忧患意识和时不我待的紧迫感;比尔·盖茨反复向员工强调"微软离破产永远只有18个月",意在使员工保持紧迫感。

此外,还应该树立以下观念:重在参与、以人为本的观念;竞争、优胜劣汰的观念;战略制胜、追求卓越的观念;以质量求生存、求发展的观念;诚实可信、依法经营的观念;企业信息化管理观念;网络化经营观念等。

案例链接

小米的跨界融合

小米集团(以下简称小米),成立于2010年4月,是一家有实体经济的互联网公司,2017年员工约15 000人,小米始终坚持用真材实料做质高价优的产品,不仅专注于智能手机、智能家居、互联网电视等创新科技,同时在新零售、国际化、人工智能、互联网金融、互动娱乐和影业等领域积极布局,并初具规模,"互联网+"的理念在小米的设计环节体现得淋漓尽致。小米以工业设计达到国际一流水平为战略目标,围绕用户需求,"质高价优""感动人心"的工业设计定位以及合理、简约、自然等工业设计原则,设置专门研究机构并吸引世界级设计人才,坚持在内部实现研究机构与产品研发、生产等部门的无缝合作,在外部利用生态链的投资孵化模式,将工业设计风格和方法赋能合作伙伴,推动工业设计外延发展,从而将工业设计打造成企业的核心竞争力,实现了基于设计生态链的跨界融合创新。小米用互联网开发模式、极客精神研发产品,利用"硬件+新零售+互联网"铁人三项的创新优势,迅速崛起成为我国"互联网+"的创新型企业的代表。

二、组织结构创新

美国著名的管理学家西蒙曾说过:"有效开发社会资源的第一条件是有效的组织结构。"任何一个现代组织都不应该把组织结构看作是一个刚性的东西,而应把它看作是一个柔性的、有学习能力的有机体。企业组织结构是否科学有效,直接影响到企业组织能否进行高效的运转。结合我国企业的实际情况及国内外先进理论,组织结构创新应注意以下方面:

(1)注意培育企业组织结构创新的意识。这是建立和完善企业组织结构创新机制的前提,没有创新意识就不会形成组织结构创新的需求拉力,自然不会产生创新的动机,最终也就不可能驱动创新的行为。

(2)注意组织结构创新的优化设计。组织结构创新不是一种简单的活动,而是受多方面因素制约的系统优化设计活动。企业组织结构是企业内部各个部门有序结合的状态或形式,是部门设置、职权划分、各部门在企业中的地位与作用及其相互关系的总体体现。

(3)注意外部环境的变化。信息化是组织结构创新面临的另一个变化,以信息技术为载体的信息革命越来越受到社会各界的重视。企业组织结构只有创新,才能适应时代发展的要求。

目前,国外企业在激烈的市场竞争中出现了多种组织结构创新形式,主要有以下几种:

(1)学习型组织。"学习型组织"是由美国麻省理工学院的彼德·圣吉教授等提出的以系统动力学为基础的一种崭新的企业管理模式。学习型组织是通过培养弥漫于整个组织的学习气氛,充分发挥员工的积极性、主动性和创造性而建立起来的有机的、符合人性的、具有高度柔性的、扁平化的、能持续发展的组织。

案例链接

博士的困惑

有一个博士到一家研究所工作,成为所里学历最高的一个人。有一天他到单位后面的小池塘去钓鱼,正好正副所长在他的一左一右,也在钓鱼。他只是微微点了点头,这两个本科生,有啥好聊的呢?不一会儿,正所长放下钓竿,伸伸懒腰,从水面上快步如飞地走到对面上厕所。博士眼睛睁得都快掉下来了。水上"飘"?不会吧?这可是一个池塘啊。过一阵,副所长也站起来,也快步"飘"过水面上厕所。这下子博士更是差点昏倒:不会吧,到了一个江湖高手集中的地方?博士也内急了。这个池塘两边有围墙,要到对面上厕所非得绕十分钟的路,而回单位上又太远,怎么办?博士也不愿意去问两位所长,憋了半天后,也起身往水里跨:我就不信本科生能过的水面,我博士生不能过。只听"咚"的一声,博士栽到了水里。两位所长将他拉了出来,问他为什么要下水,博士反问:"为什么你们可以走过去呢?"两位所长相视一笑:"这池塘里有两排木桩子,由于这两天下雨,水把木桩淹没了。我们都知道这木桩的位置,所以可以踩着桩子过去。你怎么不问一声呢?"

学历代表过去,只有学习能力才能代表将来。尊重经验的人,才能少走弯路。一个好的团队,也应该是学习型的团队。

(2)柔性化组织。在日趋激烈的市场竞争中,竞争优势已不仅仅来自成本和价格,更重要的是维持客户的满意度和忠诚度。为此,企业根据需要建立起开发、生产、营销、售后服务及财务、法律等一体化的跨部门的横向组织,这些部门的专业人员相互协作,同步进行工作,既能提高工作效率又能迅速解决问题,并且能极大地发挥个人的创造力,从而保证企业快速、灵活地决策和管理,满足客户要求,为企业带来持久的竞争力。这种柔性化组织是适应新的经济发展和市场竞争的新型组织,在国外已经得到了广泛运用。

（3）虚拟企业。这种企业通过信息网络技术与其他企业、学校、科研单位、政府部门紧密配合，能紧紧抓住机遇发挥自己的核心竞争优势，同时调用外界资源就如同调用自己的资源一样，对市场变化能迅速做出反应，能根据市场变化适时、不断地推出新产品，并且善于利用外界资源，降低自己的成本，把握信息的时效性，迅速将新产品推向市场。因而，这种企业比一般高新技术企业更具有强劲的竞争优势。

三、管理方式方法创新

管理方式方法是在组织资源的整合过程中所使用的工具，直接涉及组织资源的有效配置。第二次世界大战后，许多管理学家和企业家把当时社会科学与自然科学中的最新科技成果引入企业管理，发展了许多被称为现代管理方法的学科分支，如线性规划、全面质量管理、统计分析、网络计划技术、库存管理、投资项目经济评价方法、决策技术、市场预测技术等。这些方法的产生对企业有效整合资源、提高效益起了相当大的作用。在现代管理方式中，具有代表性且影响较大的管理方式主要有以下几种：

（一）以人为中心的管理方式

在管理手段上，着眼于最充分地调动人的积极性和人力资源的优化配置；在目的上，追求人的全面发展以及由此而来的企业效益的最大化。以人为中心的管理方式的具体形式有人本管理、人性化管理和伦理化管理。

（二）以客户为中心的管理方式

随着科学技术的飞速发展和市场竞争的日趋激烈，人们越来越强烈地感觉到客户资源将是企业获胜的最重要资源之一。因此，以顾客为中心的管理方式，如客户关系管理、企业形象战略等便应运而生，并成为近年来理论界和企业界关注的热点。它已帮助许多企业获得了应有的回报即赢得了客户、时间、效率和市场，从而赢得了效益。

（三）以物流为中心的管理方式

这主要包括物流管理和供应链管理。物流合理化已经成为企业获取利润的第三源泉，是企业扩大市场、降低成本、取得竞争优势的关键因素。供应链管理是指为了满足客户需求，在从原料到最终产品的整个生产过程中，对物流、信息流、资金流、价值流和工作流进行计划、组织、协调与控制，以寻求建立供、产、销企业以及客户间的战略合作伙伴关系，最大限度地减少消耗，实现供应链整体效率的最优化。供应链的出发点是"高度关注客户的实际需求"，其实质是使供应链联结点上的各相关企业充分发挥各自的核心能力，形成优势互补，从而更有效地实现最终客户价值。

四、管理模式创新

管理模式是指基于整体的一整套相互联系的观念、制度和管理工作方式方法的总称。随着科学技术的进步和社会经济的发展，现代组织伴随着管理创新的新思想和新方法，也创立了一系列的管理新模式。

（一）集成管理

集成管理工作是指用于计划管理、控制、评价和改善企业从市场研究、产品设计、财务管理、加工制作、质量控制、物流直到销售与用户服务等一系列活动的管理思想、方法和技术的总称。集成管理不仅包括企业的战略思想、管理理念、生产组织形式以及相应的管理方法，而且包括体现这些思想并对其进行支持的、以计算机和信息技术为中心的技术方法。集成管理主要有三种类型：技术中心型、市场中心型、知识中心型。其运行机理是整体优化，减负增正并举，协同互动和超前策划。

（二）企业再造

企业再造是在全面质量管理、准时化生产、无缺陷管理等优秀管理经验的基础上创新出来的一种旨在全面变革企业、提升企业整体竞争力的变革模式。其根本思想在于彻底摒弃大工业时代的企业模式，重新塑造与当今时代信息化、全球化相适应的企业模式。企业再造具有根本性、彻底性、显著性和作业流程等特征，其价值取向是：以客户为中心，以员工为中心，以业绩为中心。

（三）知识管理

知识管理是知识经济时代的要求，是人类管理史上自泰勒科学管理以来的一次最伟大而深刻的革命，是信息化和知识化浪潮的产物。知识管理是以知识为核心、对企业知识资源进行的全方位的管理。它通过对知识的"获取—处理—传递—应用"这一完整过程进行引导和约束，促进知识的生产流动，使知识在企业中实现增值，从而达到提高企业核心竞争力的目标，并最终造就企业竞争的持续优势。

（四）网络管理

网络造就了一个全新的管理世界，引发了管理主体和客体、管理时间和空间、管理内容和形式、管理方法和手段、管理理念和文化、管理目标和使命等一系列的重大变革，促使企业的发展从更多地依靠实物形态向更多地依靠高技术、观念创新和无形资产方面转变。这种转变将应用于企业经营的核心环节，给企业业务流程、管理模式、组织结构的重构，乃至整体的发展带来新的机会。

（五）危机与风险管理

危机与风险是不可避免的客观存在。在经济全球化、需求个性化、知识资本化、竞争国际化的条件下，企业面临的内外环境变化更加复杂，面临的危机也更加频繁多样，因而迫切要求组织加强危机管理意识和能力，努力消除内外环境变化带来的不利影响，防患于未然。危机管理的重点在于危机预防、危机处理和危机恢复三个方面，而风险管理正是对管理过程中存在的各种危机进行识别、评估、防范等的一系列管理过程及活动。

（六）柔性管理

柔性管理是对企业内外部环境因素变化具有应对能力的管理。其重点在于强调柔性，其中包括生产的柔性和组织的柔性，这种柔性反映了企业能够快速适应日趋多元、多变、无法预测的市场竞争体系的能力。柔性管理的主要特点就是实行小批量、多品种的生产经营,对顾客需求迅速做出反应,并利用电脑技术调整生产经营(服务)流程,降低成本,在生产销售企业中的定制化就是成功的柔性管理模式。

(七)精益化管理

精益化管理是在广泛调研和分析对比的基础上,针对生产型管理模式存在的问题而提出来的。采用精益化管理就是要解决这些问题,即在资源的配置上,彻底消除无效劳动和浪费。精益的"精"就是少而精,即不投入多余的生产要素;"益"就是所有经营活动都要有效有益,即具有经济性。这种模式是美国研究人员通过大量的实地考察和研究,在对西方的大批量生产方式与日本丰田生产方式分析的基础上,于20世纪90年代提出的新型管理方式。

五、管理制度创新

管理制度主要是指企业内部的管理制度,如企业的人事制度、工资制度、财务制度、生产管理制度、领导制度以及厂纪厂规等各个方面。管理制度的创新主要涉及上述各类管理制度的创新、管理制度的效用评价、管理制度的制定方式以及系统化管理制度的创新等内容。

对传统的管理制度进行创新主要包括以下10个基本方面:

(一)重组企业机构,调整组织框架

企业应根据市场需要,参照国际惯例,着眼发展,重新调整企业机构。在机构设置上,既要解决和克服企业规模扩大、经营范围增加造成的旧体制集权管理无法适应的问题,又要适度放权,保证企业运行的集中控制与协调,实现企业的统一目标和任务。

(二)面向市场决策,提高决策质量

一个企业是否能在市场经济条件下发展与壮大,完全取决于决策的正确与否。改造后的企业管理制度,要适应市场经济的需要,在管理制度上建立科学的、民主的决策体系,强化决策管理,提高管理质量。

(三)突出财务管理,注重效益核算

要改变把财务管理放到次要地位、将其作为一种纯粹的核算工具的传统观念,真正使财务管理成为企业管理的中心。在市场经济条件下,要准确分析企业在市场中的生存状况,就要通过财务活动来考核企业的财务状况,从而确定企业效益并提出企业管理的改进方案。

(四)引进竞争机制,完善分配制度

建立员工的竞争体制,营造竞争环境,帮助员工树立自主自强、顽强拼搏、竞争进取的精神状态和思想观念。要改进分配方式,运用分配制度激励员工,用竞争的办法来调节收益分配制度,从而调动员工的积极性。

(五)重视人的因素,严格人员控制

建立现代企业管理制度,必须重视人的因素,强调怎样把企业文化、企业精神、思想政治工作、表彰先进等一系列工作抓好,把各个层次人的积极性调动起来。同时,以做好人

的工作为根本,使全体员工明确自己的岗位、责权、工作的意义、相互关系等,从而能主动地、积极地、创造性地完成自己的任务。

(六)注重人力资源,开发综合智力

市场经济条件下的员工培养,应从开发综合智力着手,重点提高员工在各方面的能力和综合素质,把学好一门知识、掌握一门技能放在次要位置。

(七)转变管理思想,调整人际关系

要改造管理者传统的管理思想,将管理者职能由原来的指挥、监督转变为指导和教练,使员工逐步树立以市场为中心、让顾客满意的新思想,抛弃以领导为中心、让老板满意的用人观念。

(八)加强经营管理,优化经营策略

要明确经营活动在企业中占有的显著位置,注重经营策略的研究和销售队伍的培养,运用企业第一线在市场的观点,了解市场、研究市场、预测市场,以市场信息为导向,保证把一定的骨干力量放在经营环节、放在企业与市场的衔接上,通过优化的经营策略占领市场。

(九)倡导企业文化,塑造企业形象

创造具有活力的企业文化是改造企业管理制度的主要内容。企业文化能够使企业焕发崭新的生机,树立良好的企业形象。

(十)加强基础工作,严格管理措施

扎实的企业基础工作是建立现代企业管理制度的立足点。现代管理制度要求基础工作为现代化管理提供资料依据、共同准则、基本手段和前提条件。推动企业管理制度的现代化,要靠企业扎实的基础工作,而有了较好的制度,就必须制定措施,严格管理。

案例链接

学分制

某高校决定对原有的教育教学体制进行改革,并决定首先从实行学分制开始。

为此,教务处解处长组织人员到先期已经实行学分制的兄弟学校取经,了解到了实行学分制必须注意的关键环节和必须做好的配套工作。在此基础上,解处长牵头组织制定了本校学分制的实施办法,并组织各系进行讨论、征求意见。通过几上几下的讨论和修改,最终形成了自己学校的学分制管理办法。

所谓学分制,是以选课为前提,以学分作为量化单位,以取得必要的最低学分作为毕业和获得学位标准的一种教学管理制度。学生在4年学制的前提下,接受教师的指导,根据培养计划的要求和自己的需要与能力,自行安排学习进程,可以提前或滞后毕业。为了配合学分制的推出,解处长首先组织各系重新修订了各专业的培养方案和教学计划,明确了各专业的最低学分要求,并将全部课程按照知识、能力、素质、个性的培养区分为必修课、限定性选修课、分类任选课和集中实践及毕业设计等教学环节。同时推出选课制,鼓

励各系教师开设选修课,以方便学生根据专业教学计划,按自己的专业、爱好、志趣和能力选修有关课程。

由于准备充分,在推行学分制时,除网上选课由于系统不完善和学生刚开始不熟悉出现了一些问题外,各项工作开展得都比较顺利。从当时的实施情况看,学分制不仅有利于激发学生主动学习的热情,有利于宽基础、多能力的复合型人才的培养,而且促进了教学资源共享,有利于文理渗透及边缘和新兴学科的发展,并提高了教师的竞争意识。

第三节 管理创新的方法

情景模拟

室外电梯

艾尔·柯齐酒店因为电梯的使用量过大,因而请来诸多专家来商量对策。经过一番研究后,专家们一致认为,要多添一部电梯,最好的办法是每层楼打一个大洞,地下室多装一个马达。方案确定后,两位专家到前厅坐下来商谈细节问题,恰巧让一位正在扫地的清洁工听到了他们的计划。

清洁工对他们说:"每层楼都打个大洞,不是会弄得乱七八糟、尘土飞扬吗?"

工程师答道:"这是在所难免的,到时候还有劳你多多帮忙。"

清洁工又说:"我看,你们动工时最好把酒店关闭一段时间。"

"关不得,关门一段时间,别人还以为酒店倒闭了。所以,我们打算一面动工,一面继续营业。不多添一部电梯,酒店以后也很难做下去。"

清洁工挺直腰杆,双手握住拖把柄,说道:"如果我是你的话,我会把电梯装在酒店外面。"

两位专家一听到这个建议,眼前为之一亮。于是听从了清洁工的建议,率先创造了近代建筑史上的新设计——把电梯装在室外。

学生思考:

1. 专家们的方案有何不妥?
2. 清洁工的建议好在哪?
3. 通过这个案例,你想到哪些管理知识?

作为一个创新者,应该既善于进行创新性思考,又善于有条不紊地进行创新性实践,如果掌握一些创新方法就会如虎添翼。常用的管理创新方法有以下几种:

一、头脑风暴法

头脑风暴法是美国创造工程学家奥斯本在1939年发明的一种创新方法。这种方法是通过一种别开生面的小组畅谈会,在较短的时间内充分发挥群体的创造力,从而获得较多的创新设想。当一个与会者提出一个新的设想时,这种设想就会激发小组内其他成员的联想。当人们卷入"头脑风暴"的洪流之后,各种各样的构想就像燃放鞭炮一样,点燃一个,引爆一串。这种方法的规则有:

(1)不允许对别人的意见进行批评或反驳,任何人不做判断性结论。

(2)鼓励每个人独立思考,广开思路,提出的改进设想越多越好,越新越好。允许相互之间的矛盾。

(3)集中注意力,针对目标,不私下交谈,不干扰别人的思维活动。

(4)可以补充和发表相同的意见,使某种意见更具说服力。

(5)参加会议的人员不分上下级,平等相待。

(6)不允许以集体意见来阻碍个人的创造性设想。

(7)参加会议的人数不超过十人,时间限制在20~60分钟。

案例链接

郊 游

转眼就快到"五一"国际劳动节了,由于放假时间比较短,同学们几乎都不回家,于是计算机2018-2班的班委会决定,组织全班同学去郊游。但是,到什么地方郊游,需要花费多少班费,还需向同学收多少钱等等一些事宜却让班委会的同学们为难了。于是班长决定,广泛征求民意。

第二天,班长向全班同学宣布了"五一"郊游的决定,得到了同学们的一致赞成。班长要求全班同学以寝室为单位,商量郊游的地点、收费的标准等事宜。全班同学立刻以寝室为单位展开了积极的讨论。

经过大约一个小时的自由讨论,同学们的积极性十分高涨,有的同学说认识某某景点的经理,门票可以打折;有的同学说可以借到大客车,为班级节省班费;有的同学还说可以联系些赞助……最后竟然形成了五种方案。

这种方法的目的在于创造一种自由奔放的思考环境,诱发创造性思维的共振和连锁反应,产生更多的创造性思维。讨论一小时能产生数十个乃至几百个创造性设想,适用于问题较单纯、目标较明确的决策。

这种方法在运用后又得到发展,又有"反头脑风暴法",其做法与"头脑风暴法"相反,即对一种方案不提肯定意见,而是专门挑毛病、找矛盾。它与"头脑风暴法"一反一正,可以互相补充。

二、类比创新法

类比就是在两个事物之间进行比较,这两个事物可以是同类的,也可以是不同类的,甚至可能差别很大。通过比较找出两个事物的类似之处,然后再据此找出它们在其他方面的类似之处。因此,类比创新法是一种富有创造性的方法,它有利于发挥人的想象力,从异中求同,从同中求异,产生新的知识,得到创新性成果。

美国的创造学家戈登对创造过程中常用的类比进行分析研究,总结出四种最基本的类比方式,对创造学的发展产生了很大的影响。这四种类比方式是直接类比、拟人类比、象征类比和幻想类比。

(一)直接类比

直接类比是指从自然界或已有的成果中,寻找与创造对象相类似的东西来做比较。例如,古代巧匠鲁班发明锯子就是从草割破手指而得到的启发;武器设计师通过分析鱼鳃启闭的动作,设计出枪的自动扳机等。针对解决的问题用具体形象的东西做类比描述,使问题形象化、立体化,能为创新拓宽思路。

(二)拟人类比

拟人类比,又称感情移入、角色扮演。在创造发明活动中,发明者把自己设想为创造对象的某个因素,并由此出发,设身处地进行开发。例如,机器人的设计主要是从模拟人体动作入手的。

(三)象征类比

某一事物与其象征意义的联想关系对创新具有启发作用。例如,橄榄树枝象征和平,玫瑰象征爱情,绿叶象征生命等。象征类比在建筑设计中应用非常广泛,现代建筑设计大多注重象征含义的体现,以增加更多的文化内涵。

(四)幻想类比

幻想类比,也称空想类比或狂想类比,它是变已知为未知的主要机制,它无明确定义。幻想类比就是利用幻想来启迪思路。

在上述四种类比中,直接类比是基础,其他类比都是由直接类比发展而来的。这四种类比各有特点与侧重,它们在创造、创新活动中相互补充、渗透、转化,有着不可或缺的作用。

三、联想创新法

联想创新法是依靠创新者从一事物联想到另一事物的心理现象来产生创意,从而进行发明或革新的一种方法。联想就必须抓住相关事物在外观、功能、结构、本质上的相似之处,从已知推导未知,获得新认识,产生新设想。联想方法的应用范围很广,要实现成功的创新,必须拥有与创新对象相关的信息资料,必须抓住事物间的某种联系进行认真思考。联想创新法主要有三种:非结构化自由联想、相似联想、对比联想。

(一)非结构化自由联想

非结构化自由联想是在人们的思维活动过程中对思考的时间、空间、逻辑方向等方面不加任何限制的联想方法。这种方法在解决某些疑难问题时很有效,往往能产生出新颖独特的解决办法,但不适合于解决那些时间紧迫的问题。

(二)相似联想

相似联想是根据事物之间在原理、结构、功能、形状等方面的相似性进行想象,期望从现有的事物中寻找发明创造的灵感的方法。

(三)对比联想

对比联想是指创新者根据现有事物在不同方面具有的特性,反其道而行之,向与之相反的方向进行联想,以此来改善原有的事物,或发明创造出新的东西。例如,1880年戴维发现了电可转化为磁,法拉第通过对比联想想到,既然电可转化为磁,那么磁可否转化为电呢?经过10年的研究努力,他终于证明磁也能转化成电。后来,人们根据这一原理制造出了发电机。对比联想的突出特点是逆向性和挑战性,是从对立的、相反的角度思考问题,使之打破常规,克服心理定式,出奇制胜地获得一些创新设想。

四、逆向思考法

逆向思维,又称为反向思维,是从众人考虑问题、认识事物的相反方向去思考、认识事物,从而有所发现、有所创新、有所补充的一种思维方式。一般来说,反向思维可以突破正常思维困境,从不同的角度来发现解决问题的新方法和新思路,从历史上看,许多重要的管理创新的灵感都来自于逆向思维。在企业经营中存在大量的逆向思维的成功例子,缝纫机发明的关键就在于把针孔放在针尖上,这就是逆向思维。

案例链接

阿曼德·哈默的成功

美国著名企业家阿曼德·哈默,他一生当过石油大王、酿酒大王、药业大王等,都是成功的,他的成功最明显的一点就是运用逆向思维。如大家都不肯去苏联做买卖,他去了;大家都在解雇员工时,他却趁机重金收买人才。

逆向思维不是标新立异,更不是唱反调,而是建立在理性思维和科学预测基础之上的大胆行动。市场起伏不定,价格潮起潮落。组织领导者若人云亦云,随波逐流,企业就会遭到淘汰;若能把握市场涨跌的规律,反其道而行之,往往能收到意想不到的效果。

案例链接

野生动物园的诞生

野生动物园的产生就是逆向思维的结果,在讨论修建动物园的会议上,人们为如何捕捉老虎、狮子这些猛兽而伤透了脑筋。一位学者提出了一个奇妙的构想:运用数学上的拓扑变换原理将笼子的内部变为外部,即把人关进笼子里而把老虎放出来,于是野生动物园就诞生了。这种新的经营方式就是逆向思考的结果。

五、组合法

组合法是将现有的科学技术原理、现象、产品或方法进行分析、重配,从而获得解决问题的新方法、新思路或创造出新产品、新对策的过程。

这种旧元素的重组过程,就好像是转动一个内装许多彩色碎片的万花筒,每转动一下,这些碎片就会发生新的组合,产生无穷无尽、变幻莫测的新图案。人的思维也是如此,大脑就像一个能产生无数图案的万花筒,如果你能够将旧信息不停地重新排列组合,创新就会产生了。

组合的具体类型有很多,大致可归为以下六种主要类型:

(一)同物组合

同物组合就是若干相同事物的组合。同物组合的创造目的是,在保持事物原有功能或者原有意义的前提下,通过数量的增加来弥补功能的不足,或获取新的功能、产生新的意义,而这种新功能或新意义,是原有事物单独存在时所不具备的。

最简单的同物组合,如情侣表、红蓝两用圆珠笔、鸳鸯火锅、鸳鸯豆腐等。日本松下电器公司就是靠发明双插座发财起家的。

(二)异类组合

两种或两种以上不同领域的技术思想的组合或不同物质产品的组合称作异类组合。异类组合的对象来自不同的方面,一般来讲,组合对象之间没有主次关系。参与组合的对象从原理、成分、构成、功能和意义等多方面互相渗透,整体变化非常显著。异类组合是异类求同的创新,其创新性很强。

根据参与组合的对象不同,异类组合可分为以下六种:

1. 元件组合

元件组合是把本来不是一体的两种或两种以上的事物适当安排在一起。现在市场上有许多产品都属于元件组合的创造成果,如收录机、音乐贺卡、香味橡皮等。

2. 材料组合

材料对产品性能有着直接的影响,有些产品还要求材料具有相互矛盾的特性。利用材料的组合就可以解决这个问题,如钢筋混凝土、塑钢门窗、混纺毛线等。

3. 功能组合

这是将某一物品加以适当改变,使其集多种功能于一身的组合。许多实用科技设计竞赛获奖作品都是设计奇巧、使用方便、替代性强的多功能产品。

4. 方法组合

在处理技术和生产工艺中,把两种以上独立的方法组合起来,也会产生新的效果。我国科技工作者在研究中发现,当单独用激光或超声波对水做灭菌处理时,都只能杀死部分细菌;如果先后用两种方法处理,仍有相当部分细菌未被杀死;如果两种方法同时使用,细菌就全军覆没。这就是"声-光效应"。

5.技术原理与技术手段的组合

技术原理与技术手段的组合,可以使已有的原理或手段得到改造或补充,甚至形成新的产品,如喷气式发动机、晶体电子显微镜和速效止痛治疗器的发明。

6.现象组合

现象组合是指把不同的物理现象组合起来,形成新的技术原理,产生新的发明。

(三)概念组合

概念组合是以命题进行的组合。创造发明有时就是由若干个特殊信息命题重新组合而成的。有人曾总结了一条组合规则:如果两个命题中有能表示一定意义的连贯相同的文字,将其相同部分去掉,但不改变剩余部分的结构顺序,再结合在一起,就能得到一个新的并且对其正确性可以判断的命题结论。另一种是将选定的课题与尽可能多的一系列有关的动词相结合,以触发新的思想。

(四)重组组合

在事物的不同层次分解原来的组合,然后再按新的目的重新安排,这就是重组组合。重组组合在同一件事物上实施,组合过程中一般不增加新东西,主要是改变事物各组成部分的相互关系。

(五)共享与补代组合

有些物品的构成中常会有一些完全相同的零部件,设法将这几种物品组合集成,使其相同的部件共享共用,这就是共享组合。通过对某一事物的要素进行摒弃、补充和替代而形成的组合是补代组合。

共享组合使用相同的部件,既方便又节省;补代组合通过对要素进行摒弃、补充和替代,能形成更为实用、先进、新颖的事物。

(六)综合

综合是一种更高层次的组合。在科技发达的现代社会里,在知识激增、信息呈指数增长的条件下,许多发明创造所用的主要创造性思维方法都具有综合特征。

当代一切重大的科学技术项目都是综合性的,都是综合利用各种不同门类的技术的结果。阿波罗登月计划总指挥韦伯指出:"阿波罗计划中,没有一项是突破性的新技术,关键在于综合。"

六、综摄法

综摄法是美国人哥顿在1952年发明的一种开发潜在创造力的方法。它是以已知的东西为媒介,把毫不相关、互不相同的知识要素结合起来而创造出的新的设想,即摄取各种产品和知识,并把它们综合在一起创造出新的产品或知识。这样可以帮助人们发挥潜在创造力,打开未知世界的窗口。

综摄法有两大操作机制:

(1)异质同化,即"变陌生为熟悉"。这实际上是综摄法的准备阶段,是指对于不熟悉的事物,要用熟悉的事物、方法、原理和已有的知识去分析、对待它,从而提出新设想。

(2)同质异化,即"变熟悉为陌生"。这是综摄法的核心,是指对熟悉的事物、方法、原理和知识,用不熟悉的态度去观察、分析,从而启发出新的创造性设想。

第四节 中国企业的管理创新

情景模拟

不按常理出牌

按理说,马是交通工具,在现代社会显然比不上汽车、飞机,但作为娱乐、健身的手段依然魅力无穷。手表按理说是计时工具,但它用来送人就是礼物,用来装饰就是时尚品。为了与其他装饰品能够配套,一个人可能需要5或6只手表,甚至更多。手表的寿命也不需要是5年、10年,而可以是半年、一年。如此一来,手表市场就得以大大地扩大。

在国际市场上,如果我们死板地按照发达国家制定的贸易规则做生意,那么我们要赢得竞争优势就非常困难,因为发达国家对于应用这套规则已得心应手。我们只有发挥我们的长处,在熟悉对方规则的同时,逐步参与规则的制定或不完全按对方规则出牌,才有可能发挥自己所长,在竞争中获胜。

学生思考:

1."不按常理出牌"的基本内涵是什么?你能举出一些实例吗?

2.你如何理解"不懂逻辑思维会败业,只会逻辑思维止于守业,超常规的思维才能兴业"?

2020年是全面建成小康社会和"十三五规划"的收官之年。突如其来的新冠肺炎疫情和世界经济衰退给我国经济带来了前所未有的影响。在以习近平同志为核心的党中央坚强领导下,经过全国上下共同努力,目前我国疫情防控取得了重大成果,经济发展呈现稳定转好态势,在疫情防控和经济恢复上都走在世界前列。广大企业要坚持以习近平新时代中国特色社会主义思想为指导,按照党中央、国务院决策部署,做好疫情常态化防控,积极适应扩大内需战略带来的深刻变化,深化供给侧结构性改革,助力繁荣国内经济、畅通国内大循环,推动企业在更高水平的对外开放中实现更好发展;着力优化和稳定产业链、供应链,突出科技创新,积极发展战略性新兴产业,培育更多龙头企业、隐性冠军;防范化解重大风险,强化底线思维,坚持合规理念,进一步夯实高质量发展的基础。

一、中国企业管理创新的背景

(一)中国特色社会主义进入新时代

党的十九大报告提出,经过长期努力,中国特色社会主义进入了新时代,这是我国发展新的历史方位。我国社会主要矛盾的变化是关系全局的历史性变化,对党和国家工作提出了许多新要求。我们要在继续推动发展的基础上,着力解决发展不平衡、不充分的问题,大力提升发展质量和效益,更好地满足人民在经济、政治、文化、社会、生态等方面日益增长的需要,更好地推动人的全面发展、社会的全面进步。毫无疑问,这一变化对我国经济发展和作为生产力主阵地的企业的发展、管理及其创新也提出了新的、更高的要求。

(二)加快构建现代化经济体系

党的十九大报告提出了建设现代化经济体系的六个方面的重要任务,即深化供给侧结构性改革、加快建设创新型国家、实施乡村振兴战略、实施区域协调发展战略、加快完善社会主义市场经济体制和推动形成全面开放新格局。其中,深化供给侧结构性改革、加快建设创新型国家、加快完善社会主义市场经济体制和推动形成全面开放新格局等对企业管理创新的方向和内容产生了直接的重大影响。

(三)宏观经济形势和政策取向的变化

面对突如其来的新冠肺炎疫情和错综复杂的国内外形势,我国的宏观政策突出稳字当头,要稳健有效,保持宏观政策的连续性、稳定性、可持续性,提高前瞻性、针对性、有效性,把握好政策的节奏、力度和重点,着力稳定宏观经济大盘;强化政策统筹协调,形成稳增长合力,做好经济政策和非经济政策的有效衔接;政策发力要适当靠前,做到早安排、早动手、早见效,以稳定的经济运行态势应对各种挑战。坚定实施扩大内需战略,着力释放消费需求,促进投资合理增长,加强保障和改善民生,推动城乡区域协调发展释放内需潜力。

二、中国企业管理创新的主要任务

企业是国民经济发展的主体,也是经济转型升级的主体,企业不转型,国民经济整体不可能转型。在高质量发展的新阶段,中国企业肩负着重大的使命,要以习近平新时代中国特色社会主义思想为指导,深刻领会其精神实质和丰富内涵,全面贯彻落实新发展理念,着力推进企业改革创新,全面提升经营管理水平,促进企业高质量发展。

(一)强化战略布局

企业要积极参与国家的重要战略部署,系统对照创新驱动发展、区域协调发展、军民融合发展、京津冀协同发展等重大战略,围绕建设科技强国、质量强国、航天强国、网络强国、制造强国等重大战略目标,结合企业实际,主动将企业发展战略和国家大战略相契合,在积极支撑落实国家战略实践中,实现企业新的更高质量的发展。

(二)防范化解重大风险

突如其来的新冠肺炎疫情以及严峻的国内外经济形势,使得我国经济下行压力加大,因此，保持经济稳步增长具有特别重要的意义。要确保企业平稳运行，在稳中体现地位、作用，在稳中体现责任、担当。不管是国有企业还是民营企业，在保持生产经营稳定方面都面临近年来少有的巨大压力，风险挑战巨大。企业应该深刻领会党中央的部署，做好重大风险防范化解工作；密切跟踪形势变化，确保企业生产经营稳定；强化各类风险防范，守住不发生重大风险的底线。

(三) 深化国有企业改革

党的十九大报告指出，要完善各类国有资产管理体制，改革国有资本授权经营体制，加快国有经济布局优化、结构调整、战略性重组的步伐，促进国有资产的保值、增值，推动国有资本做强、做优、做大，有效防止国有资产流失。深化国有企业改革，发展混合所有制经济，培育具有全球竞争力的世界一流企业。这是在新的历史起点上，以习近平同志为核心的党中央对国有企业改革做出的重大部署，为新时代国有企业改革指明了方向，提供了根本原则。

(四) 适应数字经济发展创新商业模式

进入21世纪以来，全球进入了以数字化、网络化、智能化为主要特征的新一轮信息化浪潮。以移动互联网、物联网、大数据、云计算、边缘计算、人工智能、下一代网络等为代表的新一代信息通信技术不断突破创新，快速向经济社会各领域渗透。这就要求企业不断根据新需求和新市场，调整其策略：一是数字化重构企业模式。数字经济的崛起使得数据成为新的生产要素，推动企业的发展模式从以物质产品的生产、服务为主转向以数据信息的生产、服务为主。数据正在成为这个时代的核心资产，成为社会生产、创造、消费的主要驱动力，正在全方位地重构企业价值创造模式。二是创建数字化新商业模式。企业要以业务的升级与创新为中心，通过海量数据的挖掘和数字化业务模式和价值创造模式，价值提供转向价值交互，使体验经济、意愿经济、社群经济成为主要的业务呈现模式。

三、中国企业管理创新的趋势

中国企业目前面临着空前激烈的市场竞争与日新月异的技术变革，从中美贸易摩擦到新冠肺炎疫情，"黑天鹅"事件层出不穷，我国产业链不稳定性风险增大，5G、大数据、人工智能等技术的发展不断重塑商业社会的市场竞争格局。新形势下，我国企业管理工作在问题倒逼改革、危机倒逼改革、时局倒逼改革的大背景下，外部的影响因素复杂多变。

(一) 抢抓互联网大数据智能化机遇，为传统产业转型升级赋能

以人工智能、大数据、机器人、智能硬件、云服务、5G等为代表的新型技术正迅速地在各产业领域实现转化和应用。在"中国制造2025"和"互联网＋"战略驱动下，数字技术与传统工业的跨界应用进一步深化，覆盖制造业研发设计、生产制造、营销服务等各环节的智能制造生态系统加速形成。数据作为关键生产要素，深刻改变制造业、产业模式和企业形态。各工业企业纷纷加快数字化、网络化、智能化升级转型，数字经济下的产业实现大发展，推动传统产业加快转型升级。

（二）深入推进供给侧结构性改革，培育发展新动能

建设现代化经济体系必须坚持质量第一、效率优先，以供给侧结构性改革为主线，推动经济发展质量变革、效率变革、动力变革，提高全要素生产率。企业是这项工作的实施主体。无论是处置低效资产、淘汰低端产品，还是通过自主创新、严格管理来实现自身产业和产品的高端化，都需要企业层面扎扎实实地推进。

（三）依托国家重大工程，加强技术创新和研发

世界新一轮科技革命和产业革命正孕育、兴起和交互影响，创新既是我国实现"双中高"的重要支撑，也是推进供给侧结构性改革的重要内容和培育国际竞争新优势的重要依托。一些企业依托一批体现国家战略意图的重大科技项目和工程，构架自主研发的体系、框架，搭建多元主体参与、具有多层次协作关系的产业协同创新网络，加速释放创新潜能，培育新动能，改造、提升传统产业。

（四）借力金融资本，助推视野稳步发展

国家加大对传统产业转型升级和实体经济发展的支持力度，并逐渐上升到战略层面。为破解经济社会转型升级发展中所面临的资金瓶颈问题，以"脱虚向实"为核心的产融结合成为新趋势和发展的新动力。越来越多的投资机构和实业主体以支持实体产业发展为着力点展开布局，大力支持新旧动能的转换和实体经济的发展。

（五）把握"一带一路"机遇，深化国际化经营与风险防范

"一带一路"的建设为我国企业"走出去"提供了更大的发展机遇和潜在收益，然而其背后也有诸多风险，既包括宏观层面的东道主国政策、经济、法律等风险，也有微观层面的企业自身运营、市场等风险。企业要想在目标市场生存并发展，就必须识别风险及其产生的原因，并采取解决措施。例如：将自身优势与海外资源进行整合，实现国际化跨越发展；实施区域差异化管理，提升国际经营效率；建立风险评估机制，有效防范国际化经营风险。

（六）履行企业公民责任，与利益相关方共享共赢

随着我国经济发展进入新常态，要在保持经济平稳健康发展的同时实现就业稳定、民生改善、文化繁荣和生态良好，离不开企业对社会责任的切实履行。正如习近平总书记强调的，只有富有爱心的财富才是真正有意义的财富，只有积极承担社会责任的企业才是最有竞争力和生命力的企业。企业应践行绿色发展，助推生态文明建设；投身产业扶贫，助力和谐社会建设；建立社会责任管理体系，将社会责任融入企业经营管理。

四、中国企业管理创新的特征

2020年第26届全国企业管理现代化创新成果共受理了全国29个省、区、市及5个计划单列市，18个行业协会，63家中央企业，中国500强企业和两化融合管理体系认定企业推荐或直接申报的管理创新成果556项。本届成果充分反映了当前我国企业认真学习并贯彻习近平新时代中国特色社会主义思想和党的十九大精神，紧扣当前经济发展和企业管理中的重点、热点、难点问题，在加强基础管理和标准化建设、加快数字化应用和智能

制造、推进核心技术国产化、知识产权管理、深化国企国资改革、发展服务型制造和重塑产业价值链、防范"一带一路"建设中的投资和运营风险等方面的最新实践,具有创新理念先进、创新元素突出、创新实践鲜活、创新效益显著的共同特点。

(一)采用系统化的思维,统筹推进管理体系贯穿业务全过程

企业的管理工作纷繁复杂,涉及企业经营管理的方方面面,牵一发而动全身,既涵盖各职能领域,又覆盖产品、服务全生命周期,涉及产业链、生态圈各合作方等,形成了主题参与、多领域协作、纵横交织的复杂管理网络,是一项系统工程。近年来,我国企业在管理方面进行了积极探索,如:推进系统管理体系在企业内部应用落地;整合资源协同完善产业链体系构建;聚焦绿色发展系统推进生态供应链管理。

(二)树立新的成本管理理念,有效提升管理效率和效益

我国经济已由高速增长阶段转向高质量发展阶段。高质量发展的基本要义之一就是要从粗放扩张向质量效益转型升级;就是要更加关注资源消耗、关注投入、关注成本,努力以最小的成本获取最优的效益;就是要精准推动建立符合企业发展实际的科学管理体系,以成本控制、提质增效为重点和目标,夯实管理基础,把质量效益、成本管理放在更加重要、更加核心的地位来抓;就是要围绕提高资源配置效率和管理效能,提升组织竞争力,减少内耗,杜绝管控真空,有效化解潜在危险,保证企业健康运行。

(三)升级知识管理模式,将知识积淀转化为业务规范和标准

伴随科学技术的进步,知识作为生产要素的作用越来越重要。区别于其他的生产要素,知识不会由于使用而损耗,相反,知识能够在反复的应用中不断增加,形成新的知识,不断促进企业的发展,但这也对企业提出了区别于传统生产要素的管理挑战。知识管理将人和知识充分结合,通过知识的获得、创造、分享、整合、记录、存取、更新的过程,为持续构建核心能力奠定基础,最终实现提升创新能力的目标。推进知识管理是实施创新驱动战略、构建竞争优势的必然要求和有力手段。

(四)大力实施国产化战略,有效解决核心技术受制于人的局面

随着我国产业升级的持续开展,越来越多的优秀企业将面临从"跟跑"到"并跑"乃至"领跑"的抉择,这样的跨越虽然华丽,但却艰难,其中离不开自主技术的支持,需要企业突破技术壁垒、封锁,以我为主,开发具有自主知识产权的技术平台,掌握关键核心技术,提高设备、材料乃至整体产业链的国产化程度。

(五)推进管理创新常态化,夯实企业创新能力和基础

创新是引领发展的第一动力,是建设现代化经济体系的战略支撑。在中国经济发展新的阶段上,通过自主创新实现产业升级是我们必须完成的历史使命,在这方面中国企业肩负着重大的责任。近几年,中国经济社会发展面临非常复杂的局面,这是一个充满不确定性的周期,其中唯一确定的因素是企业自身的能力和发展基础,这也是企业不被冲击所动摇的根基。中国企业要做的就是扎扎实实做好自身的经营和管理,不断创新管理模式,实现高质量发展,履行好一个经济发展主体对国家应尽的责任。

分析与研讨

1. 试述管理创新的含义及其特点。
2. 试述管理创新的作用。
3. 简述管理创新与管理职能的关系。
4. 简述管理创新的内容。
5. 试述管理创新的方法及其基本类型。
6. 试述中国企业管理创新面临的形势。
7. 简述中国企业管理创新的主要任务。
8. 简述中国企业管理创新的趋势和特征。

案例训练

创新"终结者"用语

【实训内容与方法】

1. 实训内容：创新"终结者"用语，训练学生创新精神
2. 方法：

(1)阐明创新"终结者"用语存在于很多企业或组织的文化中，这些用语严重地抑制了创新思维。

(2)要求学生在一张空白纸上尽可能多地列出他们所能想到的类似用语(时间4~6分钟)。下面是一些给学生的提示：

这不行！

我们去年已经试过了！

这不是我们做事的一贯主张！

我们对此毫无准备！

它不切实际！

高层管理人员永远不会喜欢它！

这些想法一钱不值！

(3)向学生说明：这些短语每天都会被人恶狠狠地说出口，因此，今天再让我们恶狠狠地说最后一次。然后，让学生把刚才所写的那张纸揉成一团，投向在座的某一位学生。

(4)建议学生再扔一次纸团。然后，建议学生看看这些纸团上都写了些什么。每个人的手中至少要有一个纸团。邀请一至两人来读一读他们拿到的纸团里所写的部分内容。让所有的人一起大声快速朗读他手中纸团的内容来制造混乱。

(5)大声指出："居然有如此之多！"告诉学生我们至少还可以做一件事，那就是将它们统统扔掉。把废纸篓放在教室的中间，叫他们把纸再次揉成一团，并把它们永远扔掉。

现在我们已经根除了那些创新"终结者"用语，但是我们拿什么来取而代之呢？要求大家以组的形式集思广益，想出一些激励创新的短语，即促使和激励新观念产生的用语(时间1~15分钟)。以下是给学生的一些提示：

干得漂亮!

告诉我你怎么搞成功的!

你还需要些什么才能继续?

我们还能在哪些方面使用它?

你做决定。

加油干!

(6)总结与评估。我们拙劣的谈话内容和蹩脚的谈话方式可以轻而易举地扼杀员工的创新积极性。因此,为了营造一个乐于创新的文化氛围,我们必须善于使用那些能激励创新精神的话语,杜绝使用扼杀创新的用语,使我们的创新之果茁壮成长。

重点内容网络图

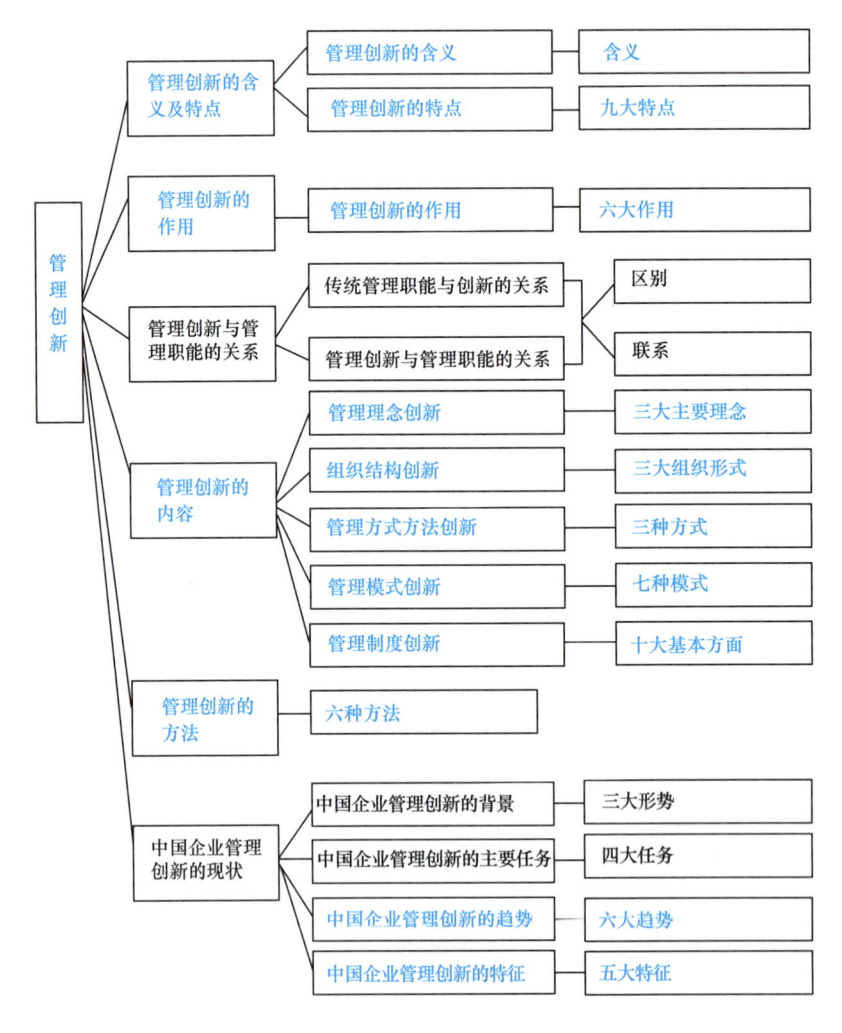

```
管理创新
├── 管理创新的含义及特点
│   ├── 管理创新的含义 —— 含义
│   └── 管理创新的特点 —— 九大特点
├── 管理创新的作用
│   └── 管理创新的作用 —— 六大作用
├── 管理创新与管理职能的关系
│   ├── 传统管理职能与创新的关系 —— 区别
│   └── 管理创新与管理职能的关系 —— 联系
├── 管理创新的内容
│   ├── 管理理念创新 —— 三大主要理念
│   ├── 组织结构创新 —— 三大组织形式
│   ├── 管理方式方法创新 —— 三种方式
│   ├── 管理模式创新 —— 七种模式
│   └── 管理制度创新 —— 十大基本方面
├── 管理创新的方法 —— 六种方法
└── 中国企业管理创新的现状
    ├── 中国企业管理创新的背景 —— 三大形势
    ├── 中国企业管理创新的主要任务 —— 四大任务
    ├── 中国企业管理创新的趋势 —— 六大趋势
    └── 中国企业管理创新的特征 —— 五大特征
```

注:蓝色字表示更为重要的内容;本图中未包括的内容可略讲或由学生自学。

推荐书目

1.《基业长青——企业永续经营的准则》——作者:吉姆·柯林斯

1994年,通过对包括惠普、宝洁、3M和索尼等18个行业领袖企业的研究,吉姆·柯林斯给出了伟大的公司何以伟大的答案:企业在发展过程中必须不断自我改革、自我反省,使创新成为公司的特性。其人性化视角是本书的一大亮点。

2.《杰克·韦尔奇自传》——作者:杰克·韦尔奇,约翰·拜恩

原通用电气(GE)董事长兼CEO杰克·韦尔奇在本书中透露了他的管理秘诀,他所创造的独特管理模式,帮助一个庞大的商业帝国摆脱痼疾,走上灵活主动的道路。杰克·韦尔奇的"10%淘汰率"甚至深入到第5大道的一个小小服装店。

巴菲特推荐本书说:"杰克是管理界的老虎伍兹,所有CEO都想效仿他。他们虽然赶不上他,但是如果仔细聆听他所说的话,就能更接近他。"

参考文献

[1] 工业和信息化部产业政策司,中国企业联合会. 中国企业管理创新年度报告 2018. 北京:企业管理出版社,2018

[2] 单凤儒,金彦龙. 管理学. 北京:科学出版社,2009

[3] 单凤儒. 管理学基础实训教程. 2版. 北京:高等教育出版社,2009

[4] 杜慕群. 管理沟通. 北京:清华大学出版社,2009

[5] 李胜,郑小丽. 管理学. 北京:化学工业出版社,2008

[6] 中国企业联合会. 中国企业管理创新年度报告 2019. 北京:企业管理出版社,2019

[7] 中国企业联合会. 中国企业管理创新年度报告 2020. 北京:企业管理出版社,2020